KB272037

이제는 **폼나게** 살아보자

이제는 폼나게 살아보자

안주석 지음

글로벌콘텐츠

뉴 시니어의
설레는 인생 2막

많은 이들이 은퇴 후 '혼돈과 방황의 은퇴계곡'을 피할 수 없다. 직함을 잃은 상실감, 낯선 자유가 주는 혼란, 정체성의 위기. 어둡고 힘든 골짜기에서 방황하고 힘겨워한다. 누구에게 하소연할 곳도 없다. 한없이 작아지는 자신을 방어할 단 하나의 자존심은 시한폭탄으로 변해간다.

나는 그 계곡을 지나지 않았다. 우회하지도, 힘겹게 등반하지도 않았다. 그저 건너뛰었다. 그리고 망설임 없이 뉴 시니어의 세계로 직진했다. 남들이 여행을 떠나고 산에 오르고 순례길을 즐길 때, 나는 학교로 향했다. 박사가 되었고, 대학 강단에 섰으며, 책도 썼다. 무지개색, 일곱 개 명함의 인생 목표에 다가가고 있다. 그렇다면 어떻게 하면 혼돈과 방황의 궤적을 남기지 않고 곧바로 축복의 뉴 시니어 세계로 향할 수 있을까? 그 답은 바로 여기에서 찾을 수 있다.

"100세 시대, 은퇴 후 40년을 어떻게 살 것인가?"

이 질문은 단순히 남은 시간을 '어떻게 보낼 것인가'의 문제가 아니다. 그것은 삶의 질과 의미를 결정짓는 핵심 과제다. 대부분의 은퇴자가 나름의 시간표를 가지고 있겠지만, 중요한 것은 그 안에 어떤 의지와 철학을 담아 실행으로 옮길 것인가의 문제다.

　책임의 시기인 인생 전반부가 결혼식의 분위기 즉, 다소 딱딱하고 절차를 지키며 인내가 필요하다면, 자아실현의 시기인 인생 후반부는 만찬의 분위기인 여유와 즐거운 마음으로 살아보자.

　1983년 롯데그룹 공채로 시작된 직장생활은 35년 동안 도전과 성장의 서사였다. 여천공단 말단 사원으로 출발해 계열사 대표에 이르기까지 쉼 없이 달려왔다. 긴 여정의 막바지에서 멈추지 않았고 오히려 과감한 전환을 선택했다. 60대에 박사학위를 취득하고 경희대학교 강단에 섰던 경험은 제2의 인생이라는 완전히 새로운 무대로 들어가는 입장권이었다.

　이 경험을 통해서 삶에는 여러 개의 '문'과 '무대'가 존재한다는 사실을 확신했다. 학창시절의 '학교라는' 문, 사회생활의 '직장'이라는 문에 이어, 은퇴 후에는 '제2의 인생'이라는 찬란한 문이 기다리고 있다.

　가보지 않은 길은 불확실하지만, 그 문 앞에 섰을 때 두려움 대신 설렘으로 용기 있게 들어가자. 상상하지 못했던 전혀 다른 세상이 펼쳐진다. 나는 마지막 직장의 불이 꺼지기 전에 이미 다음 무대의 조명을 켜 두었다. 한 문이 닫히기 전에 다른 문을 열어둔 사람에게 단절은 없다.

현재 나의 일상은 그림 배우기, 골프, 여행, 지인들과의 깊이 있는 교류, 서점 탐방 등 다채로운 활동으로 채워져 있다. 여기에 '디지털책쓰기대학'에서 또 다른 여정을 시작했다. 이 모든 활동은 우연이 아닌 오랜 고민과 준비의 결과다.

은퇴 후의 풍요로운 삶은 저절로 주어지지 않는다. 그것은 명확한 목표 아래 건강과 재정, 관계, 학습, 취미, 봉사가 조화롭게 어우러져야 완성되는 하나의 교향곡과 같다. 인생의 후반전이야말로 진정한 나만의 시간이 시작되는 때다. 타인의 기대가 아닌 나의 리듬과 열정으로 살 수 있는 축복받은 자유의 시간이다.

이 책은 계곡을 건너뛰며 얻은 삶의 진실과 8명의 인터뷰를 통해 더욱 생생한 전략을 담았다. 은퇴를 준비하는 40~50대에게는 전략적 가이드가, 은퇴한 60대 이상에게는 새로운 출발의 영감이 되기를 바란다. 인생의 전환점에 선 모든 이에게 확실한 나침반이 되기를 소망한다.

단 한 사람의 삶이라도 긍정적으로 변화될 수 있다면, 그것이 이 책을 쓴 가장 큰 이유이자 보람일 것이다. 이제 당신만의 특별하고 찬란한 40년을 설계할 시간이다.

폼나는 인생 2막을 위하여!

2026년 3월

안 주 석

제2부

뉴 시니어 이렇게 살아갑니다

제7장 연결과 나눔의 일상

책에는 용어의 정의나 책의 구성과 같이 본문에서 설명하기 어려운 사항들이 있다. 이를 서문에서 미리 명확히 정리함으로써 독자들이 혼란 없이 내용을 이해할 수 있도록 하고자 한다.

용어의 정의

이 책에서 거론되는 주요 용어는 다양한 해석이나 이견이 존재할 수 있다. 하지만 적어도 이 책의 논의 안에서는 여기에서 제시하는 정의에 따라 이해한다면 큰 무리는 없을 것이다.

첫째, '퇴직'과 '은퇴'라는 용어이다. 이 두 개의 용어는 나의 저서 《닥치고 버텨라》에서 사용된 용어와 같은 개념으로 사용하고자 한다. 즉, '퇴직'은 현재의 직장생활을 잠시 그만두는 것이다. '은퇴'는 생계를 위한 노동을 하지 않는 상태를 말한다.

둘째, 100세 시대 활동 기간 70년에 대한 정의다. 성장하고 배우는 시기를 약 30년으로 보고 100세까지 산다면, 70년이 남는다. 전작 《닥치고 버텨라》에서 남은 70년을 인생의 활동기로 보았다. 그중 전반 30년은 '책임의 시기' 즉 인생 1막, 후반 40년은 '자아실현의 시기' 즉 인생 2막으로 정의했다.

이러한 정의는 학술적으로도 뒷받침된다. 영국의 사회학자이자 케임브리지대학 교수를 역임한 피터 레슬릿Peter Laslett은 《A Fresh Map of Life》에서 인생을 제1기에서 제4기로 나누어 설명했다. 제1기는 의존성, 사회화, 미성숙과 교육의 시대이다. 제2기는 독립, 성숙, 수입과 저축, '책임의 시대'다. 제3기는 '개인적인 성취의 시대', 제4기는 노쇠와 죽음에서 의존의 시대가 그것이다.

레슬릿이 가장 중요하게 다루는 부분은 제3기이다. 인생의 제3기는 은퇴 후부터 본격적인 노쇠가 나타나기 전까지의 시기인 보통 60~80세로, 건강하고 활동적인 삶을 살 수 있는 황금기라고 했다. 과거에는 존재하지 않았던 새로운 삶의 단계로 개인적인 만족과 성취가 극대화될 수 있는 시기라고 했다.

셋째, 액티브 시니어Active Senior와 뉴 시니어New Senior에 대한 정의다. 이 책에서 주목하는 것은 흔히 접할 수 있는 액티브 시니어가 아닌 한 단계 확장된 뉴 시니어이다. 액티브 시니어는 활동적인 시니어로서 건강, 여가, 여행, 사회 활동 등 능동적 삶을 즐기고 경제력과 소비력을 겸비한 세대로 정의한다. 반면 뉴 시니어는 단순한 활동성을 넘어 새로운 라이프 스타일을 즐기는 세대다. 건강 관리, 자기계발, 디지털 활용에 적극적이며, 긍정적이고 세련된 이미지를 가지고 있다.

마지막으로 은퇴계곡에 대한 개념이다. 퇴직 후 많은 사람들이 겪는 심리적 정신적 혼란의 기간이 있다. 짧으면 3개월 길면 1년 이상이 걸릴 수도 있다. 이 시기를 험난한 계곡에 빗대어 '은퇴계곡'이라고 저자가 이름 붙였다. 이 책은 그 계곡을 걸어서 건너지 않고 건너뛰어 뉴 시니어 세계로 들어가는 사람들의 이야기다. 즉, 연착륙의 의미이기도 하다.

책의 제목과 구성

책의 제목을 《이제는 폼나게 살아보자》로 정했다. 부제로는 '뉴 시니어의 설레는 인생 2막'으로 잡았다. 지금까지 살아온 인생 제1막 '책임의 시기' 못지않은 '자아실현의 시기'인 인생 제2막을 뉴 시니어로서 삶을 추구하자는 취지이다.

은퇴는 직장인의 인생에서 매우 커다란 사건이다. 사회심리학자들은 은퇴를 인생에서 하나의 과정이라고도 한다. 그러나 은퇴 후 짧게는 수개월 길게는 몇 년간 심리적인 고통과 혼란의 시기를 겪는다. 준비가 잘된 사람들은 이러한 과정을 쉽게 지나가거나 지각을 하지 못할 수도 있다.

대부분은 시간이 흐름에 따라 해결되기도 하지만, 더러는 심각한 단계로까지 발전하는 경우도 있다. 이러한 상황을 감안해 책의 구성은 제1부 '은퇴, 새로운 시작', 제2부 '뉴 시니어 이렇게 살아갑니다'로 나누었다.

제1부에서는 퇴직 혹은 은퇴자가 겪는 심리적인 상황과 이를 극복하는 과정을 다룬다. 제2부에서는 뉴 시니어의 삶을 위한 건강한 시니어로서 활기찬 노후, 돈 걱정 없는 노후, 배움과 성장, 연결과 나눔에 대해 다룬다.

은퇴적응 이론

지금까지 은퇴 후 적응 과정, 특히 초기 환영과 축하를 받는 시기 이후에 찾아오는 심리적 갈등, 부부 갈등 등을 단계별로 자세히 다룬 책은 찾아보기 어려웠다. 대부분의 은퇴 관련 서적은 재테크, 건강 관리, 여가 활동 등 실용적인 측면에만 집중했다. 정작 은퇴자가 겪는 내면의 고통과 심리적 적응 과정은 개인의 문제로 치부되어 왔다. 나는 이러한 들춰내기 힘든 부분을 은퇴 이론에 접목시켜 세상에 드러내 보고자 노력했다.

사회학자 로버트 애츨리Robert Atchley는 〈The Sociology of Retirement〉에서 은퇴 적응 7단계 이론을 제시했다. 은퇴 전은 (1) 먼 단계Remote Phase와 (2) 근접 단계Near Phase의 두 단계로, 그리고 은퇴 후를 (3) 밀월 단계Honeymoon Phase, (4) 환멸 단계Disenchantment Phase, (5) 재지향의 단계Reorientation Phase, (6) 안정 단계Stability Phase, (7) 종결 단계Termination Phase로 구분했다(출처: 김병태, 〈베이비부머 은퇴자의 은퇴적응 유형과 … 연구〉).

이 중에서 이 책에 적용할 단계는 다음과 같다.

첫째, 밀월 단계는 축복과 기대의 시기로 '기대와 설렘-인생 2막이 열리다'로 잡았다. 은퇴 초기에 책임을 내려놓았다는 후련함과 축하와 환영이 이어지면서 들뜬 분위기가 잠시 이어진다. 자유로움을 만끽하며, 새로운 생활에 대한 기대감을 갖게 된다.

둘째, 환멸 단계는 혼돈과 방황의 시기로 '혼란과 좌절-예상치 못한 현실'로 잡았다. 초기의 자유로움이 지나가면서 은퇴생활의 현실적 어려움을 체감하게 된다. 은퇴 전에 품었던 기대와 실제 생활 사이의 괴리를 느끼면서 심리적 위축감이나 상실감을 경험하기도 한다.

셋째, 재지향의 단계는 수용과 적응의 시기로 '수용과 적응-새로운 나를 찾아서'로 잡았다. 현실적 한계를 인식한 후에는 자신에 대하여 객관적으로 평가하게 된다. 이를 바탕으로 실현 가능한 목표를 설정하고 새로운 생활 패턴을 구축해 나가려는 노력을 기울인다.

넷째, 제2부는 '뉴 시니어 이렇게 살아갑니다'로서 자신만의 은퇴생활 방식을 확립하고 이에 만족하게 되는 안정 단계에 이른다. 이 시기의 은퇴자는 자립적이고 주체적인 삶을 영위하면서 의미 있는 활동에 참여하게 된다.

심층인터뷰

8명의 퇴직자와 퇴직 준비자를 대상으로 심층인터뷰를 실시했다. 이론만으로는 공허할 수 있고, 경험담만으로는 체계적이지 못하다. 따라서 학술적 이론과 현장의 생생한 목소리를 결합해 책의 신뢰도와 완성도를 높이고자 노력했다.

대상자들은 대체로 대기업과 공기업 출신이다. 직급으로는 책임급에서 부장, 임원급까지 다양하다. 퇴직 형태는 정년, 명예, 자발적, 비자발적 퇴직자를 고루 엄선했다. 나이는 50대에서 60대로 했다. 먼저 질문서를 보내고 이메일을 통해 답변을 접수했다. 이후 심층적으로 전화 혹은 직접 인터뷰를 통해 자료를 보완했다.

이제는
폼나게
살아보자

제1부

은퇴, 새로운 시작

기대와 설렘

인생 2막이 열리다

1

후련합니다

　마지막 출근길은 복잡한 감정으로 가득하다. 35년이라는 시간이 주마등처럼 스친다. 신입사원으로 첫발을 내딛던 날의 긴장감도, 승진 발표를 기다리며 떨리던 마음도, 야근으로 지새운 수많은 밤도 모두 이 여정의 일부다.

　어제와 똑같은 아침인데 의미는 완전히 다르다. 같은 역에서 내리는 사람들, 같은 건물로 들어가는 직장인들, 모든 것이 평소와 같지만 퇴직자에게는 마지막이다. 회사 로비를 지나며 경비 아저씨와 눈인사를 주고받는데, 오랜 세월 함께했던 이 일상도 오늘로 끝이다.

　퇴직의 순간은 예고 없이 찾아온다. 기업 임원의 퇴직은 특히 더 그렇다. 준비할 시간도 주어지지 않는다. 무시무시한 현실에 대비하여 직원들 앞에서라도 차분한 모습을 보여주기 위해 미리 책상을 어느 정도 정리해 둔다.

　매년 인사철이 다가올 때마다 가슴 졸이며 하루하루를 버텨낸다. '혹시나'가 '역시'가 될 날이 언제 닥쳐올지 알 수 없어 늘 불안하다. 그저

'올해는 넘길 수 있을까'라는 의문을 품고 한 해를 버틸 뿐이다. 한때는 임원 인사 발령이 꼭 금요일 오후 퇴근 한두 시간 전에 언론에 공개되었다.

매경 포커스 2021년 4월 20일자 〈퇴직 증후군을 앓고 있나요〉에 소개된 대기업 상무 A 씨의 경험은 이러한 현실을 잘 보여준다.

"그동안 고생 많았네."

"출장 갔다가 공항에 도착해서 전화기를 켰는데 딱 전화가 오더라고요. 우리는 전달받으면 바로 그 시간부터 아웃이에요. 직원에게 그 자리에서 법인카드 꺼내 주고 짐은 직원이 나중에 부쳐주더라고요. 많이들 그렇게 해요."

베스트셀러 작가 정선용 씨도 동아일보 2021년 12월 12일자 인터뷰에서 비슷한 경험을 털어놓았다. "임원 퇴직 통보는 금요일에 합니다. 아무도 없는 주말에 짐을 빼도록 해 주는 일종의 배려죠. 주말에 짐을 챙겨 나오는데 종이박스 3개 분량이 전부더군요. 25년 세월이 하루아침에 무의미해진 듯한 기분이었습니다."

발령이 공개되는 순간부터 분위기는 급변한다. 전산시스템 로그인이 차단되고 이메일 접근도 끊긴다. 기업 기밀 보호 차원이라고 한다. 곧이어 담당 직원이 방문을 두드린다. 법인카드 회수와 회사 차량 키 반납이다. 책상 정리는 즉각 해야 하고 방도 바로 빼야 한다. 후임자를 위한 방 정리와 준비를 해야 하기 때문이다. 공직자들처럼 이임식도 없다.

책상 위 물건들이 눈에 들어온다. 명함함, 가족사진, 낡은 수첩, 그동안 모아둔 서류 뭉치가 제자리를 지키고 있다. 하나씩 박스에 담으며 추억을 정리하는데, 이 책상에서 얼마나 많은 결재를 했고 얼마나 많은 전화를 받았던가 싶다. 서랍 깊숙한 곳에서 첫 명함이 나온다. 젊은 시절

얼굴이 낯설고 그때는 몰랐던 것들이 지금은 보인다.

서울대 소비트렌드분석센터와 라이나전성기재단이 2019년 발표한 전성기 리서치 〈퇴직한 다음날〉에 따르면 그 결과는 놀랍다. 퇴직 당일의 감정으로 가장 많이 꼽은 것은 '후련함'이다. 응답자의 35%가 그렇게 답했다. 그만큼 직장생활의 스트레스가 크다는 의미로 해석된다.

실제로 많은 퇴직자가 복잡한 감정을 경험한다. 커다란 책임의 짐을 내려놓았다는 안도감이 먼저 찾아온다. 더는 억매이지 않아도 된다는 자유, 출근하지 않아도 되고 시간을 마음대로 쓸 수 있다는 해방감이다.

오후가 되자 부서원들이 회의실에 모여든다. 간단한 송별식이 시작되고 준비한 꽃다발이 건네지며 그동안 고생하셨다는 말들이 이어진다. 박수 소리가 회의실을 채우고 후배들이 준비한 감사 메시지가 낭독된다.

진심이 담긴 글귀 하나하나가 가슴에 와닿는다. 긴 여정을 무사히 마쳤다는 안도감이 밀려온다. 큰 사고 없이 건강하게 여기까지 왔다는 사실만으로도 감사하다. 이제 정말 끝이구나 하는 생각에 가슴 한편이 뭉클해진다.

퇴직은 해방이자 또 다른 불안의 시작이다. 해방감의 한편에는 막막함이 도사리고 있다. 안정된 조직에 길들여진 삶의 끝에서 맞닥뜨리는 불확실성, 수입의 감소, 사회적 관계망의 변화에 대한 두려움이 환희를 누른다.

동료들과 마지막 악수를 주고받는다. 함께 프로젝트를 진행하며 밤을 새웠던 팀원, 점심을 같이 먹으며 고민을 나누던 선배, 업무로 부딪혔지만 결국 이해하게 된 타부서 직원들까지 모두가 소중한 인연이다. 각자의 자리로 돌아가는 그들의 뒷모습을 바라보며 내일부터 나는 저기 없다는 사실을 되새긴다.

대기업 상무로 비자발적 퇴직 5년 차인 R 씨60세의 사례는 이를 잘 보여준다. 코로나 시점이었기에 사람을 만나기가 어려웠다. 더구나 서울에는 인맥도 없었다. 연락할 곳도 연락 주는 사람도 없을뿐더러 하소연할 곳도 위로 받을 곳도 없었다.

"충격이었죠. 처음 겪는 일이라…, 당시 해외 현장에 있었는데 갑자기 통보를 받았어요. 어떻게 살아갈 것인가에 대한 두려움이 컸습니다. 그때 아직 학생인 애도 있었거든요. 와이프도 저랑 같이 황당해하고 충격을 받았어요. 관악산에 올라가서 시내를 내려다본 적이 있어요. 건물은 많은데 나한테는 하나도 없더라고요. 내가 지금까지 뭘 하고 살았나 싶었죠. 한심하다는 생각에 정말 서글펐어요."

문을 밀고 나가는 순간 찬바람이 얼굴을 스친다. 뒤돌아보니 수십 년을 드나들던 건물이 서 있다. 저 안에 청춘이 있고 땀이 있고 인생이 있다. 한 시대가 끝났다는 실감이 밀려오며 가슴 한편이 저려온다.

발걸음은 가볍지만 마음은 복잡하다. 지나가는 사람들은 아직 현역이고 퇴직자는 다른 존재라는 사실이 새삼스럽게 다가온다. 이 차이가 무엇을 의미하는지 아직 정확히 알 수 없지만 분명 다른 삶이 시작된다. 막막함도 결국 에너지다. 방향만 찾으면 된다.

지금부터 오랫동안 몸에 붙어있던 액세서리를 떼어낼 시간이다. 명함도, 타이틀도, 매달 받던 월급도, 직장이라는 울타리도 과감히 내려놓아야 한다. 빠르면 빠를수록 좋다. 이제 다른 도전을 시작해야 한다. 가슴에 깊이 묻어 두었던 무기들을 하나씩 꺼내서 닦고, 조이고, 기름 발라서 언제라도 사용할 수 있는 카드로 만들어야 한다. 우선순위를 정하고 액션 플랜을 짜야 한다.

아파트 현관문을 열며 깊게 숨을 들이쉰다. 35년 여정의 마침표를 찍었다는 생각에 안도감과 불안감이 교차한다. 긴 항해를 마치고 항구에 닿은 기분이다. 무사히 도착했다는 안도감과 함께 이제 어디로 가야 할지 모르겠다는 막연함도 함께 찾아온다. 퇴직의 순간이 주는 복잡한 감정은 자연스러운 것이다.

30여 년간의 직장생활이 끝나는 것이 아니다. 온전히 나만의 인생이 막 시작된다. 그동안 쌓아온 경험과 지혜는 세상이라는 더 큰 무대에서 빛을 발할 자산이다. 두렵지만 기대되는 이 순간을 받아들여야 한다. 인생의 새로운 장이 펼쳐진다. 주저 없이 첫 페이지를 넘기자.

2

그동안 수고 많으셨어요

긴 직장생활을 마무리하고 집으로 향하는 발걸음은 가벼우면서도 무겁다. 일생을 바쳐온 직장에서 마지막 인사를 마치고 돌아서는 순간, 새롭게 시작될 일상에 대한 기대와 불안이 동시에 밀려온다.

"딩동~ 딩동딩동~" 초인종이 울리는 순간 아내가 거실에서 달려 나온다. "그동안 고생 많으셨어요." 따뜻한 포옹과 함께 건네는 그 한마디에 35년의 무게가 한순간에 무너져 내린다. 잠시 아내의 어깨에 얼굴을 묻는다.

전성기 리서치의 〈퇴직한 다음날〉 조사에서 '퇴직 후 가장 듣고 싶었던 말'로 "수고 많으셨어요"가 선정되었다. 오랜 시간 수고했다는 인정, 그 한마디가 주는 위로는 생각보다 크다.

집은 늘 그 자리에 있다. 하지만 많은 직장인에게 집은 잠만 자는 공간이다. 새벽에 나가 밤늦게 돌아오는 일상, 주말에도 골프 접대와 회식으로 얼굴 비추기 바빴다. 그렇게 살아온 사람들이 종착역인 집으로 돌아온다. 완전히, 그리고 영구적으로.

거실 테이블 위에 케이크가 놓여 있다. 아내가 미리 준비한 것인데 퇴직 축하 문구가 적혀 있고 초까지 꽂혀 있다. 자녀들이 퇴근 후 들를 예정이라며 저녁에 함께 자축하자고 제안한다. 가족들이 이렇게 신경 써 준 것이 고맙고 가슴 한편이 따뜻해진다.

가족들의 축하는 해외로까지 이어진다. 대기업 정년퇴직 1년 차 S 씨61세는 퇴직 직후 가족과 함께 일본 교토로 여행을 떠났다. 자녀들이 준비한 일본 호텔에서의 이벤트는 그를 감동시키기에 충분했다.

뉴 시니어 04

"가족 전체가 일본 여행을 갔어요. 작년 6월 30일 퇴직하고 바로 교토로 4박 5일, 큰애가 광고 쪽에 있다 보니까 이벤트패를 금판으로 만들었어요. '위대한 아버지상', '사랑하는 아버지' 이렇게 적고 상장도 만들고, 10분짜리 동영상을 만들어 호텔 TV에 연결해서 보면서 이벤트를 했어요. 저도 깜짝 놀랐죠."

하지만 퇴직의 순간이 늘 이렇게 따뜻하지만은 않다. 대기업 상무 P 씨61세는 퇴직 가능성을 미리 아내와 공유해 왔지만, 막상 현직에서 물러난다는 결정 앞에서는 가족 모두가 불안감을 느꼈다고 했다.

뉴 시니어 02

"별로 충격이 없을 줄 알았는데, 막상 하루 전날 집사람에게 얘기를 했는데 표현은 안 좋게 안 했지만, 현직에서 물러난다는 불안감 이런 걸 갖고 있었던 것 같더라고요. 겉으로는 집사람도 그렇고 애들도 '고생했다' 위로해 주고 했지만, 거기 못지않게 불안감 이런 것도 갖고 있는 것 같았습니다."

잠시 집 안을 돌아본다. 오랫동안 방치해 뒀던 책들이 먼지를 뒤집어쓰고 있고 하나씩 꺼내 닦으며 제자리에 꽂는다. 읽지 못한 책이 태반이다. 천천히 책을 읽을 시간이 생겼다. 부엌으로 가서 냉장고를 열어본다. 아내가 장을 봐온 식재료들이 가득하고 저녁 메뉴를 함께 의논한다.

저녁이 되자 자녀들이 하나둘 도착한다. 딸이 꽃다발을 들고 들어오고 아들이 샴페인 한 병을 꺼낸다. 모두 모여 앉아 케이크에 불을 붙이고 촛불을 끄며 박수가 터져 나온다. 가족들이 돌아가며 그동안 수고했다는 말을 전하고 이제 편히 쉬라며 격려한다.

식사를 하며 추억담을 나눈다. 자녀들이 어렸을 때 야근으로 집에 늦게 들어오던 일, 주말에도 골프 접대로 바빴던 시절, 가족 여행도 제대로 가지 못했던 미안함들이 떠오른다. 딸이 함께 여행 가자며 환하게 웃고 아들이 취미생활도 같이 하자고 제안한다.

은퇴 직후 가족들의 반응은 퇴직 형태나 개인의 사정에 따라 크게 달라진다. 특히 비자발적 퇴직은 본인의 의사와 무관하게 다가오기에 그 충격이 매우 크다. 정년퇴직이든, 자발적 퇴직이든, 비자발적 퇴직이든 공통점은 하나다. 은퇴 후 40년에 가까운 시간을 앞두고 있다는 사실 자체가 부담이라는 점이다.

밤이 깊어 자녀들이 돌아가고 아내와 단둘이 남는다. 오랜만에 평일 밤을 집에서 편히 보내는데 이상한 기분이다. 일찍 잠자리에 들지만 쉽게 잠이 오지 않는다. 내일부터 어떻게 지낼지, 무엇을 할지 생각하다 보니 머릿속이 복잡하다. 가족의 품으로 돌아왔다는 안정감과 함께 새로운 삶에 대한 두근거림이 공존한다.

다음 날 아침, "여보, 오늘은 집에서 밥 먹을 거예요?" 아내가 건네는 이 물음이 새삼 특별하게 들린다. 하루 세 끼 집밥으로 채워지는 '삼식이'생활이 그렇게 시작된다. 함께 식탁에 앉아 오늘 할 일을 이야기하고, 저녁 메뉴를 상의하는 것만으로도 충분히 의미 있는 시간이다.

평일 낮에 집에서 아내와 마주 앉아 식사하는 것이 처음이다. 대화를 주고받으며 천천히 먹는데 회사 구내식당에서 서둘러 먹던 것과는 완전히 다르다. 식사 후 설거지를 거든다. 평소에는 거의 하지 않던 일인데 오늘은 자연스럽게 나서서 돕는다.

오후에 아내와 함께 근처 마트에 간다. 평일 낮 마트는 주말과 달리 한산하고 여유롭다. 장바구니를 들고 아내를 따라다니며 필요한 물건들을 담는다. 이런 일상적인 활동이 새롭고 신선하다. "은행에 같이 가 주실 수 있으세요?" 퇴직 후 많은 이가 아내의 든든한 운전기사가 된다.

항상 평화만 있는 건 아니다. 대기업 건설사에서 정년퇴직한 W 씨68세는 퇴직 후 아내와 생활 리듬의 차이로 갈등을 겪었다.

"직장생활 할 만큼 했다고 느긋한 마음으로…, 처음엔 집사람하고 같이 등산도 가고 운동도 하러 다니고 했죠. 집사람은 산에 가는 걸 좋아하지 않아서 힘들었어요. 내가 집에 있으면 식사 문제 때문에 어딜 가지도 못하고요. 불편해하는 느낌을 많이 받았어요."

함께하는 시간이 길어질수록 서로의 생활 패턴과 취향이 부딪히는 순간들이 생긴다. 끼니마다 챙겨야 하는 식사, 갑자기 늘어난 집안일이 아내에게는 부담이 된다. 은퇴가 본인 혼자만의 일이 아님을 깨닫는 순간이다. 아내에게도 적응이 필요한 시간이다.

퇴직이라는 인생의 전환점에서 가족의 축하와 격려는 무엇과도 바꿀 수 없는 선물이다. 긴 직장생활을 마무리하는 순간, 가족들의 따뜻한 환영은 새로운 시작을 향한 용기와 희망을 건네준다.

막 시작될 제2의 인생은 완벽할 필요가 없다. 가족과 함께 배우고, 조율하고, 적응해 가는 시간이면 충분하다. 때로는 서툴고 때로는 어색하지만, 그 모든 순간이 모여 새로운 이야기를 만들어간다. 설렘과 부담이 교차하지만 좋은 방향으로 나아갈 수 있을 것 같다는 기대감이 든다.

3
처음 1년은 그냥 놀아

퇴직 소식이 알려지자 전화기가 바빠진다. "수고하셨습니다", "새로운 시작을 진심으로 응원합니다", "건강하세요" 등의 축하 전화, 격려 문자, 카카오톡 메시지가 이어진다. 진심 어린 말들이고, 그 진심이 고맙다.

대기업 정년퇴직 1년 차 S 씨61세는 퇴직 이후 상황을 이렇게 설명했다.

"직원들하고 한 14차례 식사를 했어요. 끼리끼리 모아가지고. 파트별로 했어요. 첫 기수가 눈치 채고 꽃다발까지 준비를 해줘서 깜짝 놀랐어요. 나름대로 '아, 내가 여기 와서 도움도 많이 주고 잘했구나' 뿌듯함이 생기더라고요."

후배들이 송별 회식을 마련한다. 단골 음식점에 모여 앉아 그동안의 이야기를 나눈다. 함께 일했던 동료들이 축하 메시지를 녹화한 영상을 틀어 준다. 한 명씩 등장해 덕담을 전한다. 고생하셨다는 말, 건강하게 지내라는 당부, 가끔 얼굴 보자는 인사들이 화면을 채운다. 영상을 보며 가슴이 뭉클해진다.

특히 기억에 남는 만남이 있다. 퇴직 약 2주 정도 지나 시청역 근처 영덕물회집에서다. 띠동갑을 훌쩍 뛰어넘는 대선배 두 분과 중간 정도 연배의 선배 한 분이 자리를 마련해 주셨다. 그중 한 선배님으로부터 전화가 왔다. 식당 찾기가 어려울 것 같아 10번 출구에서 기다리겠다고 하셨다.

영하의 날씨에 눈발이 휘날리고 바람이 매섭다. 그런 날씨에도 출구 앞에서 후배를 기다리는 선배님의 배려에 몸 둘 바를 몰랐다. 자리에 앉자마자 선배님들이 건배를 제안하셨다. "그동안 수고했어!", "좀 쉬면서 좋은 시간 만들어 갑시다"라는 건배와 격려의 말씀에 그동안 움츠렸던 마음이 눈 녹듯 풀렸다.

물회를 앞에 두고 이런저런 이야기가 오갔다. 직장생활의 에피소드, 은퇴 후의 일상, 건강 이야기 등등. I 선배님이 말씀하셨다. "나도 처음엔 막막했어. 그런데 시간이 지나면 적응이 돼. 중요한 건 너무 서두르지 않는 거야. 천천히 자기 페이스를 찾아가면 돼."

U 선배님이 덧붙였다. "처음 1년은 그냥 놀아. 뭔가 하려고 하지 말고. 나도 퇴직하자마자 이것저것 시작했다가 다 접었어. 몸과 마음이 아직 준비가 안 된 거야. 급하게 할 필요 없어."

중간 연배의 V 선배님은 말의 결을 조금 달리한다. "주변에서 이래라저래라 조언 많이 할 거야. 사업하라, 공부하라, 봉사하라. 다 좋은 말이지. 그런데 본인이 원하는 게 뭔지부터 찾아야 해. 그게 제일 중요해."

실제 경험에서 우러나온 조언들이 마음에 깊이 새겨진다. 화기애애한 분위기는 자리를 옮겨 호프집으로 이어졌다. 맥주 한잔을 기울이며 나눈 이야기들은 어떤 자기계발서보다 실질적이다. 이미 퇴직을 경험한 선배들의 말은 따뜻하고, 동시에 현실적이다.

U 선배님은 여행 이야기를 꺼냈다. "처음엔 여행도 일처럼 계획 세우고 빡빡하게 다녔어. 그런데 그게 아니더라고. 천천히, 느리게, 그냥 흘러가듯 다니니까 진짜 여행이 되더라. 아내랑 한 달에 한 번씩은 꼭 어디든 가. 그게 우리 부부만의 루틴이 됐지."

I 선배님은 바둑을 주 2회 두는 수준급 아마추어로 활동하며 느끼는 즐거움을 나눈다. "젊을 때 배우고 싶었는데 시간이 없었잖아. 이제는 실컷 두니까 정말 행복해. 바둑 친구들도 생기고. 바둑 모임 끝나면 같이 저녁 먹고 소주 한잔하는데, 그게 참 좋더라고."

10번 출구에서 기다리던 V 선배님은 일본어학과 편입 이야기를 하셨다. "나이 들어서 공부하니까 또 다르더라고. 성적 걱정도 없고, 순수하게 배우는 재미가 있어. 젊은 학생들 사이에서 공부하니까 내가 젊어지는 것 같기도 하고. 졸업하면 일본어 강사라도 해볼까 생각 중이야." 넉넉한 미소로 미래를 그리는 모습이 인상적이었다.

먼저 퇴직한 직장 동료와의 만남도 이어졌다. 한 명은 중소기업 전무로 재취업하여 새로운 명함을 건넸다. "처음엔 대기업에서 중소기업으로 간다는 게 자존심 상했어요. 근데 여기서는 제가 실질적으로 회사를 바꿀 수 있어요. 대기업에선 못 느꼈던 보람이 있죠." 각자의 방식으로 길을 찾아가는 모습이 보기 좋았다.

집으로 돌아오는 길에 휴대폰을 확인하니 문자 메시지가 여러 통 와 있다. 멀리 사는 친척들, 오래 연락하지 못했던 지인들, 과거 함께 일했던 사람들까지 축하 메시지를 보내왔다. 하나하나 답장을 보내며 이렇게 많은 사람과 인연을 맺고 살았다는 사실에 감사함을 느꼈다.

이처럼 다양한 사례는 퇴직 후 삶의 무한한 가능성을 보여준다. 여행이든, 취미든, 공부든, 재취업이든 정답은 없다. 각자에게 맞는 속도로, 각자가 원하는 방향으로 나아가면 되는 것이다. 중요한 것은 남의 시선이 아니라 진정으로 원하는 것이 무엇인지 찾는 일이다.

오라는 곳은 없어도 갈 데는 많다. 이른바 '백수 과로사'라는 말이 나올 정도로 바쁜 나날들이 이어진다. 모임이 있다고 하면 시간 맞춰 참석하고, 누가 식사하자고 하면 반갑게 달려간다. 퇴직 직후에는 나만의 루틴이 없기에 시간표는 대부분 타인에 의해 채워진다.

일할 때보다 더 피곤한 것 같다. 하지만 이 시간들이 헛되다고는 생각하지 않는다. 각각의 만남에서 조금씩 다른 이야기를 듣고, 조금씩 다른 위로를 받는다. 무엇보다 선배들이 보여준 '천천히, 서두르지 말고'라는 메시지가 마음에 여유를 준다. 퇴직 초급생에게 가장 필요한 것은 조급함을 내려놓는 것이다.

은퇴 후의 인간관계에 대한 안봉금의 〈베이비부머의 사회관계 배제에 대한…〉 연구는 노년기 친구관계가 퇴직으로 축소된 관계망을 보완하고, 새로운 역할 적응에 도움을 준다고 밝혔다. 지속적인 대인교류가 정서적 지지를 제공하고, 노후 삶의 질 향상에 필수적이라는 결론도 덧붙였다.

시니어라이프 매거진 역시 '퇴직 후 초기의 사회적 지지는 향후 적응 과정에 긍정적 영향을 미친다'라고 분석했다. 선배들과의 만남에서 경험한 격려와 조언, 다양한 삶의 사례가 바로 이러한 '사회적 지지'의 생생한 현장이다.

이어진 만남들을 정리하며 생각한다. 많은 사람이 응원하고 격려해 주고 새로운 시작을 축하해 준다. 이 따뜻한 마음들을 기억하며 앞으로 잘 살아가야겠다는 다짐을 한다. 퇴직이 끝이 아니라 새로운 시작이라는 말이 실감 나고, 주변의 응원이 큰 힘이 된다.

이런 축하와 격려의 시간이 영원히 계속되지는 않을 것이다. 언젠가는 전화도 뜸해지고 약속도 줄어들 것이다. 하지만 지금 이 순간만큼은 주변의 마음을 온전히 받아들이기로 한다. 선배들이 전해준 적응의 노하우, 후배들이 보내준 진심 어린 격려는 앞으로 펼쳐질 긴 여정의 든든한 밑거름이 될 것이다.

타인에 의해 채워지던 시간표를 이제는 스스로 직접 그려가야 한다. 다만 그 일을 서두를 필요는 없다. 선배들의 조언대로, 천천히 자기만의 페이스를 찾아가면 되는 것이다. 35년 직장생활을 무사히 마친 것만으로도 충분히 수고했다. 지금부터는 쉬어도 되고, 천천히 가도 된다. 그것이 선배들이 전해준 가장 소중한 메시지다.

4
미리 준비하세요

　인생의 1막이 끝나고 2막으로 접어든다. 지나온 시간의 무게와 앞으로 펼쳐질 가능성들, 그 경계에서 숨을 고르며 다음 걸음을 준비한다. 끝났다는 안도감과 시작된다는 긴장감이 뒤섞인 상태다.

　퇴직 후 첫 주말이 지나고 월요일, 눈을 뜨자 낯선 감정이 밀려온다. 월요일이 두렵지 않다. 늘 긴장과 부담의 상징이었던 월요일이 그저 많은 날 중 하나가 되어 있다. 출근할 필요도 없고 회의 일정도 없다. 온전히 자기만의 시간이다.

　아침에 눈을 뜨면 설렘이 먼저 찾아온다. 무엇을 하든 누구의 눈치도 볼 필요가 없다. 상사도, 마감도, 실적도 사라진 자리에서 오랫동안 잊고 지냈던 자유가 되살아난다. 알람 없이 스스로 일어나는 것이 편안하면서도 어색한 느낌이다. 이런 아침이 앞으로 매일 이어진다는 것이 아직은 꿈처럼 느껴진다.

　자유가 주는 기쁨과 함께 질문이 따른다. 이제 뭘 할까? 노트를 펼쳐 버킷리스트를 만든다. 해외여행, 골프 실력 향상, 책 쓰기, 외국어 배우기, 그림 배우기, 악기 연주 등 목록이 길어진다. 이렇게 적어보는 것만으로도 가슴이 뛴다. 모두 직장생활 때문에 미뤄뒀던 일들이다. 드디어 할 수 있다. 어디서부터 시작할지 어떻게 준비할지 막연하지만, 시간도 있고 자유도 있다.

실제로 2년 전부터 이런 준비를 시작한 S 씨61세는 기대와 설렘으로 행복한 나날을 보내고 있다. 그는 퇴직 전부터 건물을 마련해 살 집 준비는 물론이고 임대사업으로 안정적인 수입원까지 확보했다. 돈이 될 취미인 양봉에도 도전했다. 동창회나 동네 행사에 선보일 색소폰을 배우기 시작했다. 사전에 이러한 것들을 준비해 온 덕분에 기대에 찬 제2의 인생이 그를 기다리고 있었다.

하루하루가 설레지만, 그의 마음을 가장 크게 설레게 하는 것은 양봉이다. 2년 전부터 땅을 보러 다니며 시작한 양봉이 드디어 취미에서 조심스러운 사업의 꿈으로 자라고 있다. 논산의 거대한 딸기 농장이 타깃이다. 그에게 양봉은 꿀을 얻기 위함이 아니다. 비닐하우스 내의 딸기 꽃 수정용 벌을 공급하는 일이다.

은퇴 준비에 대한 조언을 묻자 그는 이렇게 말했다.

뉴 시니어 04

"미리 준비하세요. 저는 2년 전부터 준비했는데, 그게 정말 도움이 됐어요. 그리고 경제적으로 여유를 만들어 놓으면 마음이 편해요. 뭘 해도 스트레스 안 받고 할 수 있거든요. 그게 제일 중요한 것 같아요."

그의 이야기를 들으니 막연했던 계획이 조금 더 구체적으로 느껴진다. 나 역시 하나씩 준비해 나가면 된다. 중요한 건 완벽한 준비가 아니라 지금 시작하는 용기다. S 씨처럼 2년 전부터 시작했다면 좋았겠지만, 지금이라도 늦지 않았다는 생각이 든다.

특히 여행은 가장 기대가 크다. 해외 출장은 많았지만, 진짜 여행은 거의 못 했다. 공항과 호텔, 회의실만 오갔을 뿐이다. 상황이 바뀌어 서두르지 않아도 된다. 천천히 걸어보고, 박물관에 들르고, 현지 음식을 맛보고, 현지 사람들과 대화를 나누며, 그들의 삶을 가까이에서 느껴보고 싶다. 일정에 쫓기지 않는 여행을 상상하는 것만으로도 마음이 가벼워진다.

골프 역시 마찬가지다. 오래 쳐왔지만, 직장인 신분에서는 스코어가 지나치게 좋으면 오히려 곱지 않은 시선을 받기 쉬웠다. 일은 하지 않고 골프만 친다는 오해가 늘 부담이었다. 더는 그럴 필요가 없다. 마음껏 연습하고 마음껏 칠 수 있다. 다만 몸은 예전 같지 않다. 거리도 줄고 생각만큼 따라주지 않는 몸을 이해해야 한다.

책 쓰기는 늦게 등장한 목표다. 평생 독서와는 거리가 먼 사람이었지만, 퇴직을 앞두고 책을 읽기 시작하면서 자연스럽게 독서가 취미로 자리 잡았다. '책에 길이 있다'라는 말처럼 읽고 생각하고 정리하는 과정에서 삶을 다른 시선으로 바라보게 되었다. 언젠가는 이 생각과 경험들을 글로 남겨보고 싶다는 욕심도 생긴다.

인터넷을 검색하며 평생교육원 강좌를 찾아본다. 다양한 프로그램이 있고 관심 가는 것들에 표시를 한다. 요가 수업, 수채화 그리기, 역사 강의, 외국어 강좌 등 선택지가 많아 고민이다. 수강 신청 기간을 확인하고 달력에 표시해 두는 것만으로도 기분이 들뜬다.

그림 배우기는 또 다른 즐거움이다. 비가 내리거나 추운 날, 실내에서

할 수 있는 완벽한 활동이다. 여행지에서 풍경을 글 대신 그림으로 담아 오는 상상을 하면 벌써부터 손이 근질거린다. 잘 그리는 것보다 즐기는 것이 먼저라는 것을 삶이 가르쳐 주었다.

악기 배우기도 버킷리스트에 오른다. 젊었을 때 배우고 싶었던 기타나 색소폰을 한번 시작해 볼까 하는 생각이 든다. 입문용 악기 가격을 확인하고 근처 음악 학원도 검색한다. 개인 레슨과 그룹 레슨 중 어느 것이 좋을지 고민하며 상담 예약을 잡는다. 이런 소소한 준비 하나에도 설렘이 묻어난다.

심리학자 칙센트 미하이Mihaly Csikszentmihali는 《몰입》에서 사람들이 가장 행복한 순간은 무언가에 완전히 몰입할 때라고 했다. 많은 퇴직자가 30여 년간 일에 몰입해 살아왔다. 드디어 원하는 것에 몰입할 수 있게 되었다. 취미에, 배움에, 새로운 도전에. 설렘은 다시 깨어 있게 만든다.

저녁에 부부가 미래 계획을 이야기한다. 함께 여행 가고 싶은 곳, 배우고 싶은 것, 하고 싶은 활동들을 나누며 서로의 의견을 조율한다. 직장생활 내내 각자의 자리에서 바빴던 두 사람이, 같은 방향을 보며 이야기를 나눈다. 이런 저녁 대화가 앞으로 매일 가능하다는 것이 새삼 좋다. 둘이서 새로운 취미를 시작하는 것도 좋겠다는 제안에 동의하며 부부가 함께 요가 수업을 들어보기로 한다.

물론 걱정이 없는 건 아니다. 앞으로 살아갈 시간은 길고, 여행도 공부도 하려면 결국 돈이 필요하다. 재정 계획 역시 현실적으로 점검해야 한다. 하지만 그것이 꿈을 포기할 이유는 아니다. "너무 조급해하지 마요. 천천히 하나씩 하면 돼요." 아내의 조언이 위로가 된다. 맞는 말이다. 한꺼번에 다 하려고 하면 지치기 마련이다.

우선순위를 생각해 본다. 먼저 관심 있는 공부를 시작하기로 한다. 체계적인 배움은 다른 모든 것의 기반이 될 것이다. 그 다음은 취미생활이다. 창작의 즐거움을 조금 더 깊이 맛보고 싶다. 여행은 긴 호흡으로 계획한다. 책 쓰기는 이 모든 경험이 충분히 쌓인 뒤 자연스럽게 따라오게 둔다.

노트북을 열고 블로그를 개설한다. 앞으로의 일상, 여행 기록, 배운 것들을 글로 남겨보고 싶다. 첫 포스팅 제목을 뭐라고 쓸까 고민하며 커서가 깜빡이는 빈 화면을 바라본다. 아직 아무것도 채워지지 않은 그 흰 공간이, 앞으로 펼쳐질 시간처럼 느껴진다.

인생 전반전은 조직을 위해, 가족을 위해 달려왔다. 후반전은 자신을 위해 살아보고 싶다. 30여 년간 미뤄뒀던 꿈들을 하나씩 꺼내어 실현하며, 시간을 소중히 쓰고 싶다. 하루를 마감하면서 설레는 마음으로 눈을 감는다. 제2의 인생은 이미 오늘부터 시작되고 있다.

분주함이라는 마취가 나을 수 있다

인생은 여러 개의 장으로 이루어진 한 권의 책과 같다. 한 장이 끝나면 또 다른 장이 펼쳐진다. 지나간 장을 덮고 아직 아무 글도 적히지 않은 새 페이지 앞에 서있다. 매일 아침 출근 준비에 쫓기던 생활도 끝났다. 서둘러야 할 이유가 없다. 눈앞에 펼쳐진 것은 '시간'이라는 이름의 자유고, 가슴 한편에는 설렘이 피어오르고 있다.

직장이라는 틀에서 벗어나는 순간, 삶의 주도권이 내 손으로 돌아온다. 조직의 규칙에 맞추느라 쪼개 쓰던 시간과 에너지를 온전히 나를 위해 쓸 수 있게 된다. 자유는 처음엔 낯설지만, 하루하루가 쌓일수록 점점 몸에 익어 간다.

독일의 저널리스트 볼프강 프로징거Wolfgang Prosinger의 《은퇴》라는 소설에는 '헤커'라는 주인공이 등장한다. 그는 우연히 오랜 지인 '카린'을 만나 그녀의 일상을 들었다. 카린은 잠은 푹 자고, 두 시간에 걸쳐 식사하며 신문을 처음부터 끝까지 읽는다고 했다. 운동, 요가, 독서 모임, 영화, 소풍 등으로 일주일을 채운다. 그녀는 이를 '위대한 자유'라 부르며, 지금이 마치 천국과 같다고 말했다.

사실 그녀의 빼곡한 일정은 늙어간다는 두려움을 잊기 위해 스스로 처방한 활동치료였다. 카린은 끊임없이 이벤트를 찾아다니며 내면의 깊은 공허함을 채우려 안간힘을 썼다. 헤커는 그녀가 노년의 아픔을 직면하는 대신 일상의 분주함으로 자신을 마취시키고 있음을 깨달았다. 은퇴자의 일상은 독일이나 우리나라나 매한가지인 것 같다. 아픔을 직면하는 것보다 때로는 분주함이라는 마취가 더 나을 수도 있다는 생각이 든다.

김명자 외의 연구 〈남성퇴직자의 적응에 영향을…〉에 따르면, 많은 사람들은 퇴직을 무거운 책임과 역할에서 벗어난 것으로 느낀다. 그동안 바빠서 하지 못했던 목표와 활동 등을 추구할 수 있는 좋은 전기로 받아들인다. 실제 취미생활이나 새로운 역할을 통해서 만족스러운 삶을 살아가는 것으로 나타났다.

실제 사례들이 이를 더욱 분명하게 보여준다. 72세에 서울 S대학교 일본어학과 3학년에 편입한 V 선배님은 일본어 번역자격증을 취득하며 제2의 인생을 설계하고 있다. 77세에 또 다른 공부를 시작한 U 선배님은 나이를 핑계로 삼지 않았다. 하고 싶다는 마음 하나로 새로운 문을 두드렸다. 배움 앞에 나이는 숫자에 불과하다는 것을 조용히 증명하고 있다.

고위 공무원 출신의 한 지인은 퇴직 후 그림에 도전했다. 뉴욕 전시회에 작품을 세 점 출품했다. 결과는 놀라웠다. 전문 작가와 같은 가격에 두 점이나 팔렸다. 취미로 그린 그의 작품이 세계시장, 그것도 눈 높은 예술의 도시 뉴욕에서 거래되었다는 사실이 지인에게는 인생의 사건이

된 것이다. 취미가 자아실현과 성장의 영역으로 확장된 사례다.

시간적 여유는 구체적인 가능성으로 전환되고 있다. 박지현의《1일1독》에서 제시한 8-8-8 법칙을 떠올려 본다. 하루 24시간 중 8시간은 휴식과 수면으로 건강을 챙기고, 8시간은 도전과 활동에 투자하며, 나머지 8시간은 여가와 자기계발에 쓴다는 개념이다. 누구에게나 주어진 하루 24시간을 어떻게 보내느냐에 따라 몇 년 뒤의 삶은 전혀 다른 모습이 될 것이다.

수면과 휴식에 8시간을 온전히 쓸 수 있다는 것만으로도 삶의 여유가 달라진다. 느긋함은 곧 숙면으로 이어지고 달라진 아침을 맞이하게 된다. 날이 밝아오면 자연스럽게 눈을 뜨는 날이 많아진다. 우리 아파트는 5층인데 앞쪽은 공원이다. 나무들로 꽉 차 있고 오른쪽 창밖으로는 야산이다. 봄에는 아카시아 향기가 은은하게 퍼지고, 새소리를 들으며 하루를 연다.

그동안 바쁘다는 핑계로 놓쳐왔던 일상들이 하나둘 돌아오고 있다. 작은 것들이 새삼 눈에 들어온다. 바람에 흔들리는 나뭇잎 하나, 창가로 스며드는 아침 햇살 한 줄기가 정겹게 느껴진다. 늘 곁에 있었지만 무심코 지나쳤던 것들이 이제는 조용히 마음을 채워준다.

평일의 여유는 또 다른 즐거움을 선사한다. 오후의 조용한 시간대에 영화관에서 좋아하는 영화를 감상한다. 카페에서 오랜 친구들과 대화를 나눈다. 시간에 쫓기지 않는 여유로운 만남이다. 주말을 피해 평일에 여행을 떠나기도 한다. 한적한 미술관을 방문하며 문화생활을 즐긴다.

일상을 스스로 디자인하는 즐거움도 크다. 회사 선배의 영향으로 시작한 연간 계획 수립은 퇴직 후의 삶을 소프트랜딩 하는 데 큰 도움이 되고 있다. 목표를 세우고 실천하는 과정에서 자연스럽게 가능성이 열리고, 삶의 방향이 명확해지는 것을 경험하고 있다. 아침에 눈을 떴을 때 그날의 일정을 스스로 계획한다.

그동안 시간이 없어 포기했던 일들도 하나씩 다시 시작한다. 퇴직 후 시작한 수채화 배우기는 세월을 더해가면서 점점 가까워지는 듯하다. 그림을 그리는 동안의 몰입은 그 자체로 깊은 행복이다. 창작은 내면의 또 다른 나를 만나는 통로가 되고 있다.

건강을 돌보는 시간도 충분히 확보된다. 매일 규칙적으로 운동하고, 식사를 가볍고 정갈하게 준비하며, 휴식의 리듬을 회복하고 있다. 이는 앞으로의 삶을 오래 건강하게 이어가기 위한 토대가 되고 있다. 가족과의 시간도 자연스럽게 늘어난다. 아내와 샐러드를 만들고 도란도란 식사도 한다. 전에는 생각지도 못한 풍경이다. 한 달에 한 번 아들과 함께 외식을 한다. 둘만의 시간을 가지며 소원했던 관계개선에 노력하고 있다.

또 다른 변화도 찾아온다. 새로운 인연이 생기고, 긍정적인 에너지를 가진 사람들과 더 자주 어울리게 된다. 사람은 무의식적으로 서로에게 큰 영향을 미친다. 좋은 관계는 삶의 방향마저 바꿔 놓는다. 서로에게 위로와 격려가 되는 관계를 만들어가며, 함께 성장하는 느낌을 얻고 있다.

내가 하고 싶은 일을 하며 남의 눈치를 보지 않고 자유롭게 사는 것이 가치 있으며 나를 행복하게 한다면 나는 이미 부자다. 진정한 자유는 스스로 선택할 수 있는 권리에서 시작된다. 자유로운 삶은 도전과 성장의 발판이며, 오롯이 자신을 마주하는 귀한 시간이다.

물론 처음에는 낯설다. 오랜 시간 익숙했던 리듬에서 벗어나는 것이 쉽지만은 않다. 하지만 시간이 지나면서 이 자유가 주는 가능성을 발견하게 된다. 시간의 주도권을 온전히 갖게 되면서 매 순간을 의미있게 채우고 있다.

퇴직 후의 삶은 바다를 향해 닻을 올리는 것과 같다. 어쩌면 우리는 평생 남의 시간을 살아왔는지도 모른다. 이제야 비로소 나의 시간이 시작된다. 무한한 가능성이 펼쳐진 수평선을 향해 진정한 나를 만나는 여정은 지금 이 순간부터 이어지고 있다.

자신만의 시계로 살아갈 차례다

은퇴 전문가 데이브 휴즈Dave Hughes는 《은퇴 멋지게 하는 법》에서 은퇴 초기 몇 달간은 마음껏 자유를 만끽하라고 조언했다. 오랜 시간 쌓인 피로를 내려놓고 심장이 원하는 대로 살라는 것이다. 하지만 인간은 결국 의미와 목적을 갈망하는 존재이다. 잠시 무중력 상태를 충분히 즐긴 후에는 자신만의 나침반을 찾게 된다고 했다. 지금까지 회사의 시계로 살았다면 이제 자신만의 시계로 살아갈 차례다.

오전 6시, 알람이 울리지 않는다. 처음에는 이 침묵이 낯설지만 불편하지는 않다. 처음 며칠은 습관처럼 새벽에 눈이 떠지지만 이제는 몸이 원하는 시간에 자연스럽게 일어난다. 매일 아침 날카로운 소리에 깨는 일도 없어지고 스스로 일어나는 아침이 평화롭다.

출근 준비에 쫓기지 않으니 식사가 달라진다. 급하게 공깃밥을 국이나 물에 말아먹던 때가 떠오른다. 지금은 샐러드를 만들어 아내와 함께 먹는다. 마주 앉아 오늘 할 일을 이야기하며 여유롭게 식사하는 시간이 이렇게 소중한지 비로소 깨닫는다.

옷장 앞에서의 고민도 사라진다. 어떤 와이셔츠를 입을지 고민하던 시간이 사라지고 편한 트레이닝복으로 대체된다. 넥타이와 와이셔츠 대신 티셔츠와 면바지, 청바지에 면 셔츠가 주를 이룬다. 복장 규정에서 해방되니 옷을 입는 것조차 즐겁고 옷차림이 편해지니 생활 자체가 편안해지며 몸의 긴장도 풀린다.

오전 8시쯤 동네 공원으로 향한다. 예전에는 회의실에 앉아 업무 보고를 듣거나 이메일에 답장을 쓰던 시간이다. 공원을 30분쯤 천천히 걷는다. 계절의 변화를 온몸으로 느끼며 걷다 보면 평소 지나쳤던 작은 꽃들이 눈에 들어온다. 운동 삼아 걷기 시작했는데 어느새 산책이 하루 중 가장 기다려지는 시간이 된다. 나뭇잎이 바람에 흔들리는 소리, 새들의 지저귐, 이런 소소한 것이 주는 평온함을 음미한다.

공원에서 만난 동네 어르신들과의 대화도 새삼 즐겁다. 소소한 일상 이야기가 의외로 삶의 활력이 된다. 조직 내 인간관계에만 집중했던 때와는 다르게 지역사회의 일원으로 새로운 관계를 만들어가고 있다.

신문을 천천히 읽는다. 예전에는 헤드라인만 훑어봤는데 지금은 구석구석 읽을 시간이 있다. 사설도 읽고 문화면도 꼼꼼히 보며 세상 돌아가는 이야기를 음미한다. 급하게 정보를 습득하는 것이 아니라 생각하며 읽으니 이해도 깊어진다.

점심시간에는 선택의 폭이 넓어진다. 회사 식당의 정해진 메뉴나 근처 식당을 돌아가며 먹던 때를 생각하면 격세지감이다. 오늘은 집에서 간단히 해 먹을까, 새로 생긴 식당을 탐방할까, 아니면 장을 보러 갈까 고민하는 시간이 길어진다. 요리에 관심이 생겨 레시피를 검색하고 장을 보러 시장에 간다.

아내와 함께 요리하며 대화를 나누는 시간이 즐겁고 새로운 취미가 하나 생긴 것 같다. 때로는 아내와 함께 평일 점심 데이트를 즐기기도 한다. 아늑한 식당에서 여유롭게 식사하며 나누는 대화가 주말보다 더 특별하게 느껴진다.

오후에는 낮잠을 잔다. 예전에는 상상도 할 수 없었던 일인데, 피곤하면 언제든 누울 수 있다. 30분 정도 눈을 붙이고 일어나면 개운하고 오후 활동에 활력이 생긴다. 짧은 휴식이 하루를 더 풍성하게 만들어주고 건강에도 도움이 되는 것 같다.

TV를 켜도 죄책감이 없다. 평일 낮 방송을 본다는 게 예상 밖으로 신선한 경험이다. 다큐멘터리 프로그램을 보며 세상 돌아가는 이야기를 듣고 요리 프로그램을 보며 새로운 레시피를 배운다.

오후 시간 활용이 달라진다. 도서관에 등록하고 정기적으로 방문한다. 조용한 공간에서 책을 읽거나 공부하는 시간이 소중하고 집과는 다른 분위기가 집중력을 높여준다. 누구의 지시도 받지 않고 스스로 결정하는 삶이 자유롭고 주체적이다. 내가 원하는 방식으로 하루를 채워간다.

핸드폰 사용 패턴도 완전히 바뀐다. 수시로 울리던 회사 전화, 확인해야 할 업무 메일, 상사의 카톡 메시지가 사라진다. 퇴근 후에도, 주말에도 업무 연락이 올까 봐 핸드폰을 손에서 놓지 못했다. 하지만 이제는 핸드폰이 울려도 급할 것이 없다. 천천히 확인하고 답장도 여유 있게 할 수 있다. 핸드폰에서 업무 관련 앱을 모두 삭제하고 나니 한결 가벼워진 기분이다. 그 대신 사진 앱과 독서 앱을 자주 사용하게 된다.

오후 4시쯤 책상 앞에 앉는다. 오후 회의에 참석하거나 마감에 쫓기던 시간이다. 이제는 읽고 싶었던 책을 펼치거나 일기를 쓰거나 가끔은 그냥 멍하니 앉아있기도 한다. 문득 떠오른 생각을 메모하기도 하고 오래된 사진첩을 꺼내 추억을 되새기기도 한다. 젊은 시절 가족과 함께 찍은 사진들을 보며 시간의 흐름을 실감한다.

저녁 시간도 여유롭다. 지하철에서 지친 몸을 이끌고 귀가하던 때가 아득하다. 퇴근 시간에 맞춰 집에 도착할 필요가 없고 언제든 원하는 시간에 저녁 식사를 한다. 저녁 준비를 돕거나 설거지를 하고 아내와 함께 저녁 산책을 나선다.

밤이 깊어도 조급하지 않다. 다음 날을 걱정하며 서둘러 잠자리에 들 필요가 없다. 내일 일찍 일어날 필요가 없으니 늦게까지 책을 읽거나 영화를 봐도 괜찮다. 밤의 고요함 속에서 나만의 시간을 즐기는 것이 새삼 평화롭다. 밤 시간이 길어지고 하루가 더 풍성해진 느낌이다. 무거운 짐을 내려놓았다는 시원함이 온몸에 퍼지며 편안한 잠에 든다.

주말과 평일의 구분이 흐려진다. 예전에는 금요일 저녁이 되면 해방감을 느꼈는데 이제는 매일이 휴일 같다. 요일 감각이 무뎌지고 날짜 확인을 자주 하게 되지만 그것도 나쁘지 않다. 삶이 하나의 연속된 흐름으로 느껴지고 매 순간이 소중하다.

무엇보다 큰 변화는 시간의 주인이 되었다는 점이다. 회사의 시간이 아닌 내 시간, 상사의 스케줄이 아닌 내 스케줄, 업무의 우선순위가 아닌 내 우선순위로 하루를 설계할 수 있다. 언제 일어날지, 무엇을 먹을지, 어디를 갈지, 누구를 만날지 모두 나의 선택이다. 이 해방감은 시간이 갈수록 깊어진다.

물론 날이면 날마다 장밋빛은 아니다. 가끔은 무료함이 찾아오고 직장 동료들이 그리워질 때도 있다. 뉴스에서 내가 속했던 업계 이야기가 나오면 괜히 마음 한편이 쓰리기도 한다. 아침에 눈을 떴는데 무엇을 해야 할지 막연할 때도 있다. 하지만 이런 감정도 시간이 지나면서 점차 줄어든다. 새로운 일상이 익숙해지면서 과거에 대한 미련보다는 현재의 소중함이 더 크게 다가온다.

그래서 새로운 일상 속에서 작은 루틴들을 만들어가고 있다. 자유로운 시간 속에서도 나만의 구조를 세우는 것이다. 일주일이 지나니 새로운 리듬이 잡혀간다. 나만의 생활 패턴이 만들어지고 그것을 따르는 것이 자연스럽다.

강요된 일상이 아니라 스스로 선택한 일상이고 그래서 더 만족스럽다. 달라진 일상은 단순히 할 일이 없어진 것이 아니다. 진짜 하고 싶은 일을 선택할 수 있는 독립성을 얻은 것이다. 이 독립성을 어떻게 사용하느냐에 따라 퇴직 후 삶의 질이 달라진다.

인생에서 가장 큰 사치는 시간의 자유다. 돈으로 살 수 없고 권력으로 얻을 수 없는 것이다. 퇴직은 그 자유를 되찾는 순간이다. 이제 시계는 내 손에 있다. 빠르게 갈 수도 천천히 갈 수도 있다. 달라진 일상 속에서 진정한 나를 만나는 여정은 조용히 시작되고 있다.

은퇴계곡을 건너뛰다

많은 이들이 은퇴 후 혼돈과 방황의 은퇴계곡을 피하지 못한다. 직함을 잃은 상실감, 낯선 자유가 주는 혼란, 정체성의 위기가 찾아온다. 어둡고 깊은 골짜기에서 사람들은 방향을 잃고 힘겨워한다. 누구에게 하소연도 하지 못한 채 혼자만의 세계로 빠져든다. 겉으로는 괜찮은 척 하지만, 속으로는 한없이 작아지는 자신을 방어할 자존심만이 시한폭탄으로 변해간다.

그런데 어떤 이들은 그 계곡을 지나가지 않는다. 우회하지도, 힘겹게 기어 올라가지도 않는다. 그 구간을 건너뛴다. 그리고 뉴 시니어New Senior의 세계로 들어간다. 뉴 시니어는 서문에서 언급하였지만, 액티브 시니어에서 진일보한 삶을 추구한다. 퇴직 후 남들이 여행 가고 산에 오르고 순례길을 걸으며 즐길 때, 그들은 목표를 향해 전진한다. 놀랍게도 그 선택은 심적 부담을 줄여준다.

은퇴 후 은퇴계곡을 건너뛰어 뉴 시니어 세계로 직행한 사례가 있다. 대기업 정년퇴직 1년 차인 S 씨61세의 이야기다. 그는 은퇴 2년 전부터

4층짜리 건물을 짓기 위해 인허가나 설계, 자금 등을 준비했다. 취미로 양봉을 위한 땅을 보러 천안에 2년 전부터 다녔으며, 색소폰도 3년 전부터 배우기 시작했다. 그는 은퇴 전 준비한 것을 다음과 같이 설명했다.

"건물은 2년 전부터 준비했고, 양봉도 2년 전부터 땅 보러 다녔어요. 색소폰도 3년 전에 시작했고요. 이것저것 준비를 하니까 퇴직 하고 나서 허송세월하는 시간이 없었어요. 바로 연착륙한 거죠."

그의 말에서는 준비된 사람 특유의 여유가 느껴진다. 많은 퇴직자가 나름의 준비를 한다. 하지만 S 씨의 사례처럼 거의 완벽에 가까운 준비 는 쉽지 않은 것이 현실이다. 준비된 사람의 제2인생은 달랐다. 부족함 없이 연착륙한 자리에서 거침없는 뉴 시니어의 삶을 시작하고 있다.

100세 시대, 은퇴 후 40년을 어떻게 살 것인가? 이 질문은 단순히 남은 시간을 어떻게 보낼까의 문제가 아니다. 삶의 질과 의미를 결정짓는 핵심 과제이다. 대부분의 은퇴자가 나름의 시간표를 가지고 있지만, 중요한 것은 그 안에 어떤 의지와 철학을 담아 실행하느냐에서 갈린다. 인생 후반부 삶의 질은 저절로 주어지는 것이 아니라 만들어 가야 하는 것이다.

《골든 그레이》의 저자 강헌구는 '골든 그레이'에 대하여 상세하게 묘사했다. 그들은 유행을 앞서가며 언제나 청춘으로 다가갔고, 하고 싶은 것, 가고 싶은 곳, 뭐든 거침없는 사람들이다. 태어나는 것은 맘대로 할 수 없지만, 50년 이후는 선택할 수 있다고 강조했다. 인생 2막은 나이의 문제가 아니라 태도의 문제다.

자발적 퇴사 사례인 Y 씨51세의 경우는 다소 특이한 케이스다. 50대 초반으로 제2의 인생으로 들어가기는 이르다고 느껴질 수 있다. 하지만 그에게 닥친 상황은 다르다. 가족과 떨어져 기러기가 되었고, 직장도 자의 반 타의 반으로 떠났다. 그는 그 상황을 위기로만 보지 않는다. 방향을 바꿀 기회로 본다.

"코로나가 터지고 아이들도 힘들었어요. 큰애는 축구를 했는데 그게 막 뒤틀렸고, 저도 회사에서 휴직을 하고 급여도 잘 안 나오고 이런 시기를 거치면서 '뭔가 바꿔야 되겠다'라는 생각들을 했고요. 그래서 가족들은 2022년 6월 캐나다로 갔습니다.

가족들 보내놓고 한 8개월 후에 퇴직한 거죠. 20년간 직장생활을 했고, 새로운 걸 준비해서 나중에 '내 일을 해야겠다'라는 생각을 했던 거예요. 제가 여행업에서 잘해왔기 때문에 다른 데 가서도 난 잘할 수 있겠다고 생각을 했습니다. 그러면서 좀 자신 있게 나왔죠."

위기는 기회이다. 그리고 변화할 수 있는 절호의 기회다. 퇴직이라는 전환점 앞에서 두려움보다는 설렘이 먼저 오는 이유가 있다. 아직 하고 싶은 꿈이 남아 있기 때문이다. 30여 년간 쌓아온 경험과 지혜는 도약의 밑거름이 된다. 퇴직 이후의 삶은 단순한 휴식기가 아니라, 꿈과 열정이 다시 점화되는 인생의 또 다른 장이다.

인생 이모작을 설계하는 과정은 신중하면서도 창의적인 접근이 필요하다. 농사에서 이모작이 한 땅에서 두 번의 수확을 거두듯이, 인생 이모작은 한 번의 인생에서 두 개의 의미 있는 경력을 만들어가는 것이다.

이를 위해서는 세 가지 전략이 있다.

첫 번째 전략은 기존 전문성의 확장이다. 금융권에서 일했던 경험을 살려 재무 상담가로 활동하거나, 마케팅 경험을 바탕으로 소상공인 컨설턴트로 나설 수 있다. 30여 년간 쌓아온 노하우는 그 자체로 큰 자산이다.

두 번째 전략은 완전히 다른 분야로의 진출이다. 평소 꿈꿔왔던 원예 교육가의 길, 여행 작가, 사진가 등 직장생활 중에는 시도하지 못했던 분야에 뛰어들 수 있다. 세 번째 전략은 기존 전문성과 관심사를 결합하는 것이다. IT 업계 경험과 교육에 대한 열정을 결합해 시니어 디지털 교육 전문가가 될 수 있다.

구체적인 첫걸음을 찾는 과정이 막연하다면 먼저 자신에게 질문을 던져볼 필요가 있다. 나는 무엇을 할 때 가장 행복한가? 어떤 일을 하면 시간 가는 줄 모르는가? 사람들이 나에게 조언을 구하는 분야는 무엇인가? 이러한 질문들에 대한 답을 정리하다 보면, 남들이 좋다 하는 길이 아니라, 자신이 진정으로 원하는 것이 무엇인지 보이기 시작한다.

평생교육원이나 문화센터의 다양한 프로그램을 탐색해 보는 것도 좋은 출발점이다. 그림, 글쓰기, 사진, 요리, 악기 연주 등 관심 있는 분야의 입문 강좌를 듣는 것만으로도 또 다른 세계가 열린다. 와인 소믈리에, 바리스타, 생활스포츠지도자, 직업상담사, 사회복지사 등 시니어도 충분히 도전할 수 있는 자격증이 많다.

디지털 시대에 발맞춰 유튜브 채널 운영, 블로그 글쓰기, 온라인 강의 제작 등 디지털 플랫폼을 활용한 활동도 가능하다. 처음에는 어렵게 느껴질 수 있겠지만, 시니어를 위한 디지털 교육 프로그램이 많아졌다. 구청이나 도서관에서 무료로 제공하는 스마트폰 활용 교육부터 시작해, 점차 콘텐츠 제작으로 확장할 수 있다.

전문가들에 따르면 명확한 목표를 가진 퇴직자들의 삶의 만족도가 그렇지 않은 이들보다 훨씬 높다고 했다. 목표가 명확할수록 방향성이 생기고, 방향성이 있을수록 불안감은 줄어든다. 단기, 중기, 장기 목표를 구분하여 단계적인 계획을 세워보자.

첫 3개월은 관심 분야에 대한 학습과 정보 수집에 집중한다. 관련 서적을 읽고, 온라인 강의를 수강하며, 선배들의 이야기를 듣는다. 6개월 안에는 기초 자격증을 취득하거나 입문 과정을 수료하는 것을 목표로 삼는다. 1년 내에는 실제 활동을 시작해 본다.

김형석 교수는 KMA 조찬회 강연을 통해 "인생의 황금기는 60세부터 75세"라고 강조했다. 더 나아가 "성공한 인생과 그렇지 않은 인생은 60세에 어떤 삶을 다시 시작하느냐에 따라 달려있다"라고 했다. 지금이 바로 그 황금기의 시작점이다.

직장생활에 밀려서 미처 발견하지 못했던 나만의 재능들을 이제 펼쳐볼 수 있는 시간이다. 퇴직 후 발견하는 목표가 인생의 전환점이 된다. 평생교육원 프로그램을 검색하거나, 관심 분야 책 한 권을 주문하거나, 친구에게 함께할 것을 제안하는 것으로 시작하라. 거창하지 않아도 좋다. 오늘이 뉴 시니어 인생 2막이 시작되는 날이다. 준비된 자 두렵지 않다.

이제는
폼나게
살아보자

혼란과 좌절

예상치 못한 현실

1

산에 한번 같이 가시죠

전성기 리서치의 〈퇴직한 다음날〉에 따르면, 퇴직 후 심경의 변화는 퇴직자 43%가 1개월 이내에 경험하는 것으로 조사됐다. 미래에 대한 막막함과 상실감이 빠르게 찾아온다는 것이다. 퇴직 후 후련함은 1~3개월 이내에 사라지는 것으로 나타났다. 1년 정도 후에는 긍정적인 감정으로 변화하는 비중이 컸는데 이는 퇴직생활에 적응하는 것으로 보인다고 설명했다. 이 결과는 대체로 이 책에서 적용한 애틀리의 은퇴적응 이론과 유사한 경향을 보여주고 있는 아주 중요한 자료다.

"산에 한번 같이 가시죠." 추 팀장의 제안에 담긴 간절함이 가슴을 친다. 해외 건설현장과 국내 건설현장을 전전하던 그는 결국 일자리를 잃었고, 갑작스러운 퇴직으로 일상 자체가 무너졌다. 서울 주변의 산이라는 산은 모조리 섭렵했다. 청계산의 모든 코스를 훤히 꿰고 있다는 그의 말 뒤로 쓸쓸함이 묻어났다. 평소 마라톤을 좋아했던 그는 빈 공간을 무엇인가로 채워야 했던 것이다.

퇴직 후 맞이하는 첫 번째 난관은 일상의 리듬이 완전히 깨어지는 경험이다. 30여 년간의 직장생활에서 형성된 규칙적인 생활패턴이 하루 아침에 사라진다. 박경례 외의 〈베이비붐 세대의 퇴직 및 퇴직 후…〉 연구에서 지적했듯이 퇴직은 자아정체성, 가치관, 사회적 역할, 인간관계 등 삶의 기본적인 요인들의 변화를 초래하는 생애주기의 중요한 전환점이다.

정년퇴직이라면 어느 정도 예상이라도 되겠지만, 대기업 임원 같은 경우는 대부분 갑작스러운 퇴직통보를 받는다. 직장에서 성공가도를 달리던 이들에게 예기치 못한 퇴직은 큰 충격으로 다가온다. 수십 년간 쌓아온 지위와 인맥, 그를 통해 얻었던 자존감과 안정감이 순식간에 사라지면서 분노와 상실감과 배신감이 한꺼번에 몰려온다. 밤잠을 설치고, 집 안에 가만히 앉아 있는 것조차 힘든 고통을 겪는다.

무한정한 자유로움이 오히려 더 큰 스트레스가 되기도 한다. 눈을 뜨면 해야 할 뭔가가 있어야 하는데, 그것이 없다. 하루 종일 TV만 보며 시간을 죽이는 자신을 발견한다. 의미 없이 흘러가는 시간들을 지켜보며 자신의 존재 가치에 대한 의문이 고개를 든다. 젊은 시절 바쁘게 일했던 모습과 대비되는 현재의 무기력한 모습에서 큰 괴리감을 느낀다.

뉴 시니어 08

"처음엔 정말 갈 데가 없었어요. 서울 근교 산에 가거나 걷기도 하고…, 늦잠 자고, 밥도 제시간에 안 먹을 때가 많았죠. 30년을 매일 일찍 일어나다가 갑자기 생활 패턴이 완전히 바뀌니까 짜증도 나고 게을러졌어요. 집에서 빈둥거리고 있는 것에 대해 와이프의 불만도 많았죠. 그걸로 다툰 적도 있고요."

비슷한 감정은 다른 인터뷰에서도 고스란히 드러난다. W 씨68세도 마
찬가지였다.

"아침에 일어나서 갈 데가 없다는 생각이 들면, 스스로 '내가
이렇게 별 볼일 없는 사람인가? 나름대로 잘 살았다고 생각했었는데 내
가 아무것도 할 수 없는 처지가 됐구나' 하는 마음에서 오는 상실감, 이런
것도 좀 있었죠."

은퇴 3주째 되는 헤커의 일상은 변하기 시작했다. 출근하는 아내와 같
이 식사를 하지 않았다. 9시에서 10시까지 잠을 잤다. 며칠 전부터 전
화가 조용해졌다. 적막함을 헤커는 심판이라 여겼다. 아무런 쓸모없는
존재가 된 것 같다고 느꼈다. 오후에는 홀로 화이트와인을 마시고, 저녁
에는 레드와인을 마시는 것이 습관으로 굳어갔다. 헤커의 나날은 흐르
지 않고 고여 버렸다.

매경포커스의 2021년 4월 20일자 〈퇴직 증후군 앓고 있나요〉에 의
하면, 직장에서의 성취가 자신의 가치를 증명하던 사람들에게 퇴직은
곧 패배와 무력함을 뜻한다고 했다. 객관적으로는 충분히 성공한 삶을
살았지만, 정작 본인은 극심한 수치심을 느낀다는 것이다. 그래서 오랜
동료들에게조차 알리지 않고 조용히 회사를 떠난다. 가까운 친구나 배
우자에게도 속마음을 털어놓지 못한 채 초라해진 자신의 모습을 감추려
애쓴다.

퇴직자들이 가장 먼저 마주하는 침묵은 '일이 없어진 침묵'이 아니라
'사람이 멀어진 침묵'이다. 전화가 사라지고 메시지가 줄어드는 순간,

우리는 생활의 빈칸보다 먼저 존재의 빈칸을 느낀다. 이전에는 피곤할 정도로 울리던 휴대전화가 조용해졌다. 그 조용함이 처음엔 평화 같다가 어느 순간 헤커의 말처럼 심판처럼 느껴진다.

처음 2~3개월은 오라는 데는 없어도 갈 곳이 많은 시기다. 하지만 3개월이 지나면서 상황은 달라진다. 전화나 문자, 카톡 등의 연락이 뚝 끊기고 찾아오는 적막감. 이때부터 진짜 고뇌가 시작된다. '내가 이것밖에 되지 않은 사람이었던가!'라는 자괴감이 밀려오고, 회사와 동료들에 대한 서운함이 스멀스멀 피어오른다.

"근무 중에는 전화라든지 연락이 항시 왔었거든요. 일주일에 두세 번 통화하던 사람들도 연락이 없는 거죠. '내가 이렇게 할 일이 없었나? 내가 이 정도밖에 안 되나?' 이런 생각도 들기도 했고요."

스마트폰을 들여다보는 횟수가 늘어난다. 혹시 누군가 연락하지 않았을까 습관처럼 확인한다. 하지만 화면에 쌓이는 것은 스팸 문자와 광고 메시지뿐이다. 전에는 업무 관련 메시지가 너무 많아 번거로웠는데, 이제는 그 번거로움이 그립다. 소통의 빈곤은 존재감의 소멸로 이어진다.

문득 가볍게 던지는 질문, "요즘 뭐 하고 지내?"에 답하기도 애매하다. 상대도 분명 꼭 나의 대답을 얻고 싶어서가 아니라, 할 말이 없어서 그냥 던지는 질문일 가능성이 크다. 그런데 이 질문이 뼈를 때린다. 헛웃음을 섞어 "이것저것… 바빠~"라고 답하지만, 개운치가 않다. 대화를 이어갈 공통의 관심사가 없다. 금방 어색해진다. 결국 "시간 나면 연락해"라는 공허한 약속만 던진 채 헤어진다. 이런 어색한 만남조차 점점 줄어든다.

평소 친하다고 생각했던 사람들과의 연락이 자연스럽게 끊기는 것을 보며 관계의 허상을 깨닫는다. 업무적 관계로 시작된 많은 인연이 소원해지면서 진정한 친분과 단순한 업무적 관계의 경계가 분명해진다. 회사라는 울타리를 벗어나면 현실이 달라진다. 중요한 것은 오직 '회사 소속 여부'뿐이었다는 현실이 많은 퇴직자에게 당혹감을 안겨준다.

혼자 보내는 시간이 길어질수록 외로움과 고립감이 더욱 깊어진다. 사람들과의 교류를 통해 얻었던 정보, 웃음, 공감 등이 줄어들면서 삶의 만족도가 서서히 떨어진다. 직장을 중심으로 관계를 형성해 온 이들에게 퇴직은 곧 인간관계의 급격한 축소를 의미한다. 역할의 상실과 정서적 공허감이 맞물리며 부정적 감정을 키운다.

결국 이 혼란과 좌절을 넘어서려면 한계를 인정하는 데서 출발해야 한다. 30여 년간 익숙했던 삶의 구조가 사라졌다는 사실, 직함과 소속 없는 '나'를 새롭게 받아들여야 한다는 사실을 직면하는 것이다. 자신의 현재 상태를 있는 그대로 인정하는 순간, 비로소 다음 걸음을 내딛을 힘이 생긴다.

변화를 거스르는 것이 아니라 달라진 환경을 수용하는 쪽으로 방향을 틀 때 새로운 리듬을 찾을 수 있다. 퇴직은 끝이 아니라 다른 방식의 삶이 시작되는 전환점이다. 무너진 일상의 리듬을 회복하는 것은 곧 무너진 나를 다시 세우는 일과도 같다. 이 시기를 어떻게 보내느냐가 향후 퇴직생활 전반의 질을 좌우하게 된다.

2
시간은 더 이상 돈이 아니다

상황이 바뀌었다. 시간은 더 이상 돈이 아니다. 아껴야 하는 것이 아닌 소비해야 하는 대상이 되어버렸다. 나는 가진 것이 시간밖에 없기 때문이다. 시간은 넘치도록 많은데 무엇으로 의미 있게 채울 수 있을까?

심리학자 빅터 프랭클Viktor Frankl은 "삶의 의미를 잃은 사람은 존재의 공허함을 경험한다"라고 말했다. 퇴직 후 끝없이 주어진 시간 속에서 많은 이가 바로 이 공허함과 마주한다. 일상의 리듬이 사라진 자리에 남은 것은 끝없이 이어지는 빈 시간뿐이다. 이 시간을 어떻게 채워야 하는가가 퇴직 후 삶의 가장 큰 과제다.

아침에 눈을 뜨면 하루 종일 무엇을 해야 할지 막막함이 밀려온다. 오늘은 무엇을 하지? 어디에 갈까? 누구를 만날까? 질문은 많은데 답은 없다. 결국 TV를 보다가, 스마트폰을 들여다보다가, 잠시 낮잠을 자다가 하는 식으로 시간을 때우는 생활이 반복된다. 한때는 너무 부족하다고 느꼈던 시간이 오히려 무거운 짐이 되어 어깨를 누른다.

퇴직 후 마주하는 가장 큰 도전은 끝없이 이어지는 시간과의 싸움이다. 아침부터 저녁까지 특별히 할 일이 없는 하루하루가 계속되면서 시간이라는 무형의 적과 씨름하는 일상이 시작된다. 적당한 활동을 찾지 못하는 현실이 가장 큰 고민거리다.

시간을 쓰는 방식은 크게 두 가지로 나뉜다. 단순히 시간을 보내기만 하는 '소비적 활동'과 의미와 가치를 만들어내는 '생산적 활동'이다. 한국여성정책연구원의 연구보고서에서 호텔 퇴직자 D 씨54세의 사례를 보자. 그는 주변 사람들의 시선을 의식해 몇 달 동안 출근하는 척을 했다.

출근 시간에 밖으로 나가서 공원이나 도서관에서 신문과 책을 본다. 하지만 목적 없는 독서를 지속하기는 쉽지 않았다. 어떤 날은 아침 9시쯤 밖으로 나갔다. 집에서 신문을 읽었지만 또 하나를 사서 정독했다. 한적한 공원에서 두 시간을 보낼 수 있었다.

시간이 많으니 차를 타지 않고 일부러 걸어 다녔다. 왕복에 약 두 시간이 금방 지나갔다. 그렇게 오후 5시나 6시쯤 집으로 돌아왔고 저녁을 먹고 일찍 잠자리에 들었다. 이렇게 하루를 보내고 나면 무엇을 했는지도 모르게 시간이 흘러갔지만 성취감이나 만족감은 전혀 느껴지지 않았다.

소비적 활동으로 은퇴자가 많이 찾는 곳이 당구장이다. 당구는 재미도 있지만 우선 저렴한 게임비로 인해서 부담이 적다. 실내에서 하는 게임이니까 날씨와 계절에 지배받지 않는다. 당구장에는 오전부터 은퇴자들이 모여들어 하루 종일 큐대를 잡고 있는 모습을 쉽게 볼 수 있다.

다음으로는 한국 사람들이 매우 좋아하는 등산이나 둘레길 걷기다. 걷기는 건강에는 아주 좋은 운동이지만, 하루의 상당 시간을 들여야 한다. 이외에도 낚시 같은 활동들이 있다. 이러한 활동들은 건강 유지에는 도움이 되지만, 반복되는 일상 속에서 공허함을 완전히 채우기는 어렵다.

최근 85세 선배님을 만났다. 그분은 충주비료 시절부터 화학공장에서 평생을 보내셨다. 정년 후에도 80세까지 활발하게 공사장 소장으로 근무를 이어오다가 몇 년 전 드디어 은퇴하셨다. 어떻게 시간을 보내는지 하루 일과를 물었다.

아침 식사 후 주변 공원과 동네에서 만보 걷기를 매일 하신다. 오후에는 당구장에서 새로운 친구들과 시간을 소비하느라 바쁘다고 하셨다. 소비적 시간 보내기의 전형이다. 하지만, 모든 사람이 다 같이 생산적 시간 보내기에 매진할 필요는 없다. 나이나 건강 상태 또는 처해진 환경에 따라 선배님처럼 정신적 육체적 건강에 보탬이 되는 활동도 충분히 가치가 있다.

골프는 시간과 돈이 많이 든다. 대부분의 은퇴자는 낮 골프를 즐긴다. 느긋하게 늦잠 자고 골프장 혹은 인근에서 점심을 먹고 저녁까지 해결한다. 식사 두 끼를 챙기는 것도 중요하지만, 서울에서 골프장 왕복을 포함하면 7~8시간 이상을 해결할 수 있어 남아도는 시간을 소비하기에는 그만이다.

하지만 경제적 부담 때문에 매일 할 수는 없고, 일주일에 한두 번 정도가 고작이다. 나머지 날들은 여전히 빈 시간으로 남아있다. 결국 이러한 활동들만으로는 퇴직 후의 긴 시간을 의미 있게 채우기 어렵다는 한계에 부딪힌다.

생산적 활동의 대표적인 것은 재취업이다. 돈이 많고 적고를 떠나서 다시 은퇴 전으로 돌아가는 것이다. 재취업은 단지 수입을 얻는 행위가 아니다. 갈 곳이 생기고, 사람을 만나고, 생활 리듬이 돌아오고, 몸도 움직이게 된다. 그러나 재취업의 문은 생각보다 좁고 자신의 경력과 능력에 맞는 일자리를 찾기란 쉽지 않다.

다음으로는 창조적인 취미와 수익을 낳는 취미 활동, 그리고 보람과 행복감을 주는 봉사 활동 같은 것들이 있다. 새로운 것을 배우려고 문화 센터에 등록해 보지만 중도에 포기하는 경우가 많다. 배우는 과정이 힘들어서라기보다 '왜 하는지'가 흔들리기 때문이다. 목적이 흔들리면 의지는 금방 풀린다. 그래서 처음 한두 번은 다녀오지만 어느 순간 발길이 멈춘다. 그 멈춘 자리에는 다시 '빈 시간'이 돌아온다.

물론 모든 퇴직자가 시간의 무게에 짓눌리는 것은 아니다. 대기업 정년퇴직한 S 씨61세의 경우는 은퇴 준비가 잘 되어 있었다. 그는 퇴직 후 일이 바빠서 외롭거나 심리적으로 불안감을 느낄 시간이 없었다. 사전에 준비한 것들을 실행하느라 공백 기간 없이 흘러가 버렸다.

S 씨 사례의 핵심은 생산적 목표를 설정하고, 그것을 향해 적극적으로 시간을 투자했다는 점이다. 시간은 채워야 할 공백이 아니라, 투자해야 할 자원이 되었다. 대다수의 퇴직자는 여전히 채워지지 않는 시간과 씨름한다.

무료함은 퇴직자가 직면하는 가장 강력한 적이다. 규칙적인 일과가 사라진 자리를 채우는 것은 끝없는 무료함이다. 이러한 무료함은 존재의 무의미함으로까지 이어지면서 심리적 고통을 가중시킨다.

늘어난 자유 시간을 감당하지 못하는 답답함이 일상이 되어간다. 퇴직 전에는 여유 시간이 생기면 얼마나 좋을까 상상했지만, 실제로 그 시간이 주어지면 오히려 스트레스가 된다. 특히 아무런 계획 없이 맞이하는 주말이나 공휴일은 더욱 길게 느껴진다.

사회적 관계의 축소는 시간 활용의 어려움을 더욱 가중시킨다. 만날 사람이 줄어들면서 약속이나 모임도 줄어들고, 이는 더 많은 혼자만의 시간으로 이어진다. 특히 직장 동료들과의 관계가 끊어지면서 사회적 네트워크가 급격히 축소된다. 과거에는 업무 관련 대화로 쉽게 시간을 보낼 수 있었지만 이제는 공통의 이야깃거리를 찾기 어렵다.

삶의 허비에 대한 불안감도 점차 증폭된다. 아직 건강하고 활동할 수 있는 시기에 이렇게 시간을 흘려보내는 것이 옳은 것인지에 대한 고민이 깊어진다. 특히 주변의 활기찬 노년을 보내는 이들의 모습을 보면서 자신의 시간 활용에 대한 불안감이 더욱 고조된다.

젊은 시절 바쁘게 일했던 모습과 대비되는 현재의 무기력한 모습에서 큰 괴리감을 느낀다. 과거에는 시간이 부족하여 늘 바쁘기만 했는데 지금은 하루를 어떻게 보낼지조차 결정하지 못하는 자신을 발견한다. 출근 준비를 하고 회사에 가던 익숙한 리듬이 사라지면서 삶 전체가 방향을 잃은 듯한 느낌을 받는다.

이처럼 채워지지 않는 시간들은 퇴직 후의 삶에 큰 도전이 된다. 시간이라는 선물이 오히려 무거운 짐이 되어버린 현실에서 이를 의미 있게 활용할 수 있는 방안을 찾는 것이 중요한 과제다.

하이데거는 인간을 '시간 속에 던져진 존재'라고 정의했다. 퇴직 후 우리는 새로운 시간의 지평 속에 던져진다. 이 시간을 무의미한 공백으로 남길 것인가, 아니면 새로운 의미로 채워나갈 것인가. 우리는 스스로의 선택을 통해 퇴직 후 삶의 질을 결정하게 될 것이다.

요즘은 그냥 쉬고 있어

"나는 생각한다, 고로 존재한다"라고 데카르트는 말했다. 직장인에게 존재의 증명은 생각이 아니라 '역할'에서 비롯되었다. '나는 일한다, 고로 존재한다.' 수십 년간 이 명제로 살아왔다. 그런데 어느 날 갑자기 그역할이 사라졌을 때 우리는 여전히 존재하는가? 존재의 근거를 잃어버린 자의 공허함, 이것이 바로 퇴직 후 정체성 위기의 본질이다.

이러한 실존적 질문은 통계로도 확인된다. 한국직업능력연구원의

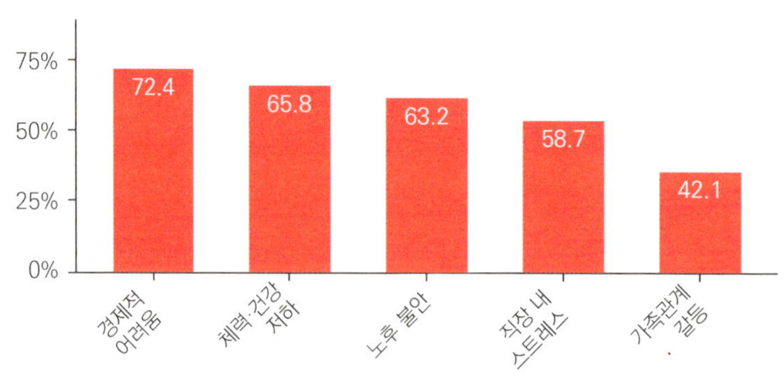

중년 직장인 위기 요인

〈중년 직장인의 위기 실태와 지원방안〉에 대한 연구 보고서는 40~50대 직장인 1,000명을 대상으로 한 조사 결과를 발표했다. 중년 직장인의 위기 요인으로 경제적 어려움이 72.4%, 체력·건강 저하가 65.8%, 노후 불안이 63.2%, 직장 내 스트레스 58.7%, 가족관계 갈등 42.1%로 나타났다.

바로 우리의 모습을 적나라하게 보여준다. 가장 큰 문제가 경제적으로 자유롭지 못하다. 건강 문제, 노후에 대한 불안과 직장 스트레스, 편안하고 안식처가 되어야 할 가족관계마저 위기 요인으로 잠재하고 있다.

직장인에게 직업은 단순한 생계수단이 아니다. 그것은 정체성 그 자체다. '직업=나'라는 식이 성립한다. 정체성이란 곧 내가 세상에 존재하는 방식이다. "저는 ○○회사 ○○부 부장입니다"라는 소개가 수십 년간 나를 정의했다. 명함 한 장에 담긴 직함이 곧 나였다. 그 명함이 사라지자 나도 사라졌다. 이것은 그냥 하는 비유가 아니다. 실제로 많은 퇴직자가 경험하는 현실이다.

삶의 궤도에서 이탈한 것 같은 느낌이다. 직장에서의 역할과 지위가 사라지면서 많은 이가 심각한 정체성 혼란을 겪는다. 더는 직함도, 명함도 없다. 신입사원부터 사원, 대리, 과장, 차장, 부장…. 시간이 흐르면서 직급은 올라갔다. 그때마다 새로운 명함을 만들었고, 그 명함을 건네며 자신을 소개했다. 하지만 그 모든 것이 사라진 지금, 진짜 나는 어디에 있는가.

김명자 외의 〈남성퇴직자의 적응에 영향을…〉 연구에 따르면, 남성에게 직업 상실은 수입 감소에 그치지 않는다. 사회적 관계망 축소, 소속감 부재, 정체감 상실 등 다양한 문제를 초래한다. 직업은 자아실현 욕구를 충족시키고, 자신의 존재 가치를 확인하는 중요한 수단이다.

또한 가족 내에서 가장으로서의 역할과 권위를 유지하고, 사회적으로 명예와 지위를 획득하는 등 남성의 삶에서 총체적인 의미를 지닌다. 특히 한국 사회에서 직업은 개인의 정체성을 규정하는 가장 핵심적인 요소로 작용해 왔다. 직장을 잃는 순간, 삶의 여러 축이 동시에 흔들리는 이유이다.

이제 나를 어떻게 소개해야 할지 모르겠다. 새로운 사람을 만나면 자연스럽게 나오던 나의 소개가 이제는 "○○회사에서 근무했습니다"라고 과거형으로 바뀌었다. "지금은 뭐 하세요?"라는 질문에 대답이 막힌다. "퇴직했습니다"라고 말하는 순간, 상대방의 미묘하게 변하는 표정을 읽게 된다. 그 순간 느끼는 것은 단순한 불편함이 아니라 존재의 위축이다. 말 한마디에 담긴 무게가 이토록 클 줄은 몰랐다.

동창회에 나갔다가 명함을 교환하는 순간이 가장 어색했다. 다들 새로운 명함을 꺼내는데, 나만 "요즘 그냥 쉬고 있어"라고 얼버무린다. 예전에는 명함 한 장 내밀면 자연스럽게 이어지던 대화가 이제는 어색한 침묵으로 바뀐다. 회사 이름, 직급, 담당 업무로 나를 설명하던 익숙한 방식이 더는 통하지 않는다. 명함 없이 나를 설명하는 것이 이렇게 어려운 일인지 처음 알게 된다.

매경포커스의 2021년 4월 20일자 〈퇴직 증후군을 앓고 있나요〉라는 보도에 따르면, 특별할 것 없는 평범한 '동네 아저씨'가 된 자신을 받아들이기 어려워하는 이가 많다. 한 중견기업 부사장 출신은 "내가 어떻게 하다가 여기서 백팩을 메고 다니게 됐나. 남들 눈에 얼마나 처량해 보일까"라며 착잡한 심정을 토로했다. 퇴직은 차마 입 밖에 꺼내기 힘든 것이며, 타인에게 감추고 싶은 부끄러운 일이 되어 버렸다. 사회적 지위와 역할을 잃는다는 것은 단순히 일자리를 잃는 것 이상의 의미를 갖는다.

'이제 나는 누구인가.' 이 질문 앞에서 말문이 막힌다. 회사에서의 나는 분명했다. 회의를 주재하고, 의사결정을 내리고, 팀원들을 이끌었다. 그 역할 속에서 나는 명확했다. 하지만 그 역할이 사라진 지금, 남은 것은 무엇인가. 수십 년간 쌓아온 경험과 노하우는 여전히 내 안에 있지만, 그것을 펼칠 무대가 사라졌다. 능력은 그대로인데 쓸모없는 사람이 된 기분. 이 모순이 퇴직자의 마음을 가장 깊이 파고든다.

존 오스본John W. Osborne은 〈Psychological Effects of…〉 연구에서 퇴직이 직장에서의 인간관계, 복리후생, 일상의 구조 등 여러 요소의 상실을 의미한다고 분석했다. 특히 고위 관리직에 있던 사람들은 지위 상실로 인해 갑자기 정체성의 공백을 더 크게 경험한다.

오스본은 다양한 역할로 구성된 정체성을 형성하지 못한 사람들의 경우, 직장 역할 상실이 심각한 트라우마로 이어질 수 있다고 경고했다. 직장생활이 삶의 전부였던 사람들에게 퇴직은 '일의 끝'이 아니라 '삶의 붕괴'처럼 느껴질 수 있다.

정체성 위기는 여러 증상으로 나타난다. 깊은 상실감, 자존감 저하, 우울감이 대표적이다. 특히 퇴직 직후 첫 3개월은 자아정체성 위기가 가장 극심한 시기로, 이 시기를 어떻게 보내느냐가 이후 적응 과정에 결정적인 영향을 미친다. 사회적 유대관계의 단절로 인한 외로움, 수입 감소로 인한 경제적 불안 역시 징체성 위기를 더욱 증폭시킨다. 개인차는 있지만 대부분의 퇴직자가 약하게 혹은 심하게 이 과정을 겪는다.

대기업 정년퇴직 2년 차 N 씨62세의 사례는 이를 잘 보여준다. 그는 재취업까지 약 1년 반의 공백 기간 동안 소방시설관리 자격증에 도전했다. 1차는 합격했지만 2차에서 고배를 마셨고, 다시 준비 중이다. 그에게 퇴직 이후의 심리 상태를 묻자 이렇게 말했다.

"회사를 다니면서 휴가 내고 집에서 쉬는 것하고, 은퇴 후에 쉬는 건 완전히 다르더라고요. 혼자 있으면서 외로움과 소외감을 많이 느꼈습니다. 그래도 도서관 가서 공부할 게 있어서 그나마 덜했던 것 같아요."

이 말에서 주목할 점은 같은 '쉼'이라도 맥락에 따라 의미가 완전히 달라진다는 사실이다. 직장에 있을 때의 쉼은 재충전이지만, 퇴직 후의 쉼은 무력감과 공허함을 동반한다.

재취업을 통해 정체성을 유지하려는 시도는 가장 흔한 대응 방식이다. 누군가는 중소기업 임원으로, 누군가는 해외 현장의 기술자로 다시 일한다. 각자의 방식으로 '쓸모 있는 나'를 증명하려 애쓴다. 그러나 모두가 같은 길을 갈 수는 없다. 도전했다가 좌절을 겪는 경우도 적지 않다.

"퇴직하고 첫 1~2주는 송년회나 모임이 많아서 실감을 못 했는데, 시간이 지나니까 사람들이 '앞으로 어떻게 할 것이냐, 계획이 있냐'고 묻더라고요. '급하게는 아니지만, 뭔가 할 수 있는 일이 있으면 찾아보는 것도 좋지 않겠냐'는 식이었죠."

주변 사람들의 이런 말들은 위로와 격려처럼 들린다. 하지만, 당사자에게는 또 다른 압박으로 작용한다. '아무것도 하지 않는 나'로 인식된 것처럼 느껴지기 때문이다.

관계의 변화는 곧 정체성의 변화다. 예전 동료를 만나면 호칭이 달라졌음을 실감한다. 이제 더는 결정권자가 아니다. 조언을 구하던 사람이 이제는 그저 인사만 나누고 지나간다. 나의 말에 고개를 끄덕이던 눈빛이 사라졌다. 전화도 줄고, 점심 약속도 뜸해진다. 회사라는 공통분모가 사라지자 관계도 자연스럽게 멀어진다.

그러나 한 가지는 분명하다. 직함은 사라졌지만 경험은 남았고, 명함은 없어졌지만 삶은 계속된다. 우리의 본질은 타인이 부여한 역할에 있는 것이 아니라, 스스로 선택하고 만들어가는 삶 속에 있다. '나는 누구인가'라는 질문 앞에서 정답을 찾으려 애쓰기보다, 그 답을 만들어가는 과정이 바로 퇴직 이후의 삶이다. 회사가 정의했던 '나'는 끝났지만 내가 정의하는 '나'는 이제 시작이다.

나이가 좀 많으시네요

인생의 정오를 지나면, 우리는 비로소 그림자의 길이를 헤아리게 된다. 오랜 시간 쌓아온 것들이 단단한 토대가 되어줄 거라 믿었지만, 막상 그 위에 홀로 서보니 발밑이 흔들린다. 익숙했던 세계의 문을 닫고 나오는 순간 우리는 깨닫는다. 이 정도면 괜찮을 거라 생각했던 것은 막연한 기대였다. 자신 있게 내디뎠던 발걸음이 사실은 어둠 속을 더듬는 것과 다르지 않았다.

퇴직을 앞두고 많은 이가 여유로운 여행, 미뤄두었던 취미생활, 혹은 새로운 사업에의 도전에 대하여 새로운 꿈을 그린다. 꿈은 우리를 앞으로 나아가게 하는 동력이다. 그러나 막상 퇴직 후 현실과 마주하면, 그 꿈들은 생각보다 빠르게 벽에 부딪힌다. 준비했다고 믿었지만 충분하지 않았고, 가능하다고 확신했지만 현실은 냉혹하다. 꿈과 현실 사이의 간극은 예상보다 훨씬 크다. 그 차이는 퇴직 이후에야 비로소 실감하게 된다.

한경닷컴 2025년 3월 2일자에 소개된 사례는 이를 단적으로 보여준다. 연봉 2억 원을 받던 삼성전자 그룹장 출신 김억규 씨57세의 사연이다. KBS 〈추적 60분〉에 출연했던 그는 32년간의 직장생활을 마치고 퇴직했다.

대학원에 다니는 자녀의 학비와 생활비를 책임져야 했다. 재직 중 다수의 특허를 출원하고 은퇴 후 재취업을 위해 공인중개사 자격증까지 취득했다. 그러나 현실은 단순 사무보조 아르바이트 자리조차 구하기 어려운 상황이었다. 능력이 있어도, 경력이 화려해도 현실은 크게 달라지지 않았다.

퇴직자들의 가장 큰 관심사는 여전히 재취업이다. 과거의 지위와 안정적인 수입을 빠르게 회복해 '아직 건재하다'라는 것을 증명하고 싶어 한다. 하지만 아이러니하게도 과거의 자신을 되찾으려 할수록 현재의 자신은 더 초라하게 느껴진다. 여전히 조직에 남아 그럴듯한 직함을 유지하고 있는 동료들과의 비교는 상황을 더욱 힘들게 만든다.

대기업에서 상무로 재직하다 비자발적으로 퇴직한 P 씨61세의 사례는 재취업의 현실을 적나라하게 보여준다. 2년간 자문료가 나오지만, 국민연금 수급까지는 4년이 남아있다. 가장 큰 고민은 다가올 경제적 공백기다. 그의 앞에는 2년이라는 거대한 크레바스가 놓여 있다.

불안한 마음에 잡코리아 등 구직 사이트에 이력서를 올렸다. 초반에 몇 차례 연락이 왔다. 들려오는 대답은 "나이가 좀 많으시네요", "죄송합니다. 저희로서는 만족스러운 곳을 찾기 힘드네요" 등이다. 그리고 이내 연락이 끊겼다. 공적인 채널을 통한 재취업은 거의 불가능하다고 느꼈다. 지인 등 네트워크를 활용해야겠다고 마음먹는다.

"해운 복합운송업체를 하는 친구가 있어요. 한두 번 만났는데 저한테 일하러 오라고 얘기를 했거든요. 그 후 거기에 대해서 얘기가 없는 거예요. 추석 때 제가 문자를 보냈어요. '예전에 이야기했던 건 어떻게 좀 됐냐?' 그랬더니 '추석 후에 연락을 할게'라고 했지만, 지금까지도 연락이 안 왔습니다."

P 씨는 추가로 친구가 하는 인력회사에 대해서도 관심을 가지고 알아보고 있다. 심지어 서울과는 거리조차 먼, 강릉이라는 곳이다. 주말부부라도 감수한다는 각오다. 연봉 2억 원을 받던 삼성전자 그룹장의 사례에서 알 수 있듯, 은퇴 후의 재취업 문턱은 생각보다 훨씬 높다.

한국고용정보원의 〈신중년50·60 경력설계 안내서〉는 퇴직 후 직면하는 가장 큰 현실적 제약으로 '정기적인 소득의 상실과 그에 따른 소비수준 조정 필요성'을 지적했다. 이는 단순히 돈의 문제가 아니라, 삶의 방식 전체를 다시 조정해야 하는 도전이다.

퇴직금과 연금만으로는 계획했던 삶의 질을 유지하기 어렵다는 사실을 일상 속에서 체감하게 된다. 자녀 지원, 늘어날 수 있는 의료비, 예상치 못한 지출들이 하나둘 부담으로 다가온다. 골프 한 라운드 비용을 계산하게 되고, 외식 한 번에도 망설이게 된다. 퇴직 전에는 당연했던 소비들이 사치처럼 느껴진다.

신용카드 하나를 발급받는 일에서조차 달라진 사회적 지위를 실감한다. 이나가키 에미코Emiko Inagaki는 저서 《퇴사하겠습니다》에서 이렇게 썼다. "난 회사를 그만둔 몸입니다. 그러면 곧바로 사회인이 아닌 걸로 간주됩니다. 그리고 '수상한 사람'이라는 카테고리로 분류된 것입니다." 한 순간에 '정상적인 사회 구성원'에서 '수상한 사람'으로 분류되는 경험은 충격적이다.

은행에서 대출을 받으려 시도하다가 거절당했다. "직업란에 뭐라고 쓰실 겁니까?"라는 은행원 질문을 받는 순간 말문이 막혔다. 예전에는 회사 이름과 직급만 말하면 모든 게 해결되었는데, 퇴직하고 나니 소득을 증명할 서류조차 없다. '무직자'라는 딱지가 이토록 무겁게 다가올 줄 몰랐다.

돌이켜 보면 직장은 단순히 월급을 주는 곳이 아니었다. 신용을 증명해 주는 곳이었고, 사회적 자격을 보증해 주는 곳이었다. 울타리 밖으로 나온 뒤에야 그것이 얼마나 많은 것을 대신해 주고 있었는지 실감한다.

이럴 때 로마제국의 중흥 시대를 이끌었던 황제이자 철학자였던 마르쿠스 아우렐리우스Marcus Aurelius Antonius, 128~180년의 조언이 위안을 준다. 그는 《명상록》에서 인생의 모든 문제를 한꺼번에 떠올리며 스스로를 압도하지 말라고 했다. 현재 짊어진 짐은 과거나 미래가 아니다. 오직 현재의 것뿐이다. 해결해야 할 문제를 정의하고 범위를 명확히 한정한다. 그리고 나약한 정신을 다잡으면 훨씬 가볍게 느껴질 것이라고 강조했다.

N생명 전직 지점장 Q 씨62세의 사례는 이러한 태도를 잘 보여준다. 그는 골프를 줄이고 등산을 시작했다. 처음에는 골프를 포기하는 것이 패배처럼 느껴졌지만, 등산을 통해 건강도 좋아지고 지출도 줄였다. 제약을 새로운 선택으로 전환한 사례이다.

퇴직 후 마주하는 현실의 벽은 높고 단단하다. 재취업의 어려움, 경제적 제약, 사회적 활동범위의 축소, 체력과 건강의 한계, 가족관계의 재조정 등 나를 둘러싼 모든 것이 해당된다. 이 모든 현실적인 제약은 초기의 꿈과 계획을 수정하라고 요구한다.

그 과정은 분명 고통스럽지만, 동시에 보다 현실적이고 지속 가능한 삶을 다시 설계하는 시간이다. 퇴직 이후의 삶은 추락이 아니라 재정의의 시간이다. 다만 그 재정의가 우리가 상상했던 것보다 훨씬 더 가혹할 뿐이다.

오늘도 구직 사이트를 여는 손길은 무겁다. 그러나 그 무게 속에는 여전히 내일을 향한 의지가 숨어 있다. 한 번에 모든 답을 찾으려 하지 말고, 오늘의 문제 하나만 해결해도 충분하다. 그렇게 하루하루를 견디다 보면, 언젠가는 새로운 균형점에 서 있는 자신을 발견하게 될 것이다.

5
언제 가는 거야?

한 남자가 오랜 여행을 마치고 집으로 돌아왔다. 그러나 익숙한 듯 보이던 그 공간은 이미 다른 질서로 작동하고 있었다. 아내의 자유로운 시간, 자녀들의 독립적인 일상, 그가 없는 동안 완성된 균형 속에서 그는 침입자처럼 조심스럽다.

김명자 외의 〈남성퇴직자의 적응에 영향을…〉 연구에 따르면, 남성 퇴직자의 적응에 가장 큰 영향을 미치는 요인은 다름 아닌 '결혼만족도'였다. 아내의 지지, 안정적인 부부관계, 지금까지의 결혼생활에 대한 긍정적인 평가가 퇴직 이후 남성의 삶을 지탱하는 핵심 요인으로 작용한다는 것이다. 반대로 말하면, 이 기반이 취약할수록 퇴직 이후의 삶은 불안정해질 수밖에 없다.

조지용의 〈퇴직자의 사회적 관계유형 분류…〉 연구 또한 이를 뒷받침한다. 노년기 부부는 결혼생활을 통해 친밀감에 대한 욕구를 충족하고, 가치관과 여가 활동을 공유하면서 결혼만족도를 높여간다. 그러나 이와 대조적으로 퇴직 이후 남성이 보유한 자원은 줄어드는 반면, 여성은 자녀의 지원, 경제적 능력, 사회적 관계망, 신체적 적응력 등 여러 자원을 확보하게 되면서 부부간 권력구조가 뒤바뀔 가능성이 높다.

이러한 변화는 제한된 자원의 분배와 협력의 과정에서 부부간 충돌을 야기할 수 있다. 퇴직으로 인한 자원 감소는 갈등의 직접적인 원인이 된다. 한번 촉발된 갈등은 해결보다는 악화의 경로를 택하기 쉽다. 대화는 줄어들고, 오해는 쌓이며, 부부는 같은 공간에 있으면서도 서로 단절된 삶을 살아가게 된다. 문제 해결은 점점 더 어려워진다.

은퇴 후 부부, 더 나아가 가족 간 갈등의 출발점은 대체로 경제 문제다. 서울신문 2025년 3월 12일자 〈아내가 늙어서도 생활비…〉이라는 제목의 기사에서, 한국가정법률상담소의 자료를 인용하여 60대 남성의 이혼 상담이 급증한 현실을 전했다.

이들은 평생 가족을 부양해 왔음에도 불구하고, 은퇴 이후에도 생활비를 벌어오라는 배우자의 요구에 깊은 좌절감을 느꼈다. '이제는 쓸모없는 사람이 된 것 같다'라는 감정, 가정에서조차 소외되고 있다는 인식이 불만으로 이어졌다. 그러나 재산 분할 이후의 더 어려운 생활을 우려해 이혼이라는 결단을 쉽게 내리지 못하는 경우가 대부분이었다.

P 씨61세의 경우 앞서 구직의 어려움을 토로했는데, 이러한 현실을 고스란히 겪고 있다. 그는 마지막으로 기대를 걸었던 재취업 가능성이 무산되면서 부부 갈등의 조짐을 느끼고 있다.

뉴 시니어 02

"내심으로는 64세까지만이라도 포워딩을 하는 친구 회사에 일할 기회가 되지 않을까 기대를 했어요. 그런데 지금은 그게 안 된 상황이죠. 마음의 준비는 하고 있었는데, 집사람이 자꾸 '언제 가는 거야, 언제 가는 거야'라고 물은 적이 있어서, '연락도 안 오는데 내가 뭘 일찍 가냐'라고 짜증을 냈어요.

기대심리가 좀 어느 정도 높아졌는데, 집사람한테도 '이건 좀 잘될 수도 있겠다'는 얘기를 하니까 집사람도 오히려 기대를 하고 몇 번 저한테 '되냐'고 물어봤는데, 그게 이제 불만이 된 것 같아요. 지금까지 연락이 안 온 거 보면요. 그래서 일단 여기는 접었는데, 그 과정에서 이제 집사람이 옆에서 물어봐서 짜증이 났던 거죠.

직장 갖고 싶은 이유가 경제적 문제도 있지만, 지금은 집에서 와이프와 같이 있는 시간을 좀 줄여보고 싶은 생각이 있었죠. 왜냐하면 같이 있으면 알력이라는 게 큰 것보다는 자그마한 일들에서 생길 수도 있어서요. 금년이 가기 전에 친구한테 다시 한번 문자를 넣어야 되나 고민 중입니다."

퇴직 후 하루 종일 집에 머무는 시간이 늘어나면서, 부부관계를 비롯한 가족관계에 새로운 긴장이 형성되기 시작한다. 특히 수십 년간 유지해 왔던 생활패턴의 급격한 변화는 가족 구성원 모두에게 적응의 과제를 안겨주고 있다.

아내의 눈치를 보며 하루를 보내는 것이 어느새 일상이 된다. 오랜 시간 각자의 영역에서 독립적으로 살아오다, 갑자기 같은 공간에서 대부분의 시간을 함께 보내게 되면서 생활 리듬과 습관이 충돌하는 경험을 하게 된다.

뉴 시니어 02

"저는 늦잠 자는 성격이고, 집사람은 갱년기 이후로 새벽 5시면 일어나요. 불을 켜면 저는 잠을 못 자죠. 그래서 방을 따로 씁니다.

집사람은 아침 일찍 밥 먹고 활동하길 바라는데, 저는 퇴직했으니까 좀
여유를 갖고 싶은 거예요. 그게 처음엔 제일 큰 갈등이었어요. 따로 떨어
진 지 한 3년 정도 됩니다. 제가 늦게 자고 싶은데, 집사람은 6시 반쯤 되
면 '운동 가자'고 깨워요. 그럼 저도 모르게 신경질을 내게 되죠. 혼자 가
라고 하면 또 싫어하고요."

일본의 한 주부가 유튜브 영상에서 토로한 자막 내용이다. 40년간 일
터에 있던 남편이 집으로 돌아온 뒤, 처음에는 너무 예민하게 굴지 말자
고 생각했다. 그런데 일주일 만에 숨이 막힐 것 같았다고 한다. "오늘 뭐
해? 어디 가? 몇 시에 들어와? 내 밥은?" 매일 꼬치꼬치 캐물어서 성가
셔 죽겠다는 주부의 하소연이 많은 이의 현실을 대변한다.

이런 현실에 대해 사토 신이치 전 오사카대학교 대학원 노년행동학
교수는 조선일보 2023년 4월 13일자 〈행복한 노후 탐구〉와의 인터뷰
에서 이렇게 설명했다. "남성은 정년퇴직을 인생의 종착점으로 생각하
지만, 안정을 추구하는 아내에게 퇴직은 오히려 새로운 출발이다." 현
역 시절에는 낭만을 추구하는 남편과 안정을 중시하는 아내의 심리가
균형을 이루지만, 남편의 퇴직과 함께 그 균형은 무너진다는 것이다.

"퇴직한 남편은 '지금까지는 일을 우선시했지만 이제부터는 아내랑
여생을 즐겁게 보내야지'라고 제멋대로 제2의 인생을 꿈꾼다. 하지만
퇴직이 없고 집안일이 일상인 아내는 '이제 나를 제발 내버려 두라'고
말한다. 아내가 가장 원하는 것은 '자유 시간'인데 남편만 모른다"라고
강조했다.

자녀와의 관계에서도 새로운 긴장이 형성된다. 매경포커스 2021년 4

월 20일자 〈퇴직 증후군 앓고 있나요〉에서 한 대기업 상무였던 B 씨는 퇴직을 암시하는 말 한마디에 딸이 눈물을 쏟았던 순간을 잊지 못한다. "아빠가 좀 쉬면서 새로운 길을 찾아야 할 것 같다고 했더니, 애가 막 울더라고요. '왜 우냐'고 물었더니, '학원 못 다니는 거 아니냐, 이사 가야 하냐'고 하더군요. 그때가 가슴이 제일 아팠어요."

또 다른 사례에서는 자녀의 해외 유학이 가족 갈등의 중심에 놓였다.

"아이가 대학을 합격한 건 2024년 말이에요. 2025년 9월에 들어가는 일정으로 합격을 한 거예요. 대학 등록금이랑 생활비로 1억 넘게 들어요. 그런데 동생들까지 있어서…, 그때가 제일 힘들었죠. 캐나다에서 제일 좋은 토론토대학을, 한국에서 운동하던 아이가 정말 열심히 노력해 2년 만에 들어간 거거든요. 내가 뒷바라지를 못 하는 상황이 된 거예요. 아이가 많이 실망했고, 제가 캐나다에 갔을 때 펑펑 울었어요. 결국 1년 기다려보자고 설득해서 휴학을 시켰죠."

퇴직 이후 자녀와의 소통은 종종 심리적으로 위축된 상태에서 이뤄진다. 자녀의 선택과 의견을 존중하기보다는, 자신의 뜻을 따라주길 바라는 일방적이고 권위적인 방식이 나타나기 쉽다. 이에 대한 자녀의 반응은 갈등과 반항으로 이어지고, 가족 내에서는 아버지에 맞서 어머니와 자녀가 연합하는 구도가 형성되기도 한다.

퇴직은 개인의 문제가 아니다. 그것은 가정 전체의 구조를 다시 짜야 하는 사건이다. 준비되지 않은 은퇴는 갈등이라는 형태로 가장 먼저 집안에서 모습을 드러낸다.

6

택시 안에서 엉엉 울었다

택시기사가 들려준 이야기다. 손님으로 모셨던 한 퇴직자의 사연을 조심스럽게 꺼냈다. 퇴직자는 고위 공직자 출신이었다. 퇴직 직후에는 직장 후배들이 안부를 묻고, 밥 한번 먹자고 했다. 얼마 지나 전화를 걸었을 때 반응이 차갑다는 걸 그는 단번에 알아차렸다고 했다. 더는 연락을 할 수 없었다는 것이다.

집에서도 얼마간은 괜찮았다. 거실을 차지하고 텔레비전을 보며 시간을 보냈다. 그런데 어느 시점부터 왠지 분위기가 어색해졌다는 걸 느꼈다고 한다. 어느 날 외출한다고 하자 부인이 그렇게 반기면서 어서 다녀오라고 했다는 것이다. 그래서 누구를 만나러 간다고 거짓말을 하고 밖으로 나왔다. 하지만 마땅히 갈 곳이 없어 결국 관악산으로 향했다.

그곳엔 넥타이 맨 비슷한 사람들이 여기저기 눈에 띄었다. 그나마 날씨라도 좋으면 견딜 만했다. 비가 오거나 바람이 불고 춥기라도 하면 밖에 나와 갈 곳은 없다. 정말 시간 보내기가 여간 어려운 것이 아니었다고 하소연했다. 이윽고 그는 택시 안에서 엉엉 울더라고 했다.

　퇴직자들의 이러한 이야기는 흔한 사례다. 우리는 남의 이야기를 들을 땐 가볍게 웃고 넘긴다. 그런데 막상 내가 이런 환경에 처한다면 이야기는 달라진다. 무엇보다 무서운 건 그 답답함을 말할 곳이 없다는 사실이다. 그러니 생판 모르는 택시기사가 말을 걸고 센스 있게 받아주니까 참았던 감정이 표출된 것이다.

　인간의 절망은 단순히 무언가를 잃었을 때 찾아오지 않는다. 그것은 잃어버린 것의 크기보다, 그것을 되찾을 수 없다는 무력감에서 비롯된다. 퇴직 후 찾아온 절망은 바로 이런 것이다. 지난 수십 년의 노력이 한순간에 의미를 잃어버린 듯한 공허함, 그리고 앞으로 펼쳐질 시간에 대한 막막함이 가슴을 짓누른다.

　초·중학교 친구와 톡을 주고받았다. 그는 건축설계사무소 경력자였고 건축기술사 자격증도 가진 능력자다. 정년 후 감리회사로 재취업까지 했으니, 누가 봐도 성공적인 경우였다. 그런데 최근 두 달 동안 출근을 안 하니까 루틴이 깨지는 부작용이 나타났다는 것이다. 수면의 질이 나빠지고 갱년기 우울증세가 나타나는 것 같아 힘들다고 했다.

　혈액검사 결과 남성호르몬 수치가 많이 떨어져 모든 의욕이 저하되었다고 했다. 호르몬 주사를 맞은 지 2주일, 또 맞아야 한다고 했다. 70이 넘도록 아파트 공사 사무실에 출근하며 일해 온 사람이 은퇴 후유증을 겪는다니 놀랍다. 일을 오래 했으니 괜찮을 것이라는 내 생각이 틀렸다는 뜻이다. 인간은 일의 길이가 아니라 삶의 구조가 무너질 때 흔들린다.

　한국여성정책연구원의 변화순 외가 〈중년기 퇴직남성 부부의 갈등과 적응〉에서 지적했듯이 퇴직자들은 친구나 가족을 만나는 것조차 꺼려하며 점점 위축되어 간다. 일할 수 있는 나이인데도 그렇지 못하다는 사실이 자격지심이 되고, 자괴감에 빠진다. 술 한잔 나누는 자리도 경제적으로 부담이 된다. 배우자의 눈치가 보이고 스스로에게도 부담스러운 일이 되어 버렸다.

이제 자신이 무엇을 할 수 있을지 막막하기만 하다. 수십 년간 쌓아온 경험과 전문성이 갑자기 무용지물처럼 느껴진다. 새로운 일을 시작하기에는 나이가 많다는 생각이 앞서고, 그렇다고 아무것도 하지 않으면 스스로가 견디기 어렵다. 하루하루가 의미 없이 흐르는 것처럼 느껴진다. 삶의 목적의식마저 흔들린다.

가족에게조차 털어놓지 못하는 답답함이 가슴을 무겁게 짓누른다. 걱정을 끼치지 않으려 애써 밝은 모습을 보이지만, 홀로 있을 때면 감당하기 힘든 고독감과 무력감이 밀려온다. 이러한 감정을 나눌 수 있는 대화 상대를 찾기도 쉽지 않은 현실이다. 자신의 상황을 이해해 줄 사람이 없다는 고립감이 우울을 더욱 깊게 만든다.

억울함과 서운함도 차오른다. 그동안 회사를 위해 헌신했던 시간들, 가족을 위해 희생했던 순간들이 떠오르면서 복잡한 감정이 밀려온다. 특히 젊은 시절부터 은퇴 후를 대비하라는 조언을 들었음에도, 당시에는 그 필요성을 깊이 인식하지 못했던 것에 대한 후회가 밀려온다. 모든 게 내 탓만은 아닌데 현실의 무게는 날이 갈수록 더욱 무겁게 느껴진다.

경제적 불안감이 정서적 고통을 가중시킨다. 고정 수입이 없어진 상황에서 매달 나가는 생활비를 걱정하게 되고 예기치 못한 지출이 발생할 경우에 대한 두려움도 커진다. 이러한 재정적 스트레스는 전반적인 삶의 만족도를 크게 저하시킨다.

"바로 취업을 하긴 했어요. 부동산회사로 재취업을 하자마자 부동산 경기가 또 확 안 좋아졌어요. 되게 불안한 상황이 벌어졌고 여기서도 그만두고 나온 게 2024년 말이었거든요. 그때부터 실업급여를 받았죠. 가족들은 타국에서 고생하고 있는데 저는 여기서 이러고 있으니, 혼자 울었죠. 집에서 혼자, 유행했던 드라마 〈폭싹 속았수다〉를 보면서, 제 처지 같더라고요."

건강에 대한 불안도 빠르게 커진다. 나이가 들수록 건강은 단지 '관리'가 아니라 '생존'의 문제가 된다. 의료비 지출에 대한 걱정, 앞으로 닥칠지 모를 큰 병에 대한 두려움이 현실적인 공포로 다가온다. 자녀의 미래에 대한 걱정도 또 다른 짐이다. 이제는 충분히 지원해 줄 수 없을 것 같다는 생각, 오히려 부담이 될 수 있다는 두려움이 마음을 조여 온다.

"정년이 몇 년 남았어요?"

"4년 조금 못 남았어요."

"요즘은 일이 많이 바쁘죠?"

"바쁘다기보다 정신적인 스트레스가 있어요. 우리가 컨트롤할 수 없는 일들이 밖에서 막 벌어지잖아요. 회사도 내년에는 구조조정이 있을 것 같고, 그때 저도 포함되지 않을까 싶은 생각이 듭니다."

버트런드 러셀Bertrand Russell은 《행복의 정복》에서 걱정과 조급함은 실질적으로 아무 도움도 되지 않는 감정이라고 말했다. 불가능한 것을 가능하다고 믿으려 애쓰는 헛된 시도를 멈추는 것, 그것이 오히려 지속 가능한 행복의 조건이라는 것이다. 세상에는 불행과 질병, 갈등과 빈곤이 넘쳐난다. 행복은 노력만으로 오지 않고, 수용만으로도 오지 않는다. 그 사이에서 균형을 찾아야 한다.

심리학자들은 퇴직 이후의 이런 상태를 '사회적 죽음'이라고 부르기도 한다. 오랫동안 유지해 온 사회적 정체성이 한순간에 사라지면서 겪는 심리적 외상이다. 사회적 관계망의 축소는 우울을 낳고, 우울은 다시 관계를 끊게 만든다. 한 조사에서 퇴직자의 68%가 새로운 인간관계 형성에 어려움을 느낀다고 답했다. 직함이 없는 상태에서 관계를 시작하는 일이 어색하고 불편하다는 것이다.

퇴직 후 무기력과 상실감은 어쩌면 피할 수 없는 통과의례일지도 모른다. 그러나 그것이 인생의 끝을 의미하는 것은 아니다. 많은 이가 이 어두운 시간을 지나면서 오히려 삶의 방향을 바꾸고, 더 풍요롭고 의미 있는 삶으로 이동했다고 말한다. 중요한 것은 이 시기를 종착점으로 해석하느냐, 출발점으로 해석하느냐의 문제일 것이다.

퇴직 후 찾아오는 절망감은 단지 역할 상실이 아니다. 존재 자체에 대한 근본적인 회의로 이어진다. 이러한 복합적인 감정들은 쉽게 해소되지 않고 시간이 갈수록 더욱 깊어지는 경향을 보인다, 지위 상실, 생활 리듬 붕괴, 소비수준 하락, 가정 내 역할 변화, 사회적 관계 축소는 모두 하나로 연결되어 깊은 무기력과 상실감을 만든다. 지금의 어둠이 영원하지 않으며, 그 너머에 새로운 빛이 있다는 것을 믿고 한 걸음씩 나아갈 용기가 필요하다.

분노는 절망의 또 다른 얼굴이다

　분노는 절망의 또 다른 얼굴이다. 속수무책으로 무너져 내리는 자존감 앞에서 인간은 때로 슬픔 대신 화를 선택한다. '내가 이것밖에 안 되는 사람이었나?'라는 자괴감 섞인 질문은 어느 순간 분노로 바뀐다. 그 분노는 자신을 향하기도 하고, 회사를 향하기도 하며, 사회를 향하기도 한다. 아무 이유 없이 일상의 사소한 것들을 향해 폭발한다.

　G사 J 부사장의 일화는 실제 있었던 일이다. 그는 생산본부장을 끝으로 퇴임했다. 오랜 기간 임원으로 근무하다 보니 이동수단은 늘 승용차였다. 대중교통은 거의 이용해 본 적이 없었다. 어느 날 서울에서 시내버스를 탔다. 승차할 때는 앞문으로 타며 교통카드를 찍고, 앞문 가까이에 앉았다.

　목적지에 도착했다. 내릴 때도 단말기에 카드를 찍어야 하는지 그냥 내리면 되는지 도무지 알 수가 없었다. 앞문 쪽으로 내리지도 못하고 어물쩍 서 있는 사이 사람들은 오르내리고 있었다. 그는 기사에게 물어보았는데 얼른 대답을 해 주지 않았다. 성질 급한 J 부사장은 이미 짜증이

확 올라와 있는 상태였다. 갓끈 떨어진 신세라고 버스 기사마저 자신을 무시한다는 생각이 들었던 것이다.

J: "기사 아~씨! 이거 우째 해야 돼요?"

기사: "…(에이…! 바쁜데 빨리 내리지…쯔)" 돌아보지도 않고 "aaa cc bb…" 중얼거렸다.

J: "기사양반! 방금 뭐라 켔능교!!"

기사: 딴청을 피우며 "ccc… 버스 첨 타나~"라고 혼잣말했다.

J: "그래! 버스 첨 탄다, 이 양반아! 몰라서 묻는데 그 태도가 뭐꼬?"

막말이 오가다가 끝내 두 사람은 버스에서 내려 삿대질까지 주고받는 상황으로 번졌다. J 부사장이 보인 감정의 폭발은 단순히 버스 기사의 불친절한 응대 때문만은 아니었을 것이다. 갑작스러운 환경 변화와 사회적 지위 상실에 대한 내면의 불안과 분노가 복합적으로 표출된 것이리라.

나는 그 이야기를 들으며 '저건 남의 일이 아니다'라는 생각을 했다. 마음이 약해진 날, 자존심이 바닥을 긁는 날, 세상이 나를 밀쳐내는 것처럼 느껴지는 날에는 나 역시 언제든 비슷한 상황에 처할 수 있다는 생각에 J 부사장의 일화를 타산지석으로 마음에 새겨두었다.

퇴직 후 회사에 대한 원망은 점점 깊어진다. 수십 년간 충성을 다했던 직장에서의 마지막이 이렇게 허무하게 끝날 줄은 몰랐다는 생각이 자꾸 떠오른다. 밤늦게까지 이어진 회의들, 주말을 반납한 출장들, 가족 행사도 미룬 채 참석했던 업무들이 이제는 모두 헛된 것처럼 느껴지면서 분노가 치밀어 오른다. 그동안의 헌신은 무엇이었나. 그 모든 시간은 어디로 갔는가 하는 허무함이 분노로 바뀐다.

더 큰 고통은 그 분노를 표현할 곳이 없다는 데 있다. 퇴직자라는 위치에서 회사에 대한 불만을 토로할 수도 없다. 가족에게 하소연하면 걱정을 끼칠까 망설여진다. 이렇게 속으로만 삭이는 분노는 점점 더 스트레스로 발전한다. 표출되지 못한 감정은 내면에 쌓여 독이 되어간다.

자신 있다고 스스로 사표를 던진 Y 씨51세 결국 자신의 결정을 후회한다고 털어놨다. 그 당시 누구라도 좀 잡아줬으면 하는 아쉬움도 숨기지 않았다.

"후회해 본 적 없는데, 살아오면서 내가 했던 것들을, 그 회사를 박차고 나온 거가 엄청나게 후회가 됐어요. 그동안 내가 살아왔던 과정. 모든 것이 '잘못 살아온 거 아닌가?' 한순간에 그것들이 다 '내가 어디서부터 뭐가 잘못된 건지…?' 그런 후회들이 되더라고요. 어디다 얘기할 데도 없고요. 도움을 청할 데도 없고요."

사토 신이치 교수는 조선일보 2023년 4월 11일자 인터뷰에서 한때 일본 사회에서 화를 내거나 욕설을 퍼붓는 '폭주노인'이 화제였다고 했다. 평소 온화하던 사람이 갑자기 욱해서 화부터 낸다. '○○회사의 부장'이라는 사회적 신분을 잃고 '그냥 사람'이 되어버린 자신에 대한 분노가 엉뚱한 곳으로 폭력이라는 형태로 표출한 것이다. 퇴직 후 부하가 해 주던 일을 스스로 하게 되면서 스트레스가 쌓이고 그러다가 어떤 계기로 폭발하는 것이다.

평소에는 대수롭지 않게 넘어갔을 작은 일들에도 쉽게 짜증이 난다. 마트 계산대에서 느린 처리 속도, 식당에서의 늦은 서비스, 이웃의 시끄러운 소음 등 일상의 사소한 불편함에도 참을성이 급격히 떨어진다. 이러한 감정의 기복은 자신도 통제하기 어려운 상태가 되어간다. 과거에는 웃어넘겼을 일들이 이제는 견디기 힘든 자극이 된다.

가족이나 지인들의 무심한 한마디가 폭발적인 감정의 방아쇠가 되기도 한다. "이제 시간 많으시니까"라든가 "요즘은 뭐하고 지내세요?"와 같은 평범한 질문이나 말들이 자존심을 건드리는 비수처럼 느껴진다. 특히 자녀들의 걱정 어린 시선이나 배우자의 조심스러운 태도가 오히려 더 큰 분노를 불러일으킨다. 그들의 배려가 자신의 무능함을 확인시켜 주는 것처럼 느껴지기 때문이다.

일상의 작은 실수나 실패에도 과도한 자책과 분노가 따라온다. 간단한 가전제품 조작에 실패하거나, 새로운 기술을 습득하는 데 어려움을 겪을 때마다 자신의 무능함에 대한 분노가 치밀어 오른다. 이러한 감정들은 자존감을 더욱 낮추는 악순환으로 이어진다. 과거에는 부하 직원이 처리해 주던 일들을 이제는 스스로 해결해야 하는데, 그것조차 제대로 하지 못하는 자신이 한심하게 느껴진다.

사회 시스템에 대한 분노도 커져간다. 노년층을 위한 복지 정책의 부족, 퇴직자들을 위한 일자리 부족, 노후 준비의 어려움 등 사회 구조적인 문제들이 더욱 절실하게 다가온다. 제도와 시스템에 대한 분노가 쌓여가지만 그것을 어디에 어떻게 표출해야 할지 알 수 없다. 무기력함과 분노가 뒤섞여 더욱 복잡한 감정 상태를 만들어낸다.

자신에 대한 분노도 만만치 않다. 왜 미리 준비하지 못했는가, 왜 이

렇게 무력하게 무너지는가, 왜 이 상황을 극복하지 못하는가 하는 자책
이 끊임없이 이어진다. 과거의 선택들을 후회하고, 현재의 무능함을 자
책하며, 미래에 대한 두려움으로 분노한다. 이 모든 감정이 뒤엉켜 가슴
속에서 소용돌이친다. 그 분노의 화살이 결국 자신을 향할 때가 가장 괴
롭다.

집안에서 자신의 위치가 애매해진 것도 분노를 불러일으킨다. 가장으
로서의 권위는 사라지고 그렇다고 집안일에 자연스럽게 들어가기도 어
렵다. 부엌에서 뭔가 도우려 하면 오히려 방해가 된다는 말을 듣고 거실
에서 TV를 보자니 무위도식하는 것 같은 죄책감이 생긴다. 이도 저도
아닌 자신의 처지가 분노로 바뀐다.

이처럼 퇴직 후 경험하는 분노는 복합적이고 다층적인 형태로 나타난
다. 이러한 감정들은 일시적 분노를 넘어 깊은 상처와 트라우마로 발전
할 위험을 안고 있다. 분노는 표출되지 못한 채 내면에 쌓여가고 그것은
삶의 질을 크게 저하시키는 독이 되어간다. 하루하루가 감정의 롤러코
스터 같은 삶이 이어지고 있다.

제3장
수용과 적응
새로운 나를 찾아서

1

내 잘못이 아니야 이건 과정이야

인생에는 내려놓아야 할 순간들이 있다. 오랜 시간 자신을 정의해 왔던 것들과 작별하고, 익숙한 것들을 놓아주어야 하는 시간, 그 순간은 고통스럽다. 고통의 순간, 바로 그 지점에서 우리는 진짜 '나'를 만나기 시작한다. 퇴직은 그런 시간을 우리에게 무심하게 건네준다.

"처음 3개월 동안은 절에 들어가 세상과 연락을 끊었어요. 그 후 반년 동안 미국과 캐나다 전역을 돌아다녔죠. 너무 가혹하고 억울하다는 생각을 떨쳐버리기가 쉽지 않았어요. (중략) 그래도 가족의 이해와 위로가 많은 도움이 됐어요." 대기업 K 부사장의 이야기다.

K 부사장처럼 비자발적 퇴직은 삶의 리듬을 한순간에 무너뜨린다. 충격 이후 곧바로 수용에 이르기는 어렵다. 여행을 떠나거나 혼자가 되기를 원한다. 상담 또는 성찰을 통해 과거의 삶을 돌아보고 현재를 재평가하기도 한다. 이 과정을 거치며 마음속에 쌓였던 미움과 분노 같은 감정들은 조금씩 옅어진다.

베스트셀러 《아들아, 돈 공부해야 한다》의 정선용 작가는 자신의 퇴직 경험을 '사회적 죽음'이라 표현했다. 퇴직 이후 스스로에 대한 원망, 타인과 환경에 대한 섭섭한 마음이 시작되었다. 모든 인연을 끊고 외톨이로 지내는 사람도 많다. 그러나 이는 단지 시작에 불과하다.

정선용 씨가 자신에 대한 원망을 걷어낸 것은 글을 쓴 덕분이었다. 자신의 상황을 객관화시켜 볼 수 있게 되었다. '내 잘못이 아니다. 이건 과정이다. 어차피 끝이 있는 게임이었다. 내년이든 내후년이든 지금이든 언젠가는 끝날 일이었다. 왜 내가 스스로를 괴롭히나.' 그는 이런 생각에 이르렀다.

나는 열심히 살아왔지만 경제구조에 대한 이해가 부족해 이런 상황에 빠진 것이다. 그렇다면 경제구조를 공부하자. 자신의 한계를 인정하고 동시에 새로운 방향을 찾아간 것이다. 이는 체념이 아니라 현실을 직시하고 받아들이는 성숙한 태도였다.

처음엔 '왜 나만 이렇게 적응을 못 하지?'라고 자책했다. 하지만 정선용 씨를 비롯한 많은 은퇴자가 겪는 '사회적 죽음'의 경험을 접하면서 깨닫는다. 이건 나만의 무능함이 아니라 누구나 겪는 보편적 과정이라는 것이다. 나의 한계를 인정하되 그것을 일반화할 수 있을 때 비로소 자책의 굴레에서 벗어나 심리적 안정을 찾을 수 있다.

감정을 정리하는 것이 첫 번째 단계다. 일기 쓰기나 글쓰기를 통해 감정을 객관화하거나, 신뢰할 수 있는 사람과 솔직한 대화를 나누는 것이 도움이 된다. 필요하다면 전문가 상담이나 퇴직자 모임 참여도 고려해 볼 만하다. 혼자 감당하기 어려운 무게는 나누어야 한다.

감정의 파도가 낮아지면 자신을 조금 떨어져서 바라볼 수 있게 된다. 비로소 현재 자신의 가치를 좀 더 객관적인 관점에서 재평가하며 이를 바탕으로 미래의 삶을 그리게 된다. 현실을 수용한 후에는 인지적·정서적 재평가와 삶의 가치를 재정비하는 단계가 이어진다. 일의 의미와 목표를 재구성하면서 미래를 설계하고, '심리적 재구조화'와 '자아정체성'을 재정립하게 된다.

퇴직 후 적응 과정에서 가장 어렵지만 필요한 단계는 현실을 받아들이는 것이다. 〈한국 대기업 중년 남성 임원들의…〉에서 구자복 외 연구진은 적응의 출발점이 바로 '현실 수용'임을 밝혔다. 과거 삶을 재평가하고, 다양한 변화를 인정하며, 과거에서 탈피해 퇴직자로서의 자신을 받아들이는 과정이다.

한 연구 참여자는 회사에서의 전무나 상무 같은 호칭은 사회에 나오면 아무 쓸모가 없다고 토로했다. 자신의 생산성과 능력을 스스로 입증하지 않는 이상, 세상은 아무도 그 사람을 인정해 주지 않는다는 냉정한 현실이 변화 수용의 첫 관문이다.

사회적 영향력의 감소도 받아들여야 할 현실이다. 이제는 예전처럼 많은 사람의 관심과 존중을 받지 못하고 의견이나 조언을 구하는 이들도 줄어든다. 전화기는 조용해지고 일정표는 텅 빈다. 이는 쓰라린 경험이지만, 새로운 방식으로 자신의 가치를 찾아가는 시작점이 될 수 있다.

뉴 시니어 06   명예퇴직자 M 씨58세는 인터뷰 당시 퇴직한 지 채 6개월도 되지 않았다. 두 자녀 중 둘째가 아직 대학을 졸업하기 전이라, '졸업만은 시켜야 한다'는 강박감을 안고 있었다. 그는 가족이 경제적으로뿐 아니라 정서적으로도 안정되기를 바라는 마음으로 하루하루를 맞이하고 있었다.

다행히 퇴직 후 몇 달 만에 재취업에 성공했다. 만족스럽긴 했지만 안정적이지 않다는 점을 스스로도 알고 있었다. 그래서 직장 경험을 바탕으로 전문 컨설턴트로서 지식을 나누는 길을 병행해 모색 중이다. 퇴직 두 달 무렵에는 후배들에게 서운함이 올라오기도 했지만 '그것도 현실'이라며 마음을 비우는 쪽을 택했다. 서운함을 인정하되 거기에 머물지 않으려는 태도였다.(저자가 인터뷰 내용을 정리함)

변화 수용의 핵심은 통제감에 있다. 스트레스 실험 연구에서, 불쾌한 소음 속에서 과제를 수행하는 피험자들에게 소음을 멈출 수 있는 버튼이 제공되었다. 놀랍게도 아무도 버튼을 누르지 않았지만, 단지 버튼이 있다는 사실만으로도 스트레스가 현저히 감소했다. 퇴직자들에게 이 '버튼'은 새로운 목표나 제2의 인생 계획이 될 수 있다. 변화 수용은 통제할 수 없는 것들을 받아들이고 통제 가능한 것들에 집중하는 지혜를 의미한다.

페이스북 최고운영책임자 셰릴 샌드버그Sheryl Sandberg는 저서《옵션 B》에서 변화 수용의 새로운 관점을 제시했다. 삶은 결코 완벽하지 않다. 그래서 우리는 누구나 원치 않았던 선택지, 옵션 B의 삶을 만나게 된다. 그녀는 최악의 상황을 직시하는 것이 오히려 도움이 된다고 말했다. 그렇게 바라볼 때, 현재 상태에서 감사할 일들이 보이기 시작했다는 것이다.

《행복한 이기주의자》의 저자 웨인 다이어Wayne W. Dyer는 미지에 대한 두려움이 자신에게 한계를 지우는 광활한 오류지대라고 지적했다. 늘 같은 음식, 같은 휴가지, 같은 사람들만 고집하는 삶은 자신을 가두는 일이다. 이는 마치 길들여진 코끼리가 작은 말뚝에 묶인 밧줄을 끊지 못하는 것과 같다.

다이어는 레스토랑에서 한 번도 먹어보지 않은 요리 주문하기, 예약도 하지 말고 지도도 없이 무작정 여행 떠나기, 새로운 길로 출근하기 같은 작은 도전들을 권했다. 이러한 작은 도전들이 모여 더 큰 변화의 용기를 만들어낸다.

"인생의 승부처는 바로 인생의 오후다." 이시형 박사의《100퍼센트 인생》에서 던지는 이 메시지는 우리의 마음을 울린다. 이럴 줄 알았다면 그렇게 서두르지 말고 차분히 준비한 후 일을 벌일 것을…, 80 중반을 넘어선 이시형 박사의 후회 섞인 고백이 의미심장하다.

인생 1막이 '먹고 살기 위한 시간'이었다면, 2막은 '어떻게 살 것인가'를 묻는 시간이다. 변화를 받아들이고 새로운 삶의 리듬을 찾는 데는 보통 1~2년이 걸린다. 서두를 필요는 없다. 천천히, 그러나 멈추지 않고 나아가면 된다.

현실을 인정하는 것은 패배가 아니다. 오히려 새로운 출발선에 서는 용기이며 진정한 성숙의 시작이다. 모든 것을 내려놓았을 때 비로소 우리는 진짜 중요한 것이 무엇인지 알게 된다. 가족과의 시간, 건강한 몸, 소박한 일상의 기쁨, 진실한 관계들, 그것들이 비로소 눈에 들어온다. 한계를 인정한다는 것은 끝이 아니라, 진정한 시작의 출발점이다.

2

무엇이 나를 신나게 하는가

리처드 J. 라이더Richard J. Leider와 데이비드 A. 샤피로David A. Shapiro
는 《무엇이 나를 행복하게 만드는가》에서 중요한 질문을 던졌다. 우리
는 젊은 시절 품었던 신념을 계속 품고 갈 수 있다는 착각 속에서 살아
왔다. 이제 여기서 멈춰 무엇을 지키고 무엇을 내려놓아야 할지 알겠는
가?

일, 가족, 인간관계 등이 한때 삶을 풍요롭게 채워주었다. 이것들이
버겁게 느껴진다면 그 순간이 바로 새로운 여정을 위한 전환점이다. 인
생의 가방을 다시 꾸린다는 것은 끊임없는 재평가와 재구성을 의미한
다. 우선순위를 다시 정하고, 삶의 방식을 바꾸며, 살아있다는 강렬한
느낌을 되살리는 것이다.

이러한 '가방 다시 꾸리기'는 은퇴자에게 구체적으로 무엇을 의미하
는가? 퇴직 후 가장 중요한 과제는 자기성찰을 통해 삶의 기준을 새롭
게 정립하는 것이다. 과거의 화려했던 지위와 성취에서 벗어나 진정으
로 자신이 원하는 삶의 방향을 찾아가는 여정이다.

　구자복 외의 〈한국 대기업 중년 남성 임원들의…〉 연구에 따르면, 많은 퇴직자가 시간이 흐르면서 중요한 깨달음에 이른다. 과거의 화려했던 자신을 완전히 회복하는 것은 거의 불가능하다. 과거 직장생활의 경험에 묶여 현재와 비교하는 것이 무의미하다는 것을 받아들인다. 더는 대기업 임원의 지위로 사람들을 만날 수 없다. 과거의 높은 지위만으로 존중받는 것이 아니라 현재 능력과 생산성으로 존재를 증명해야 한다는 사실을 깨닫는다.

　이러한 깨달음은 처음에는 고통스럽다. 수십 년간 쌓아온 경력과 지위가 하루아침에 의미를 잃는다는 사실은 자존감에 큰 타격을 준다. 그러나 시간이 지나면서 이것이 새로운 시작을 위한 필수적인 과정임을 이해하게 된다.

　과거에 집착하는 것이 아니라 현재의 자신을 있는 그대로 받아들이는 용기가 필요하다. 퇴직 후 시간이 경과하면서 삶을 재평가하게 된다. 시장에서 현재 자신의 위치를 객관적으로 바라보며 눈높이를 조절하고, 삶의 방식을 조정하는 것의 필요성을 지각한다.

　공적 지위의 상실에 따라 피상적인 관계를 유지했던 사람들과의 교류도 축소하고, 소득 감소에 맞추어 소비도 줄인다. 위신이나 체면 같은 겉치레를 걷어내고, 욕망과 욕심을 조절하면서 공적 지위가 아닌 자연인으로서 자리 잡아 간다. 이는 단순한 적응이 아니라 진정한 자기 자신을 찾아가는 과정이다.

　구자복의 연구 참여자들은 퇴직 이후 삶을 재평가하며 직장생활 동안 추구해 왔던 가치를 다시 돌아본다. 새로운 경험을 통해 삶의 기준을 재구성한다. 과거에는 조직의 중심에 서기 위해 더 많이 일하고, 더 치열

하게 경쟁했다. 또, 성과를 위해 스트레스를 감내해 왔다. 그러나 퇴직 이후에는 성공이나 경쟁보다 다른 것들이 중요해진다. 주변 사람들과 좋은 관계를 맺고 유지하는 것이 그중 하나다. 의미 있는 일을 통해 기여하는 삶도 새롭게 가치를 얻는다. 원하는 일을 원하는 방식으로 오래 지속할 수 있는 삶을 추구하게 된다.

가치의 전환은 퇴직 이후 삶의 질을 결정하는 핵심 요소다. 과거에는 승진과 연봉, 직급과 같은 외적 성취가 삶의 기준이었다. 이제는 관계의 깊이와 일의 보람, 삶의 균형과 같은 내적 충족이 우선이 된다. 이는 포기나 좌절이 아니라, 더 본질적이고 인간적인 가치를 향한 성숙한 선택이다. 젊은 시절에는 보이지 않았던 것들이 선명하게 다가온다. 가족과의 시간, 자연의 아름다움, 타인에게 베푸는 기쁨 등이 새롭게 발견되는 가치들이다.

이러한 전환이 진정한 의미를 갖기 위해서는 구체적인 실천이 필요하다. 한 참여자는 '나머지 40년은 자기 자신을 위해서 살겠다'라고 마음먹으니 자연스럽게 내려놓게 되었다고 말했다. 조직의 목표에 맞춰 긴장하고 줄서기를 해야 했던 과거의 생존 방식을 비워낼 때 비로소 안정을 찾을 수 있었다는 것이다. '나를 위해 산다'는 것은 이기적인 선택이 아니라 진정으로 자신이 원하는 삶을 살겠다는 결단이다.

비우고 내려놓기는 가치 전환의 핵심 실천이다. 조직의 목표, 끊임없는 긴장, 체면과 위신, 과시적 소비, 피상적 인간관계를 하나씩 내려놓으며 삶은 점점 가벼워지고 자유로워진다. 이는 포기가 아니라, 불필요한 것들을 비워냄으로써 진정으로 중요한 것들을 위한 공간을 만드는 것이다.

내려놓기의 과정은 생각보다 오랜 시간이 걸릴 수 있다. 수십 년간 몸에 배인 습관과 사고방식을 바꾸는 것은 쉽지 않다. 처음에는 과거의 성취를 떠올리며 후회하기도 하고, 현재의 상황을 받아들이기 힘들어하기도 한다. 하지만 조금씩 비워내고 내려놓는 연습을 하다 보면 어느 순간 마음이 가벼워지고 편안해지는 것을 느끼게 된다.

'서비스 하듯 살아가기'라는 표현은 이러한 태도 변화를 잘 보여준다. 과거에는 성과와 인정을 받기 위해 일했다면, 이제는 주어진 일을 성실하게 해내는 것 자체에 만족한다. 그 과정에서 다른 사람에게 도움이 되는 것에서 보람을 찾는다. 결과보다 과정, 성취보다 기여, 인정받음보다 내적 만족을 중시하는 삶으로의 전환이다.

이러한 가치 재정립을 통해 은퇴자는 비로소 자신의 내면을 들여다볼 수 있는 여유를 갖게 된다. 과거에는 조직의 목표에 맞춰 바쁘게 살았다면, 이제는 자신의 내면의 목소리에 귀 기울일 시간이다. 무엇이 나를 진정으로 행복하게 하는지, 어떤 가치를 추구하며 살고 싶은지, 남은 시간을 어떻게 의미 있게 채울 것인지를 차분히 성찰할 수 있게 된다.

이 과정에서 중요한 것은 조급해하지 않는 태도다. 젊은 시절처럼 빠른 성과나 즉각적인 변화를 기대해서는 안 된다. 오히려 천천히, 그러나 꾸준히 자신과 대화하며 진정한 자신을 발견해 나가는 여유로운 태도가 필요하다.

자기성찰과 가치 재정립은 일회성 작업이 아니라 지속적인 과정이다. 과거의 성공과 지위에서 벗어나 자연인으로서의 자신을 발견하고, 경쟁과 성취보다 관계와 기여를 중시하는 가치관으로 전환하는 것이 핵심이다.

'나머지 40년은 나를 위해서 살자'라는 마음가짐으로 불필요한 것들을 내려놓을 때, 비로소 인생 2막의 방향이 보이기 시작한다. 이러한 내면의 변화가 탄탄히 이루어질 때, 그 위에 구체적인 목표를 세우고 실천해 나갈 수 있는 토대가 마련된다.

인생의 가방을 꾸리는 일은 단 한 번의 결심으로 완성되지 않는다. 매일 조금씩 소중한 것과 그렇지 않은 것을 가려내는 눈이 밝아질수록 삶은 더 단순해지고 더 깊어진다. 오늘, 당신의 인생 가방에서 무엇을 꺼내고 무엇을 새로 담을 것인가?

—— 3 ——

정체성은 삶의 동기다

"2025년 8월에 홍보·마케팅 대행업을 하는 지인회사에 들어갔죠. 그 회사 이름을 달고 제 일을 만드는 일을 하고 있습니다. 여행업 쪽에 대행을 받으려고 일을 하고 있죠. 아직 맡은 일은 없어요. 계속 저를 알리고 그쪽 사람들 만나고 있습니다."

Y 씨51세는 자기소개를 어떻게 해야 할지 당황스러워했다. 회사원도 아니고, 그렇다고 사업가라고 하기에도 애매하다. 명함에 적힌 직함은 있지만 실제로 맡은 일은 아직 없다. 이처럼 은퇴 후 많은 이가 겪는 첫 번째 어려움은 '나는 누구인가'라는 근본적인 물음이다.

《역행자》의 저자 자청은 정체성을 삶의 동기라고 했다. 그는 20대에 책 읽기를 시작으로 사업가, 유튜버, 작가라는 다양한 정체성을 거쳐 왔다. 지금은 100년 이상 읽히는 책의 저자가 되는 것을 목표로 삼고 있다. 이러한 정체성의 변화는 직업의 전환이 아니라, 삶의 방향과 의미를 스스로 만들어가는 주체적인 과정이다. 퇴직자 역시 마찬가지다. 과거의 직함을 내려놓고 자신만의 역할을 만들어가는 과정, 그것이 은퇴 후 가장 중요한 과제다.

2023년 1월 20일자 경향신문에 실린 기사 〈퇴직교사, 68세에 어린이 동화작가 데뷔〉는 정체성 전환의 의미를 잘 보여준다. 40년간 초등학교 교사로 일하다 퇴직한 정경숙 씨68세는 2년간의 습작 끝에 첫 동화책을 출간했다. 정 씨는 "아이들을 가르치던 경험을 바탕으로 이야기를 만들어내는 것이 새로운 보람"이라고 전했다. 기존의 직업 정체성을 내려놓고 새로운 자아상을 정립한 대표적인 사례다.

은퇴 이후의 적응 과정에서 의미 있는 순간은 대개 아주 작게 찾아온다. 거창한 성취나 극적인 변화가 아닌, 소소하지만 의미 있는 순간들이 쌓여가면서 삶에 대한 자신감이 조금씩 자라나기 시작한다. 처음으로 직접 만든 요리가 맛있게 완성되었을 때나 규칙적인 운동으로 체력이 좋아지는 것을 느낄 때, 또, 새로 시작한 취미에서 작은 진전이 있을 때와 같이 이런 사소한 성공이 자존감을 조금씩 되살린다. 삶은 큰 목표보다 작은 반복으로 회복된다.

시도에 대한 두려움은 시간이 흐르며 점차 옅어진다. 처음에는 낯설고 어려워 보였던 일들도 한 번 두 번 시도해 보면서 극복할 수 있다는 자신감이 생긴다. 스마트폰 앱 사용이 버거웠던 사람이 어느새 자연스럽게 기능을 익히고, 처음 가보는 장소에도 주저 없이 발걸음을 옮기게 된다. 은퇴 이후의 삶에서는 성과와 평가의 압박에서 비교적 자유롭다. 이러한 여유가 오히려 더 창의적이고 도전적인 시도를 가능하게 만든다.

처음에는 서툴더라도 그 과정 자체를 즐기고 배움의 기회로 삼는 열린 마음가짐이 예상치 못한 가능성을 열어준다. 실패에 대한 두려움보다 새로운 경험에 대한 호기심이 앞서면서 삶의 폭이 넓어진다. 이러한 변화는 혼자만의 힘으로 이루어지지 않는다. 주변 사람들과의 관계가 중요한 이유다.

캐서린 해슬럼Catherine Haslam과 동료 연구자들은 〈Adjusting to life in retirement〉라는 연구에서 은퇴 후 적응에 영향을 미치는 여러 요인 중 사회적 관계의 역할에 주목했다. 세 차례의 연구를 통해 은퇴 이후 새로운 집단에 참여하고 강한 소속감을 형성하는 것이 은퇴 전환기에 있는 사람들의 행복과 적응에 매우 중요한 요소임을 확인했다.

특히 은퇴자들이 새로운 사회적 정체성을 형성하는 것의 중요성을 강조했다. 단순히 '일하던 사람'에서 '은퇴한 사람'으로 넘어가는 것이 아니라 은퇴 후 자신만의 새로운 정체성을 찾고 확립하는 것이 행복한 은퇴생활의 출발점이다.

동호회나 모임에서 만난 사람들과 공통의 관심사로 대화를 나누고 서로의 경험을 공유하면서 인연을 만들어가는 즐거움을 느끼게 된다. 이는 사회적 자신감을 회복하는 데 도움이 되며 은퇴 후 흔히 겪게 되는 사회적 고립감을 해소해 준다. 새로운 공동체 안에서 자신의 존재 가치를 다시 확인하고 소속감을 느끼면서 삶의 활력이 되살아난다.

가족과의 관계에서도 새로운 역할이 형성된다. 손주들과 함께 보내는 시간이 즐거워지고 배우자와 함께하는 활동들이 의미 있게 다가온다. 실제로 가족들과 충분한 대화를 나누며 역할을 재정립한 퇴직자들은 정체성 위기를 비교적 빠르게 극복했다는 연구 결과도 있다. 가족 구성원들과의 긍정적인 상호작용은 심리적 안정감을 높이고 새로운 삶에 대한 적응력을 강화한다.

이렇게 관계의 기반이 단단해지면 지금부터 본격적으로 자신만의 길을 찾을 준비가 된다. 오랜 직장생활에 매진하느라 미처 돌아보지 못했던 자신의 꿈을 되살리는 일 역시 은퇴 이후 중요한 과제다. 젊은 시절 품었던 문학가, 음악가, 사회 봉사자로서의 꿈이 더는 미완의 과거가 아니라 인생 2막을 풍요롭게 하는 자산이 된다.

도예나 원예, 등산, 여행, 사진 촬영처럼 과거에는 시간적 제약으로 미뤄두었던 활동들이 자아실현의 기회가 된다. 동호회나 커뮤니티 활동을 통해 비슷한 관심사를 가진 사람들과 교류하면서 인간관계를 형성하고 사회적 소속감을 느낄 수 있다. 관심분야를 발견하고 발전시켜 나가는 과정에서는 실패를 두려워하지 않는 자세가 필요하다. 새로운 시도는 자신의 잠재력을 발견하고 삶의 가능성을 확장하는 기회가 된다.

은퇴 이후의 삶은 기존의 직업 정체성을 내려놓고 새로운 자아상을 세우는 과정이다. 자아 정체성의 혼란은 피할 수 없는 통과의례이지만, 동시에 성장의 기회이기도 하다. 이는 은퇴자라는 수동적인 위치에 머무는 것이 아니라 적극적으로 역할과 가치를 창출해 나가는 과정이다.

취미 활동가, 봉사자, 멘토처럼 직업 이외의 다양한 정체성을 개발하는 일도 중요하다. 실제로 퇴직 이전부터 다양한 사회 활동에 참여해 온 사람들은 정체성 위기를 겪는 비율이 상대적으로 낮았다는 연구 결과가 있다. 시니어 멘토링 프로그램에 참여하는 퇴직자들의 경우 자아존중감 회복 속도가 더 빨랐다는 보고도 있다. 타인을 돕고 자신의 경험을 나누는 활동은 존재의 가치를 재확인하는 계기가 된다.

이처럼 다양한 시도와 노력을 통해 점차 자신만의 길을 찾아간다. 정체성의 위기를 성공적으로 극복한다면 이는 오히려 더 풍요로운 삶을 위한 출발점이 될 수 있다. 자신이 진정으로 원하는 것과 의미를 발견할 수 있는 활동을 통해 새로운 정체성을 만들어가는 과정이다.

로랑스 드빌레르Laurence de Villers는《모든 삶은 흐른다》에서 '삶의 지표가 필요한 당신에게 바다가 건네는 말'을 전한다. 바다에 밀물과 썰물이 있듯이 인생에도 오르막이 있고 내리막이 있다. 그 흐름을 억지로 거스르기보다, 그 안에서 함께 흐르는 것이 지혜롭다. 숙련된 항해사는 바람에 맞서기보다 바람을 자기편으로 삼는다. 변화의 흐름 속에서 나만의 항로를 발견하는 것이 바로 '나의 새 이름'을 찾는 지혜로운 항해다.

4

나이가 더는 장벽이 아니다

인생의 긴 여정을 걸어온 사람은 누구나 어느 순간 멈춰 서서 자신을 돌아보게 된다. 그동안 무엇을 이루었고, 앞으로 무엇을 할 수 있을까? 많은 이가 은퇴를 끝으로 여기지만, 어쩌면 그것은 진짜 자신을 발견하는 새로운 출발점일지도 모른다. 2,000여 년 전 고대 로마의 현자가 전했던 지혜는 오늘날에도 여전히 유효하다. "노년은 정말 쇠퇴의 시간인가 아니면 성숙의 결실을 맺는 시간인가?"

고대 로마의 철학자 키케로Marcus Tullius Cicero, B.C.106~43의 저서 《노년에 관하여 우정에 관하여》 중에서 '노년에 관하여' 부분은 기원전 150년, 84세의 카토Marcus Porcius Cato Censorius가 30대 젊은이들에게 노년의 지혜를 전하는 내용이 담겨 있다.

카토는 노년이 비참해 보이는 네 가지 이유를 발견했다. 첫째, 활동할 수 없게 만든다. 둘째, 기억력이 떨어진다. 셋째, 감각적 쾌락이 없다. 넷째, 죽을 날이 멀지 않았다. 그는 각각에 대해 그렇지 않음을 설득력 있게 역설했다.

이 중 은퇴 후 잠재력 재발견과 직접 관련된 것은 첫 번째와 두 번째이다. 먼저 노년은 활동을 할 수 없게 만든다는 주장에 대해 카토는 비록 몸은 허약하지만 정신력으로 할 수 있는 일은 얼마든지 있다고 반박했다. 큰일은 체력이나 민첩성이 아니라 계획과 명망, 판단력에 따라 이루어진다는 것이다.

그는 배 안에서 일어나는 일에 대하여 비유를 들었다. 젊은이들은 돛대에 오르고 배 안에 고인 물을 퍼내지만, 가만히 앉아 키를 잡는 사람에 대해 아무 일도 하지 않는다고는 할 수 없다고 했다. 카토의 주장처럼 은퇴했다고 아무것도 할 수 없는 것이 아니다. 오늘날은 은퇴 이후의 수명이 길어졌고 건강 상태 역시 과거와 비교할 수 없을 만큼 좋아졌다. 따라서 오랜 직장생활 동안 축적된 경험은 인생 2막을 설계하는 데 있어 귀중한 자산이 된다.

업무를 통해 얻은 전문성, 위기관리 능력, 대인관계 기술, 조직 운영의 노하우 등은 단순한 업무 능력을 넘어서는 삶의 지혜가 된다. 자신이 가장 즐겁게 수행했던 업무, 뛰어난 성과를 거둔 프로젝트, 동료들에게 인정받았던 능력 등을 되돌아보며 자신만의 고유한 강점을 발견할 수 있다.

직장생활에서 얻은 전문성은 다양한 형태로 활용된다. 금융권에서 일했던 경험은 지역사회의 재무교육 강사나 소상공인 멘토로 발전될 수 있다. 제조업 현장에서의 경험은 청년 창업자들을 위한 기술 자문이나 품질 관리 컨설팅으로 이어질 수 있다. 인사 관리 분야에서 쌓은 경험은 비영리단체의 조직운영이나 봉사자 교육 프로그램 개발에 활용된다.

업무를 통해 개발된 협상력, 갈등 관리 능력, 팀워크 역량 등은 다양한 사회 활동에서 큰 강점으로 작용한다. 특히 여러 세대와 소통하며 얻은 경험은 세대 간 이해를 증진시키는 가교 역할을 할 수 있다. 이러한 소통 능력은 지역사회 활동, 자원봉사, 문화예술 동아리 등 다양한 분야에서 리더십을 발휘하는 데 도움이 된다.

카토가 말한 것처럼, 노년의 가치는 체력이 아니라 오랜 경험에서 우러나온 판단력과 명망에 있는 것이다. 이처럼 자신의 전문성을 새로운 맥락에서 재해석하고 적용하는 과정은 은퇴 이후의 삶에 새로운 의미와 가치를 부여한다.

나이가 들어서야 비로소 발견하게 되는 새로운 재능들은 인생 2막을 더욱 풍성하게 만든다. 젊은 시절에는 미처 몰랐던 자신의 잠재력이 은퇴 후의 여유로운 시간 속에서 자연스럽게 드러나는 것이다. 예를 들어, 평소 꼼꼼한 성격이 정원 가꾸기나 수공예에서 빛을 발하거나, 업무 속에 묻혀 있던 예술적 감각이 그림이나 음악을 통해 표현되기도 한다.

은퇴 후 발견하는 재능은 종종 예상치 못한 방향에서 나타난다. 평생 이공계 분야에서 일했던 사람이 문학적 재능을 발견하거나, 사무직에 종사했던 사람이 뛰어난 수공예 기술을 보여주는 경우가 있다. 이는 직장생활 동안 억눌려 있던 창의성과 예술성이 은퇴 후에 자연스럽게 표출되는 것이다.

이러한 재능의 발견은 새로운 자아정체성을 형성하는 데 중요한 역할을 하며, 제2의 전문성을 개발하는 계기가 될 수 있다. 실제로 많은 은퇴자가 뒤늦게 발견한 재능을 통해 인생 2막에서 놀라운 성취를 이루는 사례가 늘고 있다. 60대에 그림을 시작해 개인전을 열거나, 70대에 악기를 배워 동호회에서 연주하는 등 나이가 더는 장벽이 아니다.

나이는 새로운 가능성을 막는 벽이 아니다. 오히려 그것을 견고하게 받쳐주는 기둥이 된다. 카토가 강조한 두 번째 논점, 즉 노년이 되면 기억력이 떨어진다는 걱정에 대해서는 두뇌는 늙지 않는다고 강조했다. 실제로 김형석 교수는 105세를 넘긴 지금도 이를 몸소 증명하고 있다.

그는 여전히 왕성하게 강연과 저술 활동을 이어가며 배움에는 나이가 없음을 보여주고 있다. "나이가 들어도 배우고 생각하는 습관을 유지하면 정신은 오히려 더욱 깊어지고 풍요로워진다"라고 말했다. 젊은 시절의 체력과 민첩성은 사라질지 몰라도, 오랜 세월 쌓아온 지혜와 통찰력은 오히려 깊어진다는 것이다.

매일 아침 일정한 시간에 일어나 글을 쓰고, 책을 읽으며, 사람들을 만나 대화를 나누는 그의 모습은 노년의 가능성을 보여주는 살아있는 증거다. 100세를 넘긴 철학자의 명쾌한 사고와 깊이 있는 통찰은 청중들에게 깊은 감동을 주었다. 그는 특히 "나이는 숫자에 불과하다. 중요한 것은 마음의 나이"라고 강조했다.

이처럼 은퇴가 배움과 발전의 끝이 아니라 새로운 시작점이 될 수 있다는 인식의 전환이 필요하다. 평생교육 프로그램, 온라인 강좌, 전문가 과정 등을 통해 기존의 강점을 더욱 발전시키거나 새로운 분야에 도전할 수 있다. 특히 디지털 시대의 도래로 학습 기회가 더욱 다양해졌다. 연령에 관계없이 자신의 관심 분야에서 전문성을 키워 나갈 수 있게 되었다.

잠재력 개발을 위해서는 체계적인 접근이 필요하다. 우선 자신의 현재 상태와 목표하는 수준 간의 격차를 분석해야 한다. 격차를 줄이기 위한 구체적인 학습 계획의 수립이 따라야 한다. 전문가의 조언을 구하거나 관련 분야의 선배들로부터 멘토링을 받는 것도 도움이 된다.

비슷한 관심사를 가진 사람들과의 스터디 그룹을 형성하여 함께 학습하고 성장하는 것도 효과적인 방법이다. 나만의 장점을 키우는 과정에서는 무엇보다 성급하게 결과를 추구하지 않는 것이다. 은퇴 후의 자기계발은 직장생활처럼 성과나 경쟁을 위한 것이 아니라 자아실현과 삶의 질 향상을 위한 것이다.

따라서 자신만의 속도로 꾸준히 발전해 나가는 것이 중요하다. 이 과정에서 얻는 배움의 즐거움과 성취감을 충분히 누릴 수 있어야 한다. 개발된 장점을 사회에 환원하는 것도 고려해 볼 만하다. 자신의 경험과 재능을 다음 세대와 나누거나 지역사회의 발전을 위해 활용하는 것은 큰 보람과 만족감을 준다.

은퇴는 끝이 아니라 자신의 진짜 잠재력을 발견하고 꽃피우는 새로운 시작이다. 2,000여 년 전 카토가 젊은이들에게 전했던 노년의 지혜는 오늘날 은퇴를 맞이하는 우리에게도 여전히 유효한 메시지다. 배를 움직이는 것은 돛대에 오르는 젊음이 아니라, 키를 잡고 방향을 제시하는 경험이다. 수십 년간 쌓아온 경험과 나이 들어 발견한 새로운 재능, 그리고 끊임없이 배우고자 하는 열정이 어우러질 때 인생 제2막은 그 어느 때보다 풍요로워진다.

하루 일과를 어떻게 보내세요?

퇴직 이후 가장 먼저 달라지는 것은 바깥이 아니라 집안이다. 회사에서의 시간이 사라지면 그 자리에 가정이 채워진다. 하루 종일 같은 공간에 머무는 시간이 늘어나면서 그동안 익숙하다고 믿었던 가족관계가 새롭게 낯설어진다. 이전에는 일 때문에 어쩔 수 없었다는 말로 넘어가던 일들이 이제 더는 미룰 수 없는 과제가 되었다.

가족은 예전 그대로인데 나만 시간대가 바뀌어버린 것처럼 느껴질 때가 있다. 그 순간부터 가족 내 역할 재구성은 선택이 아니라 생존의 기술이 된다. 퇴직 후 부부가 겪는 갈등의 본질은 종종 사랑이 부족해서가 아니다. 공간과 시간의 겹침을 감당하는 기술이 없어서다.

"하루 일과를 어떻게 보내세요?"

뉴 시니어 04

"집사람이 지금 국토교통부 대전청에 근무하거든요. 정년이 2년 남았어요. 매주 8시에 집사람 출근하면 저도 같이 출근해요. 논산 양봉장까지 41km인데 40분 걸립니다. 거기서 일하다가 4시쯤 돌아오면

집에서 청소도 하고 빨래도 하고 저녁 준비도 미리 다 해 놓습니다. 집사
람도 일 나가니까 좀 도와줘야지요. 그리고 일주일에 한 세 번 정도는 밖
에 나가서 같이 식사해요. 부담감을 줄이려고요.”

뉴 시니어 04 S 씨61세의 사례는 매우 훌륭한 경우이다. 그러나 보통
의 경우 퇴직 후 가장 큰 도전은 가족관계의 재정립이다. 30여 년간의
직장생활을 하는 동안 자녀양육과 집안일은 모두 배우자의 몫이었다.
퇴직 후 가정으로 돌아오면서 많은 이가 과거를 돌아보며 미안함과 후
회를 느낀다.

한 퇴직자는 아내에게서 “당신은 아이 기저귀를 한 번도 갈아본 적이
없다”라는 말을 듣고 충격을 받았다. 연년생 자녀 둘을 키우는 동안 자
신은 편히 잠을 잤다. 아이들이 울면 배우자 혼자 돌봤다는 사실을 뒤늦
게 깨달았다. 직장에서의 성공이 가족과의 관계를 대체할 수 없다는 사
실을 비로소 알게 된 것이다.

퇴직 후 가장 시급한 과제는 배우자와의 관계 재정립이다. 퇴직 전에
는 남편은 ‘직장’, 아내는 ‘가정’이라는 분명한 영역이 있었다. 하지만
이제 두 사람이 같은 공간에서 보내는 시간이 급격히 늘어나면서 가사
분담, 여가 활용, 의사결정 등 모든 것을 새롭게 조율해야 한다.

사토 신이치는 조선일보 2023년 4월 13일자 인터뷰에서 구체적인
조언을 했다. “퇴직 전에 부부는 재무 계획만 세울 게 아니라고 했다. 월
급이 없어지는 것이 불안한지 아닌지, 퇴직 후엔 어떻게 생활할 것인지
등 생활 방식도 솔직히 얘기해야 한다”라고 강조했다.

부부 사이가 틀어지지 않으려면 아내에게 끼니 차려 달라고 보채지

말고, 집안일도 나눠야 한다. 아내에게 어디 가는지 묻지 않아야 한다. 아내가 걱정되어서 묻는 것이라고 할 수 있지만 지나치면 좋지 않다고 말했다.

그는 자신의 경험을 덧붙였다. 아내가 외출한다면, 잘 다녀오라고 배웅하고 그 시간에 집에서 청소라도 해 놓으면 귀가한 아내가 엄청 고마워할 것이다. 연초에 퇴직하고 나서는 장보기, 쓰레기 버리기, 세탁소에 옷 맡기기, 침구 정리, 창문과 화장실 청소 같은 것을 맡아서 하고 있다고 자신의 사례를 공유했다.

은퇴는 부부가 다시 부부로 돌아가는 시기이지만 젊은 시절처럼 일체가 되는 건 아니다. 인생 후반전에는 배우자를 동료나 짝, 동반자로 생각해야 한다고 강조했다. 이는 매우 중요한 지적이다. 퇴직 후 부부관계는 젊은 시절의 열정적 사랑도, 중년 시절의 역할 분담 관계도 아닌, 성숙한 동반자 관계로 발전해야 한다.

모든 부부가 항상 삶의 모든 측면을 공유할 필요는 없다. 지나친 공동 의존성은 한 사람이 무너지면 다른 사람도 함께 무너지는 취약한 구조를 만들 수 있다. 서로의 독립성과 개인 공간을 인정하면서도 함께하는 시간의 질을 높이는 것이 필요하다.

각자의 취미 활동이나 사회 활동을 존중하되 함께 운동하기, 요리 배우기, 여행 계획하기 등 공통의 관심사를 발견하고 발전시키는 것도 필요하다. 배우자가 오래 유지해 온 모임, 친구 관계, 취미 활동을 방해하지 않고 존중하는 것이 건강한 관계의 기반이 된다.

가사분담에서 중요한 것은 완벽함이 아니라 참여와 노력이다. 처음에는 서툴러도 배우자가 그동안 혼자 감당했던 일들을 함께 나누려는 노력 자체가 의미가 있다. 설거지를 하다 그릇을 깨뜨릴 수도 있다. 빨래를 하다 색이 빠질 수도 있다. 문제는 그 과정에서 배우고 익혀가는 것이다. 다만 가사에 소극적이면 배우자와의 불화 가능성이 높아질 수 있으므로 적극적인 참여가 필요하다.

자녀들과의 관계에서는 건강한 거리 설정이 중요한 과제가 된다. 성인이 된 자녀들은 이미 자신만의 삶과 가정을 꾸려가고 있다. 이들과의 관계에서 적절한 거리를 유지하는 것이 중요하다. 과도한 간섭이나 기대는 오히려 관계를 어렵게 만들 수 있다. 자녀들의 독립성을 존중하면서도 필요할 때 지원할 수 있는 균형점을 찾아야 한다.

자녀의 직장 스트레스를 이해하고 들어주며 가족의 정서적 안정감을 제공하는 정서적 지지자로서의 역할을 할 수 있다. 또한 자녀 직업선택에 대한 조언 등 교육적 멘토 역할을 수행할 수도 있다. 다만 이 역할은 자녀가 원할 때 제공하는 것이지 강요하는 것이 아니다.

손주들과의 관계도 신중하게 정립해야 한다. 손주 돌보기나 숙제 도움 등을 통해 조부모 역할을 할 수 있다. 하지만, 자녀 가정의 의사를 존중하고 적절한 거리를 유지하는 것을 명심해야 한다. 과도한 개입이나 부담을 주지 않으면서 즐겁고 의미 있는 시간을 함께하는 것이 바람직하다.

명절이나 생일파티 기획·준비를 통해 가족 유대감을 강화하고 가족의 중심 역할을 하는 것도 좋은 방법이다. 반면 역할 적응에 실패할 경우 어려움이 생길 수 있다. 외부 활동에만 치중하면 가족과의 거리가 멀어져 고립감이 커질 수 있다.

직업 정체성의 상실과 가정 내 역할 적응 실패가 겹치면 스트레스가 가중될 수 있다. 따라서 가정 내 역할 변화를 긍정적으로 받아들이고 적극적으로 참여하는 자세가 필요하다. 가족관계의 재정립은 시간과 노력이 필요한 과정이다. 무엇보다 중요한 것은 가족 구성원 모두와의 열린 대화다. 서로의 기대와 우려를 솔직히 나누고 함께 해결책을 찾아가는 과정에서 더 깊은 이해와 유대가 형성된다. 배우자를 동반자로, 자녀를 독립된 개인으로, 손주를 즐거운 친구로 바라보는 시각의 전환이 필요하다.

가족관계는 직장에서의 수직적 관계와 달리 수평적이고 상호 존중에 기반한 관계다. 이러한 차이를 이해하고 받아들이는 것이 성공적인 적응의 시작이다. 이러한 노력이 모여 '누구의 남편과 아버지로 살아가는' 시간을 진정으로 명예롭고 행복하게 만들 것이다. 그 명예는 직함이 주는 것이 아니라 매일의 작은 참여가 만들어준다.

갈 곳이 있다는 게 정말 좋아요

　퇴직 이후의 삶에서 과제 중 하나는 새로운 균형을 찾는 일이다. 직장 생활이 제공하던 구조적인 틀이 사라진다. 이제는 스스로 적절한 균형과 리듬을 만들어가야 한다. 이는 일상의 시간 관리와 더불어 삶의 전반적인 조화를 찾아가는 과정이다.

　정년퇴직 후 자신의 리듬을 제대로 찾은 모범 사례가 있다.

뉴 시니어 04

　"매주 아침 출근하듯이 양봉장에 가니까 생활 리듬이 유지돼요. 갈 곳이 있다는 게 중요하더라고요. 집사람도 처음에는 걱정 많이 했거든요. 퇴직하고 집에서 빈둥빈둥 지내거나, 맨날 산에 가는 것도 부담스러울 수 있잖아요. 그런데 어디 갈 곳이 있고, 거기서 할 일이 있다는 것만 해도 좋은 거예요."

　퇴직 이후에는 스스로 선택한 활동에 시간과 열정을 쏟으면서 삶의 기쁨과 활력을 되찾아 갈 수 있다. 어떤 이는 독서에 몰입하며 의미 있는 시간을 보낸다. 또 다른 이는 그간 미뤄두었던 공부를 시작하며 새로운 즐거움을 발견한다. 중요한 것은 '무엇을 하느냐'가 아니다. 자신이 진정으로 원하는 활동을 찾아 그것에 집중할 수 있는 여유를 갖게 된다는 점이다.

이와 함께 시간과 체력을 안배하는 법을 배워가는 과정이 시작된다. 무한한 것처럼 보이는 자유 시간 속에서 자신의 체력과 컨디션에 맞는 적절한 활동량을 찾아가야 한다. 아침에는 가벼운 운동으로 하루를 시작한다. 오전에는 집중력이 필요한 일을 한다. 오후에는 여유로운 취미 활동을 하는 등 시간대별로 적절한 활동을 배분하는 지혜가 요구된다.

2025년 2월 8일자 오마이뉴스에는 이러한 리듬 찾기의 구체적인 사례가 소개되었다. 1955년생인 L 씨는 구조조정으로 강제퇴직을 당하고 암 투병을 겪으면서 건강 회복을 위해 걷기를 시작했다. 처음엔 동네 공원에서 걷기로 시작해 야산 등산, 나중엔 관악산과 북한산까지 도전했다. 아내도 처음엔 페이스메이커로 따라왔지만 나중엔 오히려 그를 리드하게 되었다.

그는 이 취미 활동을 통해 부부 간 대화가 늘고 관계가 더욱 돈독해졌다고 말했다. 건강이라는 공통 관심사도 생겼다. 스트레스가 줄어들고, 뇌 노화 속도가 늦춰졌다. 우울감이 감소하고 활기찬 생활이 가능해졌다. 특히 자포자기하던 삶에서 벗어날 수 있었다며 부부가 함께 하는 취미생활을 적극 권장했다.

다만 무리하지 않는 것이 중요하다. 그는 최근 관절 부담을 고려해 등산에서 고궁 산책으로 전환했다. 이는 시간과 체력 안배의 중요성을 잘 보여주는 사례다. 나이가 들수록 자신의 몸 상태를 정확히 파악해야 한다. 그에 맞게 활동을 조절하는 것이 좋다. 무조건 많이 움직이는 것보다, 자신에게 맞는 적절한 강도의 활동을 꾸준히 유지하는 것이 더 중요하다.

쉼과 활동의 균형을 찾는 것도 하나의 과제가 된다. 너무 많은 활동으로 지치지 않아야 한다. 동시에 지나친 휴식으로 무기력해지지 않는 적절한 균형점을 찾아가야 한다. 활동적인 날과 휴식하는 날을 적절히 배분해야 한다. 하루 중에도 활동과 휴식의 리듬을 만들어가는 것이 필요하다. 신체적 에너지 관리의 중요성도 깨닫게 된다. 젊었을 때처럼 무리하게 활동할 수는 없다. 적절한 운동과 휴식을 통해 체력을 유지하고 관리하는 방법을 터득하게 된다.

이렇게 나만의 생활 리듬이 서서히 만들어진다. 더는 회사의 일정에 맞출 필요가 없다. 대신 자신만의 규칙적인 일과를 만들어가야 한다. 기상 시간, 식사 시간, 운동 시간 등을 자신의 생체 리듬에 맞게 조정하고 안정적이고 지속 가능한 생활 패턴을 구축해 나간다. 이러한 규칙적인 리듬은 삶에 안정감을 준다. 무기력함을 예방하는 데도 도움이 된다.

동시에 유연성을 잃지 않아야 한다. 매일 같은 일정을 고집하기보다, 컨디션과 상황에 따라 탄력적으로 조정할 수 있어야 한다. 전날 무리했다면 다음 날은 여유롭게 보낸다. 날씨가 좋은 날은 야외 활동을 늘리는 등 상황에 맞게 일정을 조율하는 것이 좋다.

사회적 관계에서도 새로운 균형을 찾아간다. 모든 모임과 약속에 참석하려 애쓰기보다, 진정으로 의미 있는 관계에 시간과 에너지를 투자하는 방법을 배우게 된다. 때로는 약속을 거절하는 것도 필요하다. 과거처럼 업무상 필요에 의한 만남이 아니다. 진정으로 마음이 통하는 사람들과의 관계에 집중할 수 있게 된다.

취미 활동과 의무적인 일과 사이의 균형도 중요하다. 즐거운 취미 활동에만 몰두하다 보면 일상 관리가 소홀해질 수 있다. 반대로 의무적인 일에만 매달리다 보면 삶의 즐거움을 놓칠 수 있다. 인생 2막에서 꼭 필요한 다섯 가지 요소가 있다. 건강, 돈, 일, 취미, 친구다. 이 다섯 요소가 어느 한쪽으로 치우치지 않고 조화를 이루도록 해야 한다.

재정적인 부분에서도 새로운 균형이 요구된다. 고정 수입이 줄어든 상황에서 지출과 저축의 균형을 맞추어야 한다. 현재의 즐거움과 미래를 위한 준비 사이에서 적절한 조화를 찾아가야 한다. 이는 단순한 절약이 아니라, 제한된 자원을 현명하게 활용하는 지혜를 의미한다.

가족과의 시간 배분도 새롭게 조정해야 한다. 가족과 함께하는 시간이 늘어나면서 서로의 공간과 시간을 존중하면서도 의미 있는 시간을 보낼 수 있는 방법을 찾아가게 된다. 부부가 함께 즐길 수 있는 취미생활은 행복과 건강을 모두 챙기는 소중한 자산이 된다. 함께 걷고, 배우고, 즐기는 시간이 관계를 더욱 돈독하게 만든다. 앞선 사례처럼, 한 사람의 시작이 부부 공동의 관심사로 확장되며 서로를 격려하는 계기가 되기도 한다.

부부가 함께하는 취미생활의 장점은 여러 가지다. 첫째, 공통의 화제가 생겨 대화가 풍부해진다. 둘째, 서로의 건강을 챙기며 격려할 수 있다. 셋째, 새로운 경험을 함께 나누며 관계가 더욱 깊어진다. 넷째, 각자 혼자 있는 시간도 자연스럽게 생겨 적절한 거리를 유지할 수 있다. 중요한 것은 어느 한쪽의 강요가 아니라, 서로가 즐거워하는 활동을 찾는 것이다.

이처럼 새로운 균형과 리듬을 찾아가는 과정은 퇴직 이후 삶의 질을 결정하는 요소다. 이는 시행착오를 통해 점진적으로 이루어지는 과정이다. 또한, 개인의 특성과 상황에 맞는 최적의 균형점을 찾아가는 여정이기도 하다. 완벽한 균형을 목표로 하기보다 상황에 따라 조정하고 개선해 나가는 유연한 태도가 필요하다. 때로는 활동을 늘리고, 때로는 휴식을 취하며, 자신의 몸과 마음이 보내는 신호에 귀 기울여야 한다. 나만의 리듬을 찾아갈 때 비로소 인생 2막이 진정한 제2의 청춘이 될 수 있다.

책 100권 읽기를 목표로 세웠다

김진형은《10년차 직장인 은퇴 공부법》에서 본질적인 질문을 던졌다. 은퇴 이후 펼쳐질 30년이라는 긴 여정을 어떻게 채워갈 것인가? 물질적 풍요가 과연 행복을 보장하는가? 경제적 자유 없이도 의미 있는 삶을 살아갈 수 있는가? 이러한 질문에 명쾌하게 답할 수 있는 사람은 많지 않을 것이다.

자기성찰과 삶의 가치 재정립을 통해 내면의 변화를 이루었다면 이제는 그것을 구체적인 목표로 만들어갈 차례다. 목표 없는 삶은 방향 없이 떠도는 배와 같다. 어디로 가야 할지 모르는 배는 아무리 힘차게 노를 저어도 결국 제자리를 맴돌 뿐이다. 존재의 의미와 매일의 목적을 스스로 정의하는 주체적인 설계가 필요하다.

은퇴 이후의 삶에서도 목표는 중요하다. 명확한 목표가 없다면 주어진 시간은 그저 흘러가는 일상에 불과할 것이다. 하지만 목표가 있는 삶은 다르다. 그것은 매일 아침 우리가 일어나야 하는 이유가 되고 하루를 의미 있게 채우는 원동력이 된다.

린다 그래튼Lynda Gratton과 앤드루 스콧Andrew Scott은 《100세 인생》에서 "제대로 예측하고 계획을 세우면 장수는 저주가 아니라 선물이다"라고 말했다. 장수는 기회로 가득하고 시간이라는 선물을 주었다고 했다. 어떻게 소중한 시간을 활용할 것인가? 길어진 삶에 대한 대책이 핵심이라고 했다. 긴 삶을 행복하게 생산적으로 살아가려면 합리적인 선택과 역동적인 계획 수립이 필요하다고 했다.

특히 금전적 자산과 비금전적 자산, 경제적 상태와 심리적 상태의 균형을 유지하기 위한 신중한 계획의 필요성을 강조했다. 100세 인생은 재정적 해결뿐만이 아니라 그 외 것들도 모두 챙길 것을 요구했다.

60세에 보험회사를 정년퇴직한 구스노키 아라타의 이야기는 목표 설정의 중요성을 잘 보여준다. 그는 47세에 우울증으로 장기 휴직하면서 회사를 떠나면 자신이 있을 곳이 없다는 것을 깨달았다. 퇴직 이후의 삶이 막막하게 느껴졌다. 그는 자신을 직시하기 시작했다. 회사인으로서의 자기가 아닌 '또 하나의 자기'를 찾기 시작했다.

먼저 어릴 적부터 지금까지의 자신을 돌아봤다. 자신이 진정 원하는 것은 무엇인가, 앞으로 어떻게 살 것인가를 깊이 생각해 보았다. 그 결과 그는 앞으로 글을 쓰는 인생을 살고 싶다는 결론에 이르게 되었다. 이후 그는 많은 정년퇴직자와 중년 이후에 회사원에서 다른 일로 변신한 사람들을 취재했다.

이를 바탕으로 정년 후를 보람 있게 보내기 위한 구체적인 지혜를 정리했다. 첫째, 퇴직 3년 전부터 준비를 시작해야 한다. 둘째, 돈이 되는 취미를 찾아야 한다. 셋째, 동창회를 통해 어린 시절의 자기를 발견하는 것이다. 이는 자신이 무엇을 잘하고 무엇을 원하는지를 알 수 있는 좋은 기회다.

넷째, 젊을 때는 일 중심으로 살고 중년 이후에는 자기가 좋아하는 것을 찾아 나가야 한다. 다섯째, 롤 모델을 찾아 자기가 걸어갈 길을 발견한다. 여섯째, 자기를 완전히 바꾸려 하기보다는 현재의 자신으로 도움이 될 수 있는 자리를 찾는 것이다.

이렇게 큰 목표를 작은 단계로 나누어 실천한 결과, 그는 정년퇴직자들을 취재한 책《정년 후》를 출간했다. 이 책은 20만 부 이상 판매된 베스트셀러가 되었다. 그는 63세에 베스트셀러 작가가 된 것이다.

목표 세우기 원칙을 실천 중인 현역 직장인의 사례도 있다.

재직 중인 대기업 부장 O 씨56세는 퇴직 이후를 체계적으로 준비하고 있다. 부인은 유치원 원장, 요양보호사, 사회복지사 자격증을 취득한 능력 소유자다. 현재 유치원에서 4시간 파트타임으로 일하고 있다. 남편 퇴직 후에는 8시간 풀타임으로 전환할 계획이다.

퇴직 이후 핵심 수입원으로는 태양광 사업을 준비 중이다. 혼자 추진하면 허가와 관리에 어려움이 많아 친구들과 공동투자 방식을 선택했다. 현재 경남 거제 지역에 1개 인허가를 진행 중이며 투자금의 절반을 투입한 상태다. 앞으로 더 늘려 3개를 목표로 하고 있다. 이 외에도 3층연금, 부동산 재건축 구상까지 포함하여 탄탄한 포트폴리오를 갖춘 노후설계를 진행 중이다.(저자가 인터뷰 내용을 정리함)

저자의 경우는 퇴직 전부터 우연하게 연간 개인 목표를 세우기 시작했다. 처음에는 7개 정도의 큰 목표를 선정했다. 큰 목표마다 생각나는 대로 작은 실천 항목을 몇 가지씩 나열했다. 시간이 지나면서 하나씩 실천한 것은 기록을 해나갔다. 점차 익숙해지면서 큰 목표 7~9개 항목과 각 항목별 세부 목표와 실천 계획을 구체적으로 정했다.

단기 목표로 취미 만들기를 설정했다. 활동적인 취미로는 걷기와 골프를, 정적인 취미로는 수채화 배우기를 선택했다. 특히 어느 해 책 100권 읽기를 목표로 세웠다. 쉽지 않았지만 달성하고 나니 자신감이 생겼고, 이후 독서는 취미로 자리 잡았다.

중기 목표로는 공부를 설정했다. 퇴직 몇 년 전 석사 과정을 시작했다. 재직 중이었기에 사이버 대학원을 활용했다. 퇴직 후 박사 과정 공부까지 이어갔다. 그 결과 몇 년간 대학 강단에 설 기회도 있었다. 이러한 성취는 단기간의 결단이 아니다. 10여 년에 걸친 준비와 실행의 결과였다.

행정고시 출신으로 조달청장까지 지낸 정양호도 체계적인 제2인생 준비의 중요성을 보여준다. 그는 국장이 된 이후 9년간 1,300권의 책을 읽고 블로그에 서평을 올리며 꾸준히 자기계발을 해왔다. 그가 저서 《때로는 길이 아닌 길을 가라》에서 제시한 제2인생의 원칙 중 가장 중요한 것은 '계획에 그치지 말고 오늘부터 바로 시작하여 실천하는 것'이었다.

달성 가능한 작은 목표부터 시작하는 것은 성공적인 목표 달성을 위한 핵심 전략이다. 처음부터 너무 큰 목표를 설정하면 중도에 좌절하거나 포기할 가능성이 높다. 작은 목표의 달성은 성취감과 자신감을 높여준다. 이는 더 큰 목표에 도전할 수 있는 원동력이 된다.

제2의 인생 목표 설정에서 가장 중요한 것은 완벽한 계획보다 '지금 시작하는 용기'다. 많은 사람들이 은퇴를 여가를 즐기는 시간으로 생각하지만, 밥 버포드Bob Buford는《하프타임 쇼크》에서 이런 안일한 생각이 인생 후반부를 망치는 가장 큰 함정이라고 경고했다. 그는 인생에서 가장 빛나는 순간이 바로 지금과 앞으로 다가올 시간이라고 말했다. 꿈을 포기하는 순간, 삶은 더 이상 앞으로 나아가지 못하고 과거에 머물게 된다는 것이다.

브라이언 트레이시Brian Tracy는《당신의 무기는 무엇인가》에서 삶의 모든 분야에서 목표는 다섯 가지 특징을 갖고 있어야 한다고 했다. 첫째, 명확해야 한다. 둘째, 성취 가능해야 한다. 현실적이고 갖고 있는 자원으로 이룰 수 있어야 한다. 셋째, 가치성을 가져야 한다. 중요하고 의미 있어야 하며, 이룰 가치가 있어야 한다. 넷째, 구체적이어야 한다. 측정 가능하고 명확해야 한다. 다섯째, 시간 제한적이어야 한다. 언제까지 달성할 것인가를 정해야 한다.

지금이라도 늦지 않았다. 간절히 바라고 원하는 것을 진지하게 적어보고 그것을 향해 한 걸음씩 나아가는 것이 제2의 인생을 준비하는 가장 확실한 방법이다. '끝이 좋으면 모든 것이 좋다'는 관점에서 제2의 인생을 새로운 도전의 기회로 받아들여야 한다. 인생은 후반전부터다. 전반전이 힘들었더라도 후반전을 보람 있게 마무리할 수 있다면 그 인생은 충분히 성공적이다.

씨앗은 땅에 심어질 때 비로소 싹을 틔운다. 아무리 좋은 씨앗이라도 손에 쥐고만 있으면 결코 열매를 맺을 수 없다. 우리의 목표도 마찬가지다. 마음속에만 품고 있으면 그저 꿈으로 남을 뿐이다. 오늘, 지금 이 순간 작은 한 걸음을 내딛는 용기가 필요하다. 그 작은 걸음이 모여 결국 우리가 원하는 제2의 인생을 만들어낼 것이다.

이제는
폼나게
살아보자

제2부

뉴 시니어
이렇게 살아갑니다

제4장

건강한 삶의 기초

1

매일 조금씩 꾸준히 움직였을 뿐이야

보건복지부 〈2023년 노인실태조사〉 결과 노인 1인당 평균 2.2개의 만성질환을 가지고 있다고 했다. 이는 65세 이상 10명 중 9명이 만성질환을 앓고 있다는 것이다. 하지만 이런 흐름 속에서도 꾸준한 체력 관리로 활기찬 노년을 보내는 뉴 시니어들이 있다.

지난해 산행에서 함께한 80대 중반의 두 어르신은 숨 가쁜 나를 가볍게 앞질렀다. 거의 매일 만보 걷기를 실천하고, 주 2회 바둑을 두며, 매달 가벼운 산행을 나선다는 두 분. 활력 넘치는 모습에서 뉴 시니어 체력 관리의 기본을 발견할 수 있었다.

특별한 비결이 있었을까? 두 분의 대답은 의외로 단순했다. "매일 조금씩 꾸준히 움직였을 뿐"이라고 했다. 화려한 운동 프로그램도 비싼 헬스장 등록증도 없었다. 다만 자신의 몸이 편안해하는 강도로 즐겁게 움직이는 시간을 매일 만들었다고 했다.

이 이야기는 우리에게 중요한 메시지를 던진다. 체력관리는 완벽한 계획보다 작은 실천에서 시작된다. 오늘 10분 걷는 것이 내일도 모레도 이어질 때 비로소 힘이 생긴다. 시니어에게 맞는 체력관리의 핵심 원칙 세 가지를 보자.

첫째, 말하며 걸을 수 있는 속도로 시작해 보자. 운동 강도를 확인하는 가장 간단한 방법은 '말하기 테스트'다. 대화는 가능하지만 노래는 부르기 어려운 정도가 적절한 중강도 운동이다. 대화가 가능한 속도를 유지하되 몸이 적응하면 점차 속도와 거리를 늘려간다. 한 번에 오래 운동하기보다 짧게 나누어 실시하는 방식이 오히려 효과적이다. 하루 30분을 10분씩 세 번으로 나누어도 동일한 효과를 얻을 수 있다.

둘째, 관절이 편안한 운동을 선택하라. 시니어 운동에서 중요한 것은 부상 없이 오래 지속하는 것이다. 걷기, 수영, 요가는 관절 부담이 적어 장기간 지속할 수 있다. 걷기는 가장 안전하고 효과적인 운동이다. 심폐 기능 강화, 혈압 조절, 혈당 관리, 체중 조절 등 다양한 이점을 제공한다.

올바른 자세는 효과를 배가시킨다. 시선은 10~15m 앞을 향하고 어깨를 펴 가슴을 열어준 상태에서 팔을 자연스럽게 흔들며 걷는다. 수영은 물의 부력 덕분에 관절에 무리를 주지 않으면서도 전신 근육을 골고루 사용할 수 있다. 요가는 근력, 유연성, 균형감각을 동시에 향상시키며 명상 효과까지 더해져 신체적, 정신적 건강에 모두 도움이 된다.

셋째, 작게 시작해서 천천히 늘려가자. 노화에 따른 근육량 감소는 50대 이후 매년 1~2%씩 진행된다. 일상생활 기능 저하와 낙상 위험 증가로 이어질 수 있다. 특히 하체 근력 강화는 일상생활의 독립성 유지에 필수적이다.

양발을 어깨너비로 벌리고 앉았다 일어나는 스쿼트, 한쪽 다리를 앞으로 내디디며 무릎을 굽혔다 펴는 런지가 큰 도움이 된다. 처음에는 자신의 체중만으로 시작한다. 몸이 익숙해지면 가벼운 덤벨이나 탄력밴드를 활용한 운동으로 발전시킨다.

근육과 인대가 뻣뻣해지고 균형감각도 저하되는 것을 막으려면 규칙적인 스트레칭이 필수다. 아침 기상 후, 운동 전후, 장시간 앉아 있은 뒤 등 일상 속에서 틈틈이 실시한다. 천천히 부드럽게 움직이며 목, 어깨, 허리, 하체처럼 자주 사용하는 부위를 중심으로 하면 좋다.

《습관의 힘》의 저자 찰스 두히그가 제시한 '신호-반복 행동-보상' 이론을 운동 습관 형성에 적용하면 효과적인 체력 관리가 가능하다. 먼저 '신호'를 만든다. 매일 아침 알람 소리, 현관 옆에 걸어둔 운동복, 거실에 놓인 운동화가 운동을 시작하게 만드는 방아쇠가 된다.

다음은 '반복 행동'의 구체화다. 매일 아침 30분 걷기, 주 3회 수영처럼 명확하고 실천 가능한 계획을 세운다. 마지막은 '보상'이다. 운동 후의 상쾌함과 체력 향상이 즉각적인 보상이 된다. 운동 일지 작성이나 만보기 기록 확인을 보상으로 연결하면 지속성이 더욱 높아진다.

대기업 대표로 퇴임한 X 사장72세은 스마트폰 앱을 활용해 걷기 운동을 즐기고 있다. 동료들과 걸음수를 비교하며 적절한 경쟁심을 자극하는 방식이다. 혼자 하는 운동이 지루하게 느껴진다면, 동료들과 목표를 공유하거나 운동 동호회, 복지관 프로그램에 참여하는 것도 좋다.

"저는 당뇨가 있어서 마늘을 15년간 먹고 있어요. 꿀에 마늘을 같이 먹으면 건강에 진짜 좋거든요. 그리고 자전거 타고, 골프 치고, 양봉장 가서 일도 합니다. 나름대로 운동은 되는 것 같아요. 자전거는 주 2~3회 타고, 대청댐까지 가는 데 한 1시간 반 걸려요. 골프는 한 3년 전

부터 했어요. 집사람이 건강이 안 좋으니까, 같이 취미생활 맞춰가면서

건강 관리하려고요.”

마늘 한 쪽, 자전거 타기, 부부가 함께 하는 골프. 거창하지 않은 일상의 선택들이 15년을 이어오며 몸을 지켜왔다. 여기서 주목할 점은 ‘15년간’이라는 시간이다. 하루아침에 이루어진 변화가 아니라 꾸준함이 만든 결과다.

규칙적인 생활 리듬은 이 꾸준함을 뒷받침하는 힘이다. 우리 몸은 생체시계를 가지고 있다. 이 시계는 24시간 주기로 작동하며 빛과 어둠, 식사 시간, 활동 패턴에 반응한다. 매일 같은 시간에 기상하고, 식사하며, 운동하고, 취침하는 생활이 이 생체시계를 안정화시킨다. 직장이 제공하던 틀이 사라졌다면, 이제 내가 틀을 만들어야 한다.

조선일보 오피니언 2025년 3월 11일자에 의하면, 장수의 3대 비결 중 하나는 하루 종일 부지런히 몸을 움직이는 것이었다. 백세인은 모두 매일 자신만의 취미생활이나 ‘인생 운동’을 가지고 있었다. 이는 일본 NHK에서 100세 이상 고령자 100명을 조사한 결과다.

102세의 낭곡사 스님, 100세의 사교댄스 강사, 101세의 현역 약사, 102세의 자전거 수리점 사장 등은 여전히 자신의 자리에서 활동하고 있었다. 또, 94세에 기타를 배우고, 95세에 컴퓨터를 익히며, 96세에 그림을 시작하는 등 나이에 굴복하지 않고 새로운 도전을 이어가는 모습도 인상적이었다.

이들은 소소한 일상 활동이 쌓여 건강수명을 연장한다는 사실을 보여준다. 계단 이용, 가벼운 집안일, 걷기, 청소처럼 일상에서 자연스럽게

이루어지는 신체 활동들이 모여 큰 효과를 만들어낸다. 억지로 하는 것이 아니라 생활 속에 녹아든 움직임이다. 아침에 일어나 이불을 정리하고, 설거지를 하며, 빨래를 널고, 마당을 쓸고, 장을 보러 걸어가는 것. 이 모든 것이 운동이 된다. 중요한 것은 앉아 있는 시간을 줄이고 움직이는 시간을 늘리는 것이다.

체력관리와 일상의 움직임 못지 않게 식생활 또한 중요하다. 영양 균형을 맞추는 일은 노년기 건강한 식생활의 기초다. 나이가 들수록 대사 기능이 저하되고 영양소 흡수율도 떨어진다. 더욱 세심한 관리가 요구된다.

NHK 연구에서 가장 먼저 꼽힌 장수 비결은 양배추 등 식이섬유를 매일 충분히 섭취하는 것이었다. 균형 잡힌 식단의 핵심은 다양성이다. 녹색 잎 채소, 오렌지색 과일과 채소, 보라색 식재료처럼 서로 다른 색의 식재료를 골고루 먹으면 저절로 다양한 영양소를 섭취할 수 있다.

근육은 단순히 힘을 내는 기관이 아니다. 당을 저장하고, 면역물질을 만들며 체온을 유지하는 대사 기관이다. 50대 이후 줄어드는 근육을 지키려면 양질의 단백질을 충분히 섭취해야 한다.

식사량 조절에는 '접시 구성법'을 활용하면 복잡한 계산 없이 균형을 맞출 수 있다. 접시의 절반은 채소, 1/4은 단백질 식품, 나머지 1/4은 탄수화물 식품으로 채운다. 시각적으로 확인할 수 있어 실천하기 쉽다.

아침 식사는 하루 대사를 깨우는 스위치다. 식사 간격은 4~5시간이 적당하며 마지막 식사는 취침 3시간 전에 마친다. 가족이나 친구와 함께 먹는 시간의 가치를 잊지 말자. 누군가와 마주 앉으면 천천히 먹게 되고 음식에도 신경을 쓰게 된다.

　80대에도 문경새재를 오르고 우이령길을 걸을 수 있는 체력, 특별한 사람만의 이야기가 아니다. 매일 아침 같은 시간에 일어나고, 색깔 있는 채소를 먹고, 계단을 오르고, 누군가와 함께 식사하는 것. 이 모든 작은 선택들이 쌓여 미래를 만든다. 오늘 운동화 끈을 묶는 그 작은 시작이 건강한 노후의 첫걸음이 될 것이다.

2

꿀잠은 삶의 균형과 조화에서부터다

수면은 우리 삶에서 빼놓을 수 없는 요소다. 생리 현상뿐 아니라 삶의 질을 결정하는 핵심 요인이기도 하다. 많은 사람들이 '꿀잠'을 원하지만, 좋은 수면이란 오래 자는 것이 아니라 효율적으로 충분한 휴식을 취하는 것을 의미한다.

특히 시니어에게 수면은 피로를 푸는 것과 동시에, 낮 동안 손상된 세포를 회복하고 기억을 정리하며 면역 체계를 강화하는 생명 유지의 필수 과정이다. 잠은 우리가 깨어 있는 시간을 더 건강하게 살기 위한 투자이며, 건강한 노년을 지탱하는 가장 확실한 기반이라 할 수 있다.

수면의 질을 높이기 위해서는 먼저 수면 위생에 주의를 기울여야 한다. 수면 위생이란 좋은 수면 습관을 형성하고 유지하는 전반적인 생활 태도를 말한다. 규칙적인 취침과 기상 시간을 지키고, 편안한 수면 환경을 조성하는 것을 포함한다. 수면 연구의 권위자인 매튜 워커Matthew Walker는 그의 저서 《우리는 왜 잠을 자야 할까》에서 수면을 삶에서 가장 깊은 명상이자 최고의 재충전 방법이라고 설명했다.

수면 환경에서 중요한 요소 중 하나는 빛 노출의 조절이다. 우리의 생체 시계는 빛에 매우 민감하게 반응하므로, 저녁에는 블루라이트 노출을 줄이고 아침에는 충분한 자연광을 쬐는 것이 도움이 된다. 이는 멜라토닌 분비를 조절해 수면과 각성의 리듬을 안정시키는 데 도움을 준다. 특히 시니어는 나이가 들수록 멜라토닌 분비가 감소하므로, 낮 동안 충분한 자연광을 받는 것이 더욱 효과적이다.

좋은 수면을 위해서는 구체적이고 실천 가능한 일상 루틴을 만들어야 한다. 권장되는 수면 시간은 하루 7~8시간 정도이며, 매일 같은 시간에 잠자리에 들고 일어나는 규칙적인 패턴이 중요하다.

나이가 들수록 생체 리듬이 앞당겨져 일찍 졸리고 일찍 깨는 경향이 나타나므로, 자신의 몸이 원하는 자연스러운 수면 시간에 맞춰 생활하는 것이 좋다. 취침 시간보다 1시간 전부터는 수면 준비를 시작하는 것이 필요하다. 스마트폰이나 TV 같은 전자기기는 취침 2시간 전부터 사용을 줄여야 한다.

침실 환경 역시 수면의 질에 큰 영향을 미친다. 실내 온도는 18~20도, 습도는 40~60%를 유지하고, 가능한 한 어둡고 조용한 환경을 만드는 것이 좋다. 매트리스는 지나치게 딱딱하거나 푹신하기보다는 적당한 지지력을 제공하는 것을 선택하고, 베개 높이는 목과 척추가 자연스럽게 일직선을 이루도록 조절한다.

나이 들면 야간에 화장실을 이용하는 경우가 잦으므로 침실에서 화장실까지 센서 조명을 설치해 낙상을 예방하는 것이 중요하다. 저녁 식사는 취침 3시간 전에 가볍게 500칼로리 이하로 마치고, 카페인은 오후 2시 이후에는 피하며, 알코올 섭취도 삼가는 것이 바람직하다.

취침 1시간 전에는 일정한 루틴을 만드는 것이 좋다. 따뜻한 물로 샤워나 족욕을 하고, 가벼운 스트레칭으로 근육을 이완시킨다. 여기에 명상이나 심호흡 즉, 4초 들이마시기, 7초 참기, 8초 내쉬기를 더하면 마음이 차분해지고 불안과 걱정이 줄어들어 편안한 수면으로 이어질 수 있다.

침대는 오직 수면만을 위한 공간으로 사용하고, 누운 지 20~30분이 지나도 잠들지 못하면 잠시 일어나 거실에서 가벼운 활동을 하다가 졸음이 올 때 다시 침대로 돌아간다. 이는 침대와 수면을 긍정적으로 연결해 주는 인지행동치료의 한 방법이다.

아침에는 일어나자마자 커튼을 열어 자연광을 쬐고, 가능하다면 10~15분 정도 야외를 산책한다. 낮 동안의 적절한 신체 활동은 밤 수면의 질을 높이는 데 도움이 된다. 걷기나 가벼운 운동은 오전이나 이른 오후에 30분 정도를 하되, 취침 3~4시간 전에는 격렬한 운동을 피해야 한다.

규칙적인 운동은 스트레스를 줄이고 신체 리듬을 정상화하는 데 효과적이다. 낮잠은 오후 3시 이전에 20~30분 이내로 제한해 밤잠에 영향을 주지 않도록 한다. 이러한 습관이 쌓이면 자연스럽게 숙면에 가까워질 수 있다.

수면 무호흡증이나 불면증과 같은 수면 장애는 꿀잠을 방해하는 주요 원인이 될 수 있다. 수면 무호흡증은 수면 중 호흡이 반복적으로 멈추는 증상으로, 큰 코골이와 주간 졸림이 특징이다.

불면증은 잠들기 어렵거나 자주 깨는 증상이 주 3회 이상, 한 달 이상 지속될 때 의심해 볼 수 있다. 하지불안증후군은 다리가 불편하고 움직이고 싶은 충동으로 잠들기 어려운 증상이며, 시니어에게 비교적 흔하게 나타난다. 이러한 문제가 지속된다면 전문의 상담을 받아야 한다.

수면 전문가들은 개인의 상황에 맞는 맞춤형 수면 개선 전략을 제시할 수 있다. 수면제는 단기적 해결책일 뿐이며, 장기 복용 시 의존성과 부작용이 있을 수 있으므로 반드시 의사와 상담 후 신중하게 사용해야 한다.

100세 시대 건강 습관 중에 가장 과소평가된 것이 수면이다. 우리는 흔히 잠을 특별한 노력 없이도 잘 수 있는 것으로 여기지만, 사실 건강을 위한 가장 쉽고 효과적인 방법 중 하나는 '잘 자는 것'이다. 《슬기로운 수면생활》의 저자 서원진은 행복한 삶을 위해 잠을 잘 자기 위한 노력이 필요하다고 강조했다.

최근에는 기술의 발전으로 수면의 질을 모니터링하고 개선하는 데 도움을 주는 다양한 도구가 등장했다. 수면 추적 앱이나 웨어러블 디바이스를 통해 자신의 수면 패턴을 분석하고 개선점을 찾을 수 있다.

하지만 이러한 도구에 지나치게 의존하면 오히려 수면에 대한 불안감을 초래할 수 있으므로 균형 잡힌 접근을 해야 한다. 수면 일지를 작성해 취침 시간, 기상 시간, 중간 각성 횟수, 낮잠 여부 등을 기록하면 자신의 수면 패턴을 이해하고 개선하는 데 유익하다.

꿀잠을 위해서는 개인의 생체 리듬을 이해하고 존중해야 한다. 모든 사람에게 동일하게 적용되는 완벽한 수면 공식은 없다. 자신의 몸과 마음에 귀 기울이며, 꾸준한 관찰과 실천을 통해 개인에게 가장 적합한 수면 패턴을 찾아가는 것이 핵심이다.

꿀잠의 비밀은 하나의 요령이 아니라 여러 요소의 조화에 있다. 규칙적인 수면 습관, 건강한 식습관, 적절한 운동, 스트레스 관리, 편안한 수면 환경 조성 등 다양한 측면을 고려해야 한다. 또한 수면에 대한 올바른 인식과 가치 부여가 요구된다. 수면을 단순히 하루를 마무리하는 의례가 아닌, 건강하고 행복한 삶을 위한 필수적인 요소로 바라보는 관점의 전환이 필요하다.

꿀잠은 하룻밤 만에 완성되지 않는다. 지속적인 관심과 노력, 그리고 자신의 몸에 대한 이해를 바탕으로 점진적으로 개선해 나가는 과정이다. 수면의 질 향상은 전반적인 생활 습관과 연결되어 있다. 균형 잡힌 라이프스타일을 추구하는 것이 꿀잠의 비밀에 다가가는 지름길이 될 것이다.

3
일상 속에서 면역력이 나온다

　면역학자 제나 마치오키Jenna Macciochi는 20년간의 연구를 바탕으로 저서 《면역의 힘》에서 면역력을 단순한 방어 기제가 아닌, 우리 몸과 환경, 미생물이 복잡하게 상호작용하며 작동하는 생명 시스템으로 정의했다. 면역학자 아보 도오루Toru Abo 역시 《생활 속 면역 강화법》에서 면역력을 몸의 자가치유 능력으로 보며, 자율신경과 면역 시스템의 깊은 연관성을 강조했다. 두 전문가 모두 약이나 치료제에만 의존하기보다 일상 속 건강한 습관을 통해 면역력을 기르는 것이 가장 중요하다고 강조했다.

　아보 도오루는 면역세포의 역할과 자율신경의 균형이 면역력의 핵심이며, 특히 부교감신경 활성화가 면역을 강화한다고 설명했다. 반대로 스트레스와 불균형한 생활은 자율신경의 조화를 깨뜨려 면역 저하를 초래하고, 이는 암, 만성질환, 우울증, 알레르기 등 다양한 질병으로 이어질 수 있다고 했다. 이런 이유로 면역력 강화는 특정 질병 예방과 전반적인 건강 유지의 핵심 사항이다.

면역 체계는 생애 주기에 따라 지속적으로 변화한다. 중년 이후에는 면역세포의 생성과 기능이 점차 저하되고 만성 염증 상태가 지속되기 쉬운 '면역노화'가 시작된다. 특히 50~60대는 면역 기능의 전환점이 되는 시기로, 생활 습관이 노년기 건강을 좌우한다. 규칙적인 생활 리듬 유지와 사회적 교류를 통한 정신 건강 관리가 이 시기 면역력 유지에 영향을 미친다.

마치오키는 면역노화를 막기 위한 생활 습관의 중요성을 강조했다. 적절한 식이요법과 생활 방식 변화가 쇠퇴하는 면역 기능을 완화할 수 있다고 설명했다. 50대 이후에는 흉선의 기능이 약해지면서 새로운 T세포 생산이 감소하고 기존 면역세포의 반응성도 둔화된다. 이러한 변화를 이해하고 적극적으로 대응하는 것이 건강한 노년을 준비하는 첫걸음이다.

두 전문가 모두 균형 잡힌 영양 섭취를 면역력 강화의 핵심으로 꼽았다. 마치오키는 비타민, 미네랄, 항산화물질이 풍부한 신선한 채소와 과일, 오메가-3 지방산이 많은 생선, 적절한 단백질 섭취로 면역세포의 건강을 지원할 것을 권장했다. 항산화 성분은 활성산소로 인한 세포 손상을 줄이고 면역력을 높이는 데 중요한 역할을 한다.

블루베리, 토마토, 녹색 채소, 견과류 등에 풍부한 항산화 성분은 세포막을 보호하고 DNA 손상을 예방한다. 특히 비타민 C, E, 베타카로틴, 셀레늄 등은 면역세포의 활동을 촉진하고 항체 생성을 돕는다. 50~60대에는 대사 기능이 저하되므로 이러한 항산화 물질을 더욱 의식적으로 섭취해야 한다.

아보 도오루는 전체식품 중심의 식단을 강조하며 지나친 육류와 짠 음식, 단 음식 같은 자극적인 음식을 피할 것을 권고했다. 차에 함유된 폴리페놀이나 식초 같은 자연 성분을 활용하고 과도한 음주는 삼갈 것을 주문했다. 특히 녹차의 카테킨 성분은 강력한 항산화 작용을 한다. 발효 식품에 포함된 유산균은 장내 미생물 균형을 개선해 면역력 증진에 기여한다.

마치오키는 일정 시간 공복을 유지하는 간헐적 단식이 면역세포 재생을 촉진할 수 있다고 설명했다. 간헐적 단식은 세포의 자가포식 과정을 활성화해 손상된 세포를 제거하고 새로운 면역세포 생성을 돕는다. 16시간 공복과 8시간 식사 패턴은 체중 관리와 면역력 증진에 효과적이다. 다만 개인의 건강 상태에 따라 전문의와 상담 후 시작하는 것이 안전하다.

장 건강은 면역력과 직접적으로 연결된다. 마치오키는 우리 몸 면역세포의 약 70%가 장에 분포하며, 장내 미생물이 면역 체계와 끊임없이 상호작용한다고 설명했다. 프로바이오틱스가 풍부한 요거트, 김치, 된장 등의 발효 식품과 프리바이오틱스가 많은 통곡물, 양파, 마늘 등을 균형 있게 섭취하면 장내 환경이 개선되고 면역력이 강화된다.

규칙적인 운동 역시 면역력 유지에 중요하다. 적당한 운동은 면역세포를 활성화하고 염증 반응을 조절한다. 다만 과도한 운동은 오히려 면역력을 저하시킬 수 있으므로, 개인의 체력에 맞는 강도 조절이 중요하다. 운동 후 충분한 휴식을 취하고 통증이 있을 때는 무리하지 않는 것이 기본 원칙이다.

충분한 수면은 면역 건강의 필수 요소다. 마치오키는 하루 7~8시간의 질 좋은 수면이 면역세포 재생과 면역 반응 조절에 도움이 된다고 했다. 수면 중에는 면역세포가 활발히 생성되고, 면역 관련 호르몬이 분비되어 낮 동안 손상된 조직을 복구한다.

위생 관리는 과도한 살균보다 적절한 수준이 효과적이다. 마치오키는 자연 미생물과의 건강한 공존을 유지하는 것이 면역력에 긍정적이라고 설명했다. 지나치게 무균 환경에서 생활하면 오히려 알레르기나 자가면역질환에 취약해질 수 있다. 금연과 절주는 면역력 유지의 기본 원칙이다.

스트레스 관리는 면역 건강의 또 다른 중요한 요소다. 마치오키는 명상, 심호흡, 취미 활동, 사회적 교류를 통해 만성 스트레스를 줄이면 코르티솔 같은 스트레스 호르몬의 면역 억제 효과를 완화할 수 있다고 했다. 아보 도오루는 대인관계와 감정 조절에 신경 쓰며 마음의 안정을 유지해야 면역 건강을 지킬 수 있다고 강조했다.

긍정적인 마음가짐과 사회적 연결은 부교감신경을 활성화하고 면역세포 활동을 증진시킨다. 반대로 고립, 우울, 분노는 교감신경을 과도하게 자극해 면역 균형을 무너뜨린다. 은퇴 이후에는 정기적인 사회 활동 참여, 가족 및 친구와의 유대 강화, 봉사 활동이 정신 건강과 면역 건강 모두에 도움이 된다. 웃음과 감사의 마음은 면역세포를 활성화시키는 강력한 도구다. 즐거운 활동을 일상에 포함시키는 것이 중요하다.

면역력 강화는 영양, 운동, 수면, 스트레스 관리가 유기적으로 결합될 때 최상의 효과를 발휘한다. 두 전문가 모두 과학적으로 검증된 방법을 실천하고, 비과학적인 민간요법이나 과장 광고를 경계할 것을 당부했다. 면역력은 갑자기 높아지지 않는다. 일상 속 작은 습관들이 축적되어 장기적으로 건강한 면역 체계를 만든다.

과도한 자가 관리나 검증되지 않은 건강식품에 대한 의존은 위험할 수 있다. 기저질환이 있거나 면역과 관련된 증상이 나타날 때는 반드시 전문의와 상담해야 한다. 자의적으로 약물 복용을 중단하거나 변경해서는 안 된다. 개인의 건강 상태와 생활 환경에 맞는 맞춤형 전략을 수립하고 꾸준히 실천하는 것이 건강한 삶의 답이다.

스트레스와 만성질환 극복하기

현대인의 삶에서 스트레스는 피할 수 없는 요소다. 한스 셀리Hans Seley에 따르면, 스트레스는 경보 반응, 대응-저항 반응, 탈진 반응의 3단계로 진행된다. 특히 3단계인 탈진 반응에 이르면 신체적, 정신적 질병으로 발전할 수 있어 각별한 주의를 해야 한다. 하지만 모든 스트레스가 해로운 것은 아니다. 적절한 긴장과 자극은 오히려 삶에 활력을 주고 생산성과 창의력을 높여주는 촉매제가 될 수 있다.

영국에서 50만 명을 대상으로 6년간 진행한 연구에서는 스트레스 관리가 잘 되지 않는 사람들의 평균수명이 더 짧았으며, 당뇨병과 불안 증상도 높게 나타났다. 국내 연구에서도 스트레스 관리가 미흡한 경우 비만, 근육 감소증, 당뇨 발병 위험이 현저히 증가하는 것으로 나타났다. 이러한 연구 결과들은 스트레스 관리가 전반적인 건강과 수명에 직접적인 영향을 미친다는 것을 보여준다. 만성적인 스트레스는 면역력을 약화시키고 염증 반응을 촉진하며, 결국 당뇨병, 고혈압, 심혈관질환 같은 만성질환으로 이어질 수 있다.

스트레스를 효과적으로 관리하려면 심리적 접근과 신체적 접근을 함께 실천해야 한다. 먼저 심리적 접근으로 심리치료사 에이미 모린Amy Morin의 강철멘탈이 있다. 모린은《나는 상처받지 않기로 했다》에서 '자기연민에 빠지지 않기', '통제할 수 없는 일에 매달리지 않기', '과거에 연연하지 않기' 등 13가지 원칙을 제시했다. 강한 멘탈이 스트레스 해소에 직접적 도움이 된다고 강조했다.

또 다른 심리적 접근으로 아시아 경제 2025년 8월 23일자에 소개된 영국의 에델 케터햄Ethel May Caterham의 이야기다. 할머니는 116세로 세계 최고령 기록을 경신했는데, 그의 장수 비결은 '긍정적인 마음가짐'이었다. "어떤 기회든 '예'라고 말하고 모든 것을 적당히 하라"라고 조언했다.

심리적 균형감각 측면으로 버트런드 러셀은《행복의 정복》에서 폭넓은 관심사가 한쪽으로 쏠리는 극단주의를 막아준다고 했다. 주된 관심사에만 몰두하면 불행과 피로, 정신적 긴장이 쌓이지만, 일 외에 골프, 책 읽기, 경기 관람, 영화 감상 같은 다양한 관심사를 가진 사람은 쉽게 일을 잊고 그 사이 잠재의식이 작동하며 지혜를 키울 수 있다고 강조했다.

신체적 접근은 마음가짐과 함께 신체적 관리도 병행해야 한다. 명상과 호흡법, 운동과 수면이 스트레스 관리의 효과적인 도구이다. 명상은 현재 순간에 집중하고 마음을 평온하게 만드는 데 도움을 주며, 특별한 도구나 장소 없이도 실천할 수 있다는 장점이 있다. 초보자는 하루 5~10분부터 시작해 점차 시간을 늘려가는 것이 좋으며, 가능하면 매일 같은 시간에 실천하는 것이 효과적이다.

호흡은 가장 기본적이면서도 강력한 스트레스 해소 방법이다. 복식호흡을 기본으로 하되, 들이쉬는 숨과 내쉬는 숨의 비율을 1:2로 유지하면서 천천히 깊게 호흡하는 것이 좋다. 특히 스트레스나 불안을 느낄 때 잠시 멈춰 3~4번만 깊게 호흡해도 즉각적인 안정 효과를 얻을 수 있다.

규칙적인 운동은 스트레스 호르몬인 코르티솔 수치를 낮추고 엔도르핀 분비를 촉진해 심리적 안정에 직접적인 효과를 발휘한다. 걷기, 수영, 자전거 타기 같은 유산소 운동은 혈당과 혈압 조절에도 도움을 줘 스트레스 관리와 만성질환 예방을 동시에 뒷받침한다.

수면은 스트레스 관리의 토대이다. 수면 중에는 스트레스 호르몬이 안정되고 면역세포가 재생되지만, 수면이 부족하면 코르티솔 수치가 높아져 스트레스에 더 민감해지는 악순환이 반복된다. 충분한 수면 없이는 어떤 스트레스 관리법도 온전한 효과를 내기 어렵다는 점을 기억해야 한다.

앞선 연구들은 스트레스가 만성질환으로 이어질 수 있다는 것을 경고했다. 50~60대는 당뇨병, 고혈압, 심혈관질환 같은 만성질환이 본격적으로 나타나기 시작하는 시기이며, 스트레스와 정서적 불안정은 이러한 질환의 발병과 악화를 촉진한다. 세계보건기구에 따르면 만성질환은 전 세계 사망 원인의 약 71%를 차지하며, 우리나라 역시 고령화 사회로 진입하면서 만성질환자가 급증하고 있다.

만성질환은 현대 사회에서 많은 사람이 겪는 중요한 건강 과제 중 하나이다. 당뇨병, 고혈압, 심혈관질환, 관절염 등은 장기간에 걸쳐 지속되며 일상생활에 광범위한 영향을 미친다. 이러한 질환들은 완치가 어렵지만, 체계적인 관리를 통해 증상을 조절하고 합병증을 예방하며 삶의 질을 유지할 수 있다.

헤르만 헤세Hermann Hesse는 저서 《어쩌면 괜찮은 나이》에서 노년을 나이에 맞서 싸우는 전투라고 비유했다. 관절염과 두통을 앓고 있던 그는, 눈의 통증과 두통이 오면 몸을 움직이며 고통을 잊으려 노력했다. 정원에서의 작업은 신체 활동을 넘어 참선이며, 상상의 확장이고, 영혼과의 대화라고 했다. 만성질환과의 싸움에서 태도가 얼마나 중요한지를 그는 몸소 보여주었다.

만성질환 관리는 환자가 자신의 건강 상태를 충분히 이해하고 적극적으로 참여해야 한다. 의료진과 열린 소통을 통해 질병의 특성, 예상 경과, 치료 방법을 충분히 파악하고, 처방된 약을 정확하게 복용하는 것이 치료의 기본이다. 증상이 좋아졌다고 임의로 조절하는 것은 매우 위험하다. 부작용이 의심되면 스스로 중단하지 말고 즉시 담당 의사와 상의해 대안을 찾아야 한다.

규칙적인 건강검진과 지속적인 모니터링도 필수다. 혈압, 혈당, 콜레스테롤 수치 같은 주요 지표를 주기적으로 측정하고 추적 관찰해야 한다. 많은 경우 증상이 나타나기 전에 수치 변화가 먼저 감지되므로, 조기 발견과 신속한 대응이 가능하다. 예를 들어 당뇨병 환자는 당화혈색소 검사를 3개월마다 받는 것이 권장되며, 고혈압 환자는 가정에서 매일 혈압을 측정하는 것이 도움이 된다.

식이요법은 대부분의 만성질환 관리에 있어 핵심적인 부분이다. 당뇨병 환자는 탄수화물 섭취를 조절하고 혈당 지수가 낮은 통곡물, 채소, 콩류를 선택해야 한다. 고혈압 환자는 하루 나트륨 섭취량을 2,000mg 이하로 제한하고 칼륨이 풍부한 바나나, 시금치, 고구마 등을 섭취하는 것이 좋다. 심장질환 환자는 포화지방과 트랜스지방을 줄이고 오메가-3 지방산이 풍부한 등푸른 생선을 주 2회 이상 섭취하는 것이 권장된다.

만성질환과의 동행은 평생의 과제일 수 있다. 그러나 올바른 접근을 하면 질병이 있어도 의미 있는 삶을 살아갈 수 있다. 스트레스를 잘 다스리고, 전문가의 조언을 따르며, 건강한 생활 습관을 실천하면, 질병의 진행을 늦추고 합병증을 예방할 수 있다. 스트레스 관리와 만성질환 관리는 결국 하나로 이어진다. 자신의 건강에 책임감을 가지고 긍정적인 태도로 임한다면, 만성질환이 있어도 풍요롭고 활기찬 삶을 누릴 수 있다.

5

치매 예방은 작은 변화에서 시작된다

치매는 누구에게, 언제, 어떻게 다가올지 모를 일이다. 옛날 대가족 시절에는 집안에 치매 환자가 있어도 가족 구성원이 역할을 나누며 돌볼 수 있었지만, 지금은 상황이 다르다. 외부 도우미의 도움을 받거나 부부 중 한 사람이 전담해야 하는 경우가 많다. 부부가 모두 경제 활동을 하고 있다면 어느 한 사람은 직장을 그만두어야 하는 상황에 놓이기도 한다. 이런 변화는 부부 갈등으로 이어질 가능성도 크다.

뉴 시니어 06

공기업 본부장 M 씨58세는 퇴직과 동시에 치매를 앓고 있는 모친을 모셔야 하는 처지가 되었다. 처음에 부인이 힘들다고 했을 때 많이 서운했다고 한다. 그러나 시간이 지나며 부인의 입장을 이해하게 되었고, 결국 가사를 분담하기로 결정했다. 부인의 입장에서도 이러한 현실을 받아들이는 일이 결코 쉽지 않았을 것이다.(저자가 인터뷰 내용을 정리함)

히가키 야스키 외의《인생100년 시대의 헬스 프로모션의 추천》에 따르면 일본은 2025년에 고령자 5명 중 1명인 약 700만 명이 치매를 앓게 될 것으로 예상했다. 우리나라 역시 복지부 자료에 따르면 2025년 치매환자는 65세 이상의 9.17%인 약 97만 명에 이를 것으로 추산된다. 치매는 누구에게나 닥쳐올 수 있는 현실이 되었다.

인생 100세 시대를 맞아 인지 기능을 건강하게 유지하는 일은 개인의 삶의 질뿐만 아니라 사회 전체의 중요한 과제가 되었다. 어떻게 하면 인지 기능의 저하를 방지할 수 있을까? 이는 많은 사람들의 공통된 고민이다. 개인의 노력과 더불어 치매 환자가 존엄을 유지하며 살아갈 수 있도록 정부 차원의 체계적인 치매 정책 마련도 시급하다.

2006년 일본에서는 '뇌트레뇌 트레이닝의 준말'가 신조어로 유행하며 유행어 대상 톱 텐에 꼽힐 정도로 큰 관심을 받았다. 노화로 인한 쇠약을 막기 위해서는 신체 기능과 마찬가지로 인지 기능도 사용하지 않는 것보다 사용하는 것이 바람직하다는 것에 이견이 없을 것이다.

그렇다면 인지 훈련이 실제로 인지 기능의 쇠퇴를 방지하고 치매 발병을 억제할 수 있을까? 히가키 야스키 등은 에드워드Edwards 등의 연구를 인용했다. 뇌 인지 기능 중 처리속도에 대하여 트레이닝 그룹은 대조군에 비해 치매 발병 위험이 29% 감소했다는 결과를 소개했다. 반면 치매에 중요한 기억과 추론 기능은 트레이닝 그룹에서 치매 발병 리스크 감소 효과를 찾기 어려웠다.

일본에서는 뇌트레 붐 이전부터 유산소 운동이 인지 기능에 미치는 긍정적 영향에 대한 연구가 보고되어 왔다. 크레머Kramer 등의 연구에서는 유산소 운동을 한 그룹이 최대 산소 섭취량이 유의하게 상승했다.

또한 콜컴Colcombe 등의 보고에서는 MRI 화상을 이용하여 뇌 용적을 조사한 결과, 유산소 운동 후에만 뇌의 회백질과 백질의 유의한 용량 증가가 나타났다. 기타 다른 보고서에도 운동은 신체 건강 증진과 함께 인지 기능 향상에 기여하는 것으로 확인되었다.

규칙적인 운동은 뇌로 가는 혈류를 늘리고 새로운 뇌세포의 생성을 촉진한다. 걷기, 수영, 자전거 타기 등의 중강도 운동을 주 3~5회, 30분 이상 실시하는 것이 권장된다. 요가나 태극권과 같은 신체와 정신 운동은 스트레스 완화와 인지 능력 개선에 도움을 준다.

여가 활동이나 취미와 인지 기능의 관계에 대한 링Ling 등의 연구 결과도 주목할 만하다. 남녀 모두에서 그라운드 골프나 여행을 취미로 하는 시니어들의 치매 위험이 취미가 없는 그룹보다 낮게 나타났다. 구체적으로 남자는 골프, PC, 사진 촬영, 여성은 수공예, 원예 및 정원 가꾸기를 취미로 하는 경우 치매 발병 리스크가 낮았다.

특히 남녀 모두 취미의 수가 많을수록 치매 발병 리스크가 낮아지는 경향이 확인되었다. 흥미롭게도 다른 선행 연구들에서는 치매 예방 효과가 있을 것으로 예상되었던 독서, 산보, 조깅에 대해서는 이 연구에서 유의미한 치매 예방 효과가 나타나지 않았다.

105세의 김형석1920년생 교수는 나이는 먹어도 뇌는 늙지 않는다고 강조했다. 데이비드 이글먼David Eagleman도 그의 저서 《더 브레인》에서 "뇌의 가소성은 평생 동안 유지되며, 새로운 경험과 학습을 통해 계속해서 발달할 수 있다"라고 밝혔다.

지속적인 학습과 새로운 경험은 두뇌 건강의 중요한 요소다. 외국어 학습, 악기 연주, 디지털 기기 사용법 익히기 등 새로운 기술을 배우거나 새로운 취미를 시작하는 일은 뇌의 신경 연결을 강화하고 인지 예비력을 증가시킨다.

실제로 79세인 한 선배님은 은퇴 후 지금까지 외국어 공부를 쉬지 않고 이어 오고 있다. 일본어와 중국어를 동시에 공부하는데, 모두 수준급이다. 왜 그렇게 공부하느냐고 묻자, 그는 망설임 없이 "치매 예방"이라고 답했다. 게다가 최근에는 새로운 취미로 복지회관의 노래교실에 등록했다. 노래를 부르는 것도 치매 예방에 도움이 된다고 한다.

균형 잡힌 영양 섭취는 두뇌 건강에 필요하다. 오메가-3 지방산, 항산화 물질, 비타민 B군 등이 풍부한 식품을 꾸준히 섭취하는 것이 바람직하며, 특히 지중해식 식단은 두뇌 건강에 유익한 것으로 알려져 있다.

마사 클레어 모리스Martha Clare Morris의 《Diet for the MIND》에서는 "식단 변화만으로도 인지 기능 저하 위험을 크게 줄일 수 있다"라고 주장했다.

사회적 교류와 활동 참여 역시 뇌를 자극하고 정서적 안정을 제공한다. 친구나 가족과의 대화, 지역 사회 활동 참여, 자원봉사 등은 우울증과 고립감을 예방하고 인지 기능 유지에 기여한다. 충분한 수면도 필수적이다. 수면 중에는 뇌가 하루 동안 쌓인 독소를 제거하고 기억을 정리한다. 7~9시간의 양질의 수면과 규칙적인 수면 패턴 유지가 권장된다.

만성적인 스트레스는 뇌 세포를 손상시키고 인지 기능을 저하시킬 수 있다. 명상, 깊은 호흡, 마음 챙김 같은 방법으로 스트레스를 효과적으로 관리해야 한다. 인지 훈련 프로그램이나 두뇌 게임도 유용하다. 퍼즐, 크로스워드, 숫자 게임 등은 뇌의 여러 영역을 자극하고 인지 능력을 향상시킨다. 다만 이러한 활동들은 일상생활에서의 다양한 자극과 균형을 이루어야 한다.

　정기적인 건강검진과 의사와의 상담도 중요하다. 고혈압, 당뇨병, 고지혈증 같은 만성질환은 두뇌 건강에 부정적인 영향을 미칠 수 있으므로, 이를 적절히 관리하는 것이 필요하다. 무엇보다 긍정적인 태도와 삶의 목적의식을 유지하는 것이 중요하다. 삶에 의미를 부여하고 새로운 목표를 설정해 나아가는 과정은 두뇌에 지속적인 자극과 동기를 제공한다.

　두뇌 건강은 한 가지 방법만이 아닌 다양한 접근법을 통합적으로 적용할 때 효과적이다. 일시적인 노력이 아닌 지속적이고 일상적인 생활 습관의 변화를 통해 달성할 수 있다. 노화는 피할 수 없지만, 적극적인 두뇌 건강 관리를 통해 그 영향을 최소화하고 높은 삶의 질을 유지할 수 있다.

　60대 이후의 삶은 새로운 도전과 성장의 기회가 될 수 있다. 오늘부터 작은 변화를 시작해 보자. 일주일에 세 번 30분씩 걷기, 새로운 취미 하나 시작하기, 친구와 정기적으로 만나기 같은 실천 가능한 목표를 세우는 것이 첫걸음이다. 건강한 두뇌는 이 여정을 더욱 풍요롭고 의미 있게 만들어줄 것이며, 뉴 시니어 세계로 이끄는 힘의 원천이 될 것이다.

6

관계는 사회적 백신이다

고대 그리스 철학자 아리스토텔레스는 인간을 '사회적 동물'이라 정의했다. 이는 철학적 통찰을 넘어 생물학적 진실에 가깝다. 우리는 혼자서는 온전할 수 없으며, 타인과의 연결 속에서 비로소 삶의 균형을 이룬다. 수천 년이 흐른 지금 현대 의학은 이 고대의 지혜가 우리의 건강과 수명에 얼마나 깊이 관여하는지를 과학적으로 증명하고 있다.

2017년 TED 강연에서 심리학자 수잔 핑커Susan Pinker는 장수에 영향을 미치는 요인을 발표하며 전 세계의 주목을 받았다. 그녀가 소개한 이탈리아 사르디니아 섬의 한 마을은 남성이 여성만큼 오래 사는 세계적으로 드문 곳이다. 미국 브리검영대학교의 연구에 의하면, 장수를 결정하는 요인 중 유전자는 25%에 불과한 반면, 생활방식이 75%를 차지했다. 어떻게 살아가느냐가 얼마나 오래 사는가를 좌우한다는 의미다.

이 마을의 가장 두드러진 특징은 빽빽한 주거 밀도로 인해 주민들이 항상 대가족, 친구, 이웃과 함께 지내며 산다는 점이다. 7년간의 추적 연구 결과는 더욱 놀라웠다. 장수에 가장 큰 영향을 미치는 요인은 운동이나 식습관이 아닌 '사회적 통합'이었다. 사람들과 부대끼며 생활하고 살아가는 것이 건강에 매우 중요하다는 사실을 단적으로 보여주는 결과였다.

현대 의학 연구는 사회적 고립이 심리적 문제 외에도 심각한 생리적 영향을 미친다는 것을 밝혀냈다. 사회적으로 고립된 사람들은 면역 기능이 현저히 저하되며, 이는 감염성질환에 대한 취약성을 높인다. 면역 세포의 활성도가 떨어지고, 염증 반응 조절 능력이 약화되면서 만성 염증 상태에 빠지기 쉽다. 특히 백혈구의 기능 저하와 자연살해세포의 활성 감소는 암을 비롯한 각종 질병에 대한 신체 방어력을 약화시킨다.

반대로 사회적 관계는 강력한 보호 효과를 발휘한다. 수잔 핑커는 여성이 남성보다 오래 사는 이유가 직접 만나는 관계를 더 우선시하기 때문이라고 설명했다. 대면 접촉은 옥시토신, 도파민 같은 신경전달물질 분비를 촉진해 유방암 생존율이 4배 높아지는 등 질병에 맞서는 생물학적 힘이 생긴다. 이는 기분이 좋아질 뿐 아니라 실제로 질병으로부터 몸을 보호하는 생리적 메커니즘이 작동하는 것이다.

정기적인 대화와 교류는 스트레스 호르몬 감소에 직접적으로 기여한다. 친밀한 사람과 대화를 나누면 코르티솔 수치가 감소하고, 그 대신 '행복 호르몬'인 세로토닌과 '사랑 호르몬'인 옥시토신이 분비된다. 이러한 호르몬 변화는 혈압을 낮추고, 심박수를 안정시키며, 혈관 탄력성을 유지하는 데 도움을 준다. 그 결과 심혈관 건강이 유지되고 심근경색이나 뇌졸중 같은 급성 심혈관질환의 위험이 감소한다.

규칙적인 사회적 상호작용은 자율신경계의 균형을 맞춰준다. 교감신경과 부교감신경의 조화로운 작용이 가능해지면서 신체의 회복력이 향상되고, 면역 체계가 강화된다. 이는 스트레스에 대한 신체의 반응을 조절하고, 만성적인 긴장 상태를 완화시켜 전반적인 건강 수준을 높이는 효과를 가져온다. 또한 사회적 지지는 건강한 생활 습관을 유지하도록 돕는 역할도 한다.

세계 최장기 성인 발달연구를 맡아온 미국의 정신과 전문의이자 《행복의 조건》 저자인 조지 베일런트George E. Vaillant는 2008년 3월 한 인터뷰에서 "성인발달연구 대상자들에게 무엇을 배웠는가?"라는 질문에 다음과 같이 답했다. "인생에서 가장 중요한 것은 바로 다른 사람과의 관계라는 사실이다." 이는 수십 년간의 종단 연구가 확인한 건강과 행복의 중요한 요소였다.

가족과 친구와의 건강한 관계 유지는 인지 기능 보존에 핵심적인 역할을 한다. 정기적인 사회적 상호작용은 뇌를 지속적으로 자극해 신경가소성을 촉진한다. 대화하고, 경청하며, 공감하는 과정에서 전두엽을 비롯한 여러 뇌 영역이 활성화되며, 이는 인지 예비능을 높여 치매 발병을 늦추거나 예방하는 효과가 있다. 특히 다양한 주제로 대화하고 새로운 사람들을 만나는 경험은 뇌의 신경회로를 강화하고 인지적 유연성을 유지하는 데 도움을 준다.

사회적 관계는 정신 건강 유지에도 필수적이다. 의미 있는 관계는 우울증 예방에 강력한 의학적 효과를 발휘한다. 사회적 지지는 스트레스 상황에서 완충 역할을 하며, 부정적 감정을 완화하고 긍정적 정서를 강화하는 데 도움을 준다. 고립감과 외로움은 우울증의 주요 위험 요인이지만, 반대로 따뜻한 인간관계는 가장 효과적인 보호 요인이다.

연구에 따르면 강한 사회적 네트워크를 가진 사람은 그렇지 않은 사람에 비해 우울증 발병률이 50% 이상 낮다. 또한 사회적 지지는 불안장애, 외상 후 스트레스장애 같은 다른 정신 건강 문제의 위험도 감소시킨다. 타인과의 연결감은 삶의 의미와 목적을 제공하며, 정신적 회복탄력성을 높이는 중요한 요소가 된다.

이러한 연구들은 건강 관리에 있어 새로운 패러다임을 제시한다. 운동과 식이요법만큼, 아니 어쩌면 그보다 더 중요한 것이 사회적 관계의 질과 양이다. 가족과 정기적으로 식사하고, 친구들과 정기 모임을 갖고, 지역사회 활동이나 자원봉사에 참여하는 일은 단순한 여가 활동이 아니라 건강을 위한 투자다. 의료 전문가들은 사회적 관계를 '사회적 백신'이라고 부르기도 한다.

특히 노년기에는 사회적 네트워크가 축소되기 쉬우므로 의식적인 노력이 따라야 한다. 은퇴, 배우자의 사망, 신체 기능 저하 등으로 인해 사회적 접촉이 줄어들 수 있기 때문이다. 취미 동호회 가입, 평생교육 프로그램 참여, 종교 활동 등을 통해 새로운 관계를 형성하고 기존 관계를 유지하는 것이 중요하다. 이는 단순히 외로움을 달래는 것이 아니라 실제로 건강 수명을 연장하는 의학적 개입이다.

황인철은 《은퇴의 기술》에서 우리나라 은퇴자들이 전반적으로 공동체 생활에 원활하게 적응하지 못하는 이유를 인맥 구조 문제에서 찾았다. 직장, 학연, 지연 중심의 관계는 나이가 들수록 자연스럽게 멀어지며 영향력도 떨어진다. 은퇴 후에는 생활의 중심이 집과 이웃으로 이동하므로, 새로운 취미를 배우기를 추천한다. 취미 동호회 활동으로 범위를 확장하다 보면 자동으로 새로운 사람들과 관계를 맺게 된다. 이런 인간관계는 이해관계가 없어 관계가 오래갈 수 있다. 또한 같은 취미를 공유하면서 더욱 상호 이해를 넓혀갈 수 있다.

디지털 시대에 온라인 소통도 의미가 있지만, 직접적인 대면 접촉이 주는 생물학적 이점을 완전히 대체할 수는 없다. 화상통화나 메시지는 거리를 좁혀주지만, 직접 만나 악수하고 포옹하며 함께 식사하는 경험이 만들어내는 호르몬 변화와 신경생리학적 효과는 독특하다. 따라서 온라인과 오프라인 소통을 적절히 병행하는 것이 바람직하다.

사회적 관계의 건강 효과는 관계의 양보다 질이 더 중요하다. 피상적인 관계 수백 개보다 깊이 있고 신뢰할 수 있는 관계 몇 개가 건강에 더 유익하다. 진정성 있는 대화, 상호 존중, 정서적 지지가 있는 관계가 실질적인 건강 이득을 가져온다. 반대로 갈등이 많거나 스트레스를 주는 관계는 오히려 건강에 해로울 수 있으므로, 관계의 질을 관리하는 것이 중요하다.

사르디니아 섬 마을의 주민들이 보여준 것처럼, 사람들과 부대끼며 살아가는 것이야말로 가장 강력한 장수의 비결이다. 건강한 사회적 관계는 면역 체계를 강화하고, 스트레스 호르몬을 조절하며, 심혈관 건강을 유지하고, 인지 기능을 보존하며, 정신 건강을 지켜준다. 이는 삶의 질 향상과 더불어 생존과 직결된 의학적 필수요소다. 따라서 건강한 삶을 위해서는 운동과 식단 관리만큼 사회적 관계에도 적극적으로 투자해야 한다.

지니야, 살려줘 살려줘

　디지털 헬스케어는 더 이상 특별한 것이 아닌 일상이 되었다. 스마트폰으로 혈압을 측정하고, 화면을 통해 의사와 상담하는 시대다. 보통은 '비싼 장비가 있어야 하겠지'라고 생각하지만, 실제로는 이미 가진 스마트폰만으로도 충분히 시작할 수 있다. 2025년 우리나라는 전체 인구의 20% 이상이 65세를 넘긴 초고령사회에 진입했다. 디지털 헬스케어는 선택이 아니라 시니어 건강 관리의 필수 도구로 자리 잡고 있다.

　정부와 지방자치단체 역시 지역 주민을 위한 디지털 헬스케어 서비스를 적극적으로 운영하고 있다. 한국건강증진개발원의 〈AI·IoT 기반 어르신 건강관리사업〉에 따르면, 2020년 7월부터 정부디지털 뉴딜 정책에 따른 사업을 추진해 오고 있다. 보건의료 접근성이 낮은 어르신을 대상으로 AI·IoT 기술을 활용한 비대면 건강 관리 서비스를 제공한다.

　이 사업에서는 건강 관리 앱 '오늘건강'과 다양한 스마트 디바이스 즉, 손목 활동량계, 블루투스 체중계, 혈압계, 혈당계, AI생활스피커 등과 연동해 자가 측정 및 건강 활동을 돕는다. 또한 어르신 허약정도 및 건강 상태에 따른 분야별 전문가 비대면 건강 관리를 제공한다. 건강미션 설정 및 서비스 주기 조정, 근거기반 비대면 컨설팅 제공, 건강정보 콘텐츠 제공 등이 주 내용이다.

'오늘건강' 사업의 주체는 보건복지부산하 한국건강증진개발원이며, 실제 운영은 전국 보건소에서 담당하고 있다. 전국 보건소 263개소 중 2025년 11월 현재 200개소에서 적용 중이며, 2027년에는 모든 보건소로 확대할 예정이다. 스마트 디바이스는 대여해 줘 개인은 스마트폰 아이폰은 불가만 있으면 된다.

연합뉴스 2025년 4월 11일자 기사에 따르면, 서울시는 '손목닥터 9988' 사업을 운영 중이다. 2021년 시작 이후 2025년 200만 명을 돌파했다. 참여자가 8,000보 이상 걸으면 200포인트가 적립되며, 이 포인트는 서울페이로 전환해 현금처럼 사용할 수 있다. 서울시민으로 18세 이상이면 누구나 참여할 수 있다. 향후 민간기업의 헬스케어 콘텐츠 공모를 통해 손목닥터 9988에 인앱서비스도 제공할 예정이다.

부산시는 '스마트 시니어케어' 사업을 통해 독거노인에게 AI 스피커와 응급 안전알림 서비스를 제공한다. 구청 복지과나 보건소를 통해 신청하면 된다. AI 스피커가 매일 안부를 묻고 복약을 관리하며, "도와주세요" 외침이나 장시간 움직임 없음이 감지되면 보호자와 관제센터에 자동 연락된다.

경기도는 고령화로 인한 사회적 문제에 대응하기 위해 AI인공지능 서비스 도입을 통해 주기적으로 안부 확인·건강 관리·정서지원 서비스에 돌입했다. 지역정보화 2024.WINTER Vol. 144에 의하면, 기존의 대면 사후 관리 중심에서 AI를 활용한 비대면 예방 관리체계로 전환하는 '경기

노인 AI+돌봄' 4가지 '늘편한 AI케어', 'AI 어르신 든든지키미', 'AI 노인말벗 서비스', 'AI 시니어 돌봄타운' 등의 추진계획을 2024년 5월에 발표해 시범사업에 돌입했다.

이 중 '늘편한 AI케어'는 앱을 통해 움직임과 생체 신호를 감지해 노인들의 안부와 건강 상태를 확인한다. 24시간 동안 휴대폰이 작동하지 않으면 돌봄 매니저에게 SOS 긴급 호출로 알림이 간다. 또한, 휴대폰 카메라에 손가락을 15초간 대면 혈류를 분석해 심혈관 건강 상태를 알려주고, 치매 위험도 자가 진단할 수 있다.

이처럼 정부와 지방자치단체에서 실시하고 있는 어르신 케어 시스템을 활용하면 건강 관리에 큰 도움이 된다. 특히 의료 접근성이 낮은 지역에 거주하는 시니어나 홀로 사는 어르신들에게는 긴급 상황 발생 시 도움을 받을 수 있어 안심하고 노후를 보낼 수 있게 되었다.

앞에서 언급한 정부나 지자체의 서비스 외에도 무료 앱으로 원격 의료 서비스를 받을 수 있다. '닥터나우'와 '굿닥', 'KB올아케어' 등이 대표적이다. 앱 사용은 무료지만 진료비는 일반 병원과 비슷하거나 저렴하며, 교통비와 시간을 절약할 수 있어 경제적이다. 닥터나우는 24시간 운영되어 야간 응급 상황에도 대처할 수 있다.

디지털 헬스케어 앱을 사용하려면 일반 휴대폰^{피처폰}이 아닌 스마트폰만 있으면 된다. 건강 관리 앱, 원격 진료, 수면 추적 등 대부분의 기본 서비스를 무료로 이용할 수 있다. 많은 시니어가 이미 스마트폰을 사용하고 있어 큰 문제가 없지만, 활용이 서툰 경우에는 교육을 받거나 가족의 도움을 받아 앱을 다운받아 활용 방법을 익혀야 한다.

기업들도 다양한 건강 관리 서비스를 앞다투어 내놓고 있다. 삼성전자의 '삼성헬스' 앱은 안드로이드 스마트폰에 무료로 설치 가능하다. 걸음 수, 운동기록, 식단 관리, 수면 추적뿐 아니라 심박수 변이도를 통한 스트레스 관리 기능까지 제공한다.

KT의 'AI케어 서비스'는 실제 효과가 입증되었다. 전자신문 2023년 2월 15일자에 따르면, 전남대 연구팀이 AI스피커 기반 케어서비스 이용자 광주광역시 서구의 212명을 대상으로 조사했다. 그 결과 독거노인의 건강수준 개선 및 유지 80%, 우울감 감소 63.5%, 고독감 감소 65.9%, 불안감 감소 72.6%의 효과가 나타났다.

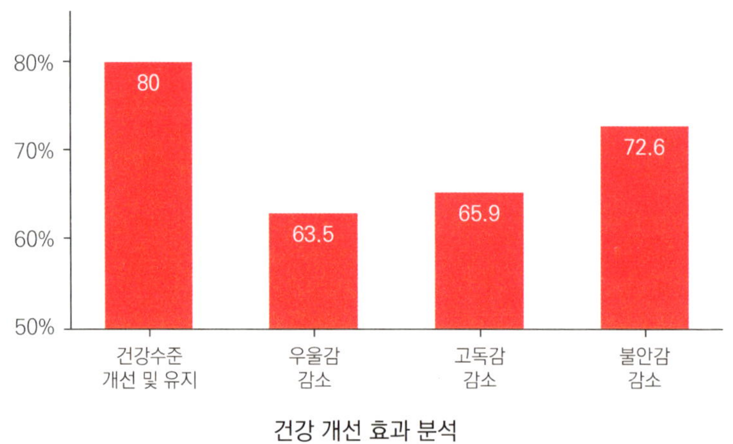

건강 개선 효과 분석

한경TV뉴스 2022년 6월 11일자에 따르면, 광주광역시 서구에 홀로 사는 60대 남성 C 씨가 KT AI 음성인식 스피커 '기가지니'에 "지니야, 살려줘. 살려줘…"라고 외쳤다. 호흡장애와 심장질환을 앓고 있는 C 씨의 응급상황을 KT텔레캅센터에서는 119에 신고, 출동한 119대원들로부터 응급처치를 받고 호전되었다.

SK텔레콤의 '누구케어'는 독거 어르신 등 돌봄이 필요한 분들에게 전화를 걸어 안부를 확인하고 불편 사항을 청취하는 서비스다. 통화 결과는 지자체에 공유되어 적절한 후속 돌봄에 도움을 준다. 네이버도 '클로바 케어콜'을 운영하고 있다. 이외에도 LG유플러스, 스타트업과 헬스케어 기업들이 활약하고 있다.

중요한 것은 나에게 맞는 서비스를 선택하는 일이다. 모든 서비스를 한꺼번에 적용하려는 욕심은 버려야 한다. 시작부터 큰 비용을 들이지 않아도 된다. 이미 가지고 있는 스마트폰에 무료 앱을 설치하는 것부터 시작하자. 피처폰 사용자는 저렴한 시니어 스마트폰 구매를 고려하고, 거주 지역 보건소에 무료 지원 사업을 문의해 보자. 통신사 시니어 요금제와 패키지를 비교하는 것도 도움이 된다.

고려대학교 고령사회연구원에서 발행한 《대한민국이 열광할 시니어 트렌드》에 의하면, AI 기술의 발전과 함께 신중하게 고려해야 할 점을 환기시켰다. 특히 개인정보 보호, AI에 대한 과도한 의존, 인간관계의 대체 가능성 등에 대한 우려가 제기된다고 했다.

AI 기술이 인간의 돌봄을 완전히 대체하는 게 아니라 보완하는 역할을 해야 한다는 점을 강조했다. AI는 24시간 지속적인 모니터링과 기본적인 정서적 지원을 제공할 수 있다. 하지만 깊이 있는 인간적 교감과 전문적인 의료서비스는 여전히 인간의 영역이라는 점이다.

제5장

은퇴자
경제적 안정 확보

1
골프 대신 걷기로 바꿨어

우리나라는 2025년부터 노인인구 비율이 20%를 넘는 초고령사회에 진입했다. 국민 5명 중 1명이 노인인데, 노인빈곤율은 세계 최고 수준이다. 더욱 심각한 문제는 정년과 연금 제도의 불일치다. 많은 이가 60~65세 사이에 소득 없이 살아야 하는 소득공백 상황에 놓인다. 따라서 머니투데이 2025년 1월 7일자 기사에서 보듯이, 정년퇴직 후 일할 의향이 있다고 응답한 비율은 87%에 달했다는 것은 당연한 현실이다.

린다 그래튼과 앤드루 스콧은 《100세 인생》에서 충격적인 계산 결과를 제시했다. 런던경영대학원 MBA 학생들에게 질문을 던졌다. "100세까지 살면서 소득의 10%를 저축하고, 퇴직 후에는 퇴직 전 소득의 50%를 연금으로 받으려면 몇 살까지 일해야 할까?" 답은 80대까지 일해야 한다는 것이었다.

김웅철은 《초고령사회 일본 은퇴자가 사는 법》에서 일본 은퇴자에게 가장 인기 있는 재취업 직종 4가지를 소개했다. 월 200만~500만 원을 받을 수 있는 회사 고문, 월 150만~200만 원의 아파트 관리인, 월 25만

~45만 원의 컴퓨터 교실 강사, 월 20만~120만 원의 가사대행 서비스가 그것이다. 70세가 넘어서도 계속할 수 있다는 점이 이들 직종의 공통된 인기 비결이다.

수명이 늘어남에 따라 오래 살면서도 품위 있는 생활 유지를 모두가 원한다. 가능한 오래 일하면서 통장 잔고에서 빠져나가는 것을 줄이는 것이 출발점이다. 버는 것도 중요하지만 쓰는 것도 중요하다. 이미 정해진 수입과 자원을 어떻게 운용하느냐에 따라 상황은 크게 달라진다.

평범한 직장인이 퇴직 후 마주하는 가장 큰 도전은 수입의 급격한 변화다. 특히 팀장급 이상 퇴직자는 정년이 보장되지 않는 경우도 있어, 준비 없이 갑작스러운 퇴직을 맞이하기도 한다. 퇴직 후 다른 일자리를 구한다 해도 수입이 절반 수준으로 감소하는 현실에서 체계적인 자금 관리는 필연적이다.

정년 4년 남은 대기업 부장 O 씨56세의 이야기는 많은 이의 마음을 대변한다.

"대선배들이 하나둘 밀려나가는 걸 보니까 저도 이제 제 상황을 들여다보게 되더라고요. 지금은 재취업을 준비한다기보다 퇴직 후에 생활이 가능한지부터 따져보고 있어요. 예산이 어느 정도인지, 이 돈으로 버틸 수 있는지 분석해 보고 있어요. 현장 엔지니어가 아니다 보니까 사실은 재취업이 쉽지 않잖아요."

통계청 자료에 따르면 19세 이상 인구 중 69.7%가 노후를 위한 준비를 하고 있다. 준비 방법은 국민연금 59.1%, 예금·적금 15.7%, 부동산 운용 4.9%, 퇴직급여 3.8% 순이다. 2024년 통계청 자료에 의하면 60세 이상 고령자의 생활비는 본인이나 배우자가 부담하는 비율이 76.0% 로 가장 높았다.

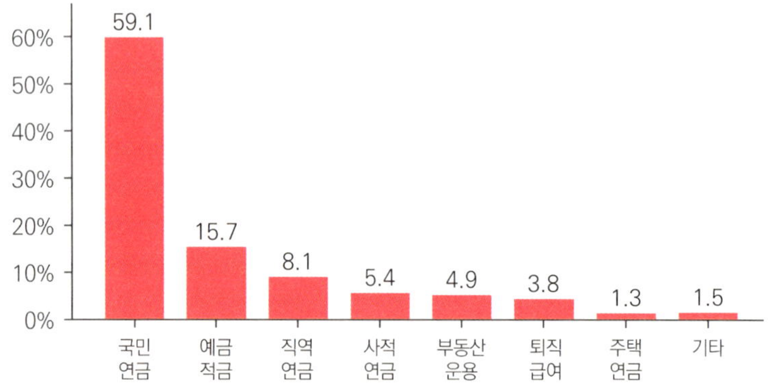

노후 준비 방법

통계에서 보듯이 노후 준비 방법이 국민연금을 제외하면 개인이 준비하는 것은 미미한 수준이다. 대부분의 은퇴자들은 국민연금만으로 생활하기는 턱없이 부족하다. 저자의 전작 《닥치고 버텨라》에서 최소 생활비가 월평균 251만 원인데, 적정 생활비는 월 369만 원이라는 2023년도 조사결과를 소개했다.

결국 이러한 차이를 줄이고 노후의 경제적 안정을 위해 개인이 좀 더 적극적으로 준비에 임해야 한다. 그렇다면 품위 있는 노후를 위해 지금 무엇을 해야 할까.

첫째, 노후자금 준비의 시작 시점을 최대한 앞당겨야 한다. 복리의 효과는 시간이 길수록 강력하게 작동한다. 20대부터 시작한 소액 저축이

40대부터 시작한 큰 금액의 저축보다 더 큰 결과를 가져올 수 있다. 출발은 소득의 10%, 30대 후반부터 40대에는 20~30%가 바람직하다.

둘째, 자산을 생활비 자금, 여유자금, 투자자금으로 나누어 관리해야 한다. 생활비 자금은 예금이나 국공채 자산, 여유자금은 단기 금융상품이나 적립식 펀드가 적합하다. 투자자금은 장기적 관점에서 운용하되, 노후자산 운용 목적은 생활의 안정임을 명심해야 한다.

셋째, 은퇴 이후를 대비해 현금 흐름을 만들어야 한다. 배당주, 채권, 임대소득 등 정기적으로 현금이 들어오는 자산을 확보해야 한다. 단순 예금만으로는 물가 상승을 감당하기 어렵다. 실제 요구되는 생활비를 정확히 파악하고, 그에 맞춰 자산을 인출하는 전략을 수립해야 한다.

넷째, 유연한 은퇴 전략을 수립해야 한다. 60대에는 풀타임으로 일하다가 70대에는 파트타임으로 전환한 뒤 80대에 완전히 은퇴하는 방식이다. 이는 소득 절벽을 완화하고 인출 부담을 분산하는 유효한 전략이다.

마지막으로, 인적자본과 금융 지식에 지속적으로 투자해야 한다. 100세 시대에는 한 가지 직업으로 평생을 살아가기 어렵다. 지속적인 학습과 재교육을 통해 60대, 70대에도 일할 수 있는 역량을 갖추는 것이 필요하다.

전략만큼 중요한 것이 일상의 실천이다. 대기업 임원에서 중소기업 임원으로 75세까지 장수 샐러리맨으로 유명한 T 씨77세의 사례는 좋은 본보기다. 그는 퇴직 직후부터 가계부 작성을 시작했다. 모든 지출을 필수지출, 선택지출, 여유지출로 나누어 기록했다. 선택지출 항목을 조정하면서 생활비 구조를 안정적으로 재편하는 데 성공했다. 평소 즐기던 골프를 걷기로, 외식 횟수와 교통비를 줄이는 방식으로 가능했다.

저자의 경우 주 통장은 수입과 고정지출, 자동이체, 기본 생활비를 관리하는 용도로 사용한다. 별도 통장 하나는 여행 및 취미 활동 용도로 부부가 공동 관리하고, 또 다른 하나는 경조사비 전용 통장으로 활용하고 있다. 용도별 통장 관리는 부부간 재정 갈등도 크게 줄여준다.

특히 경조사비 통장은 경조사 때 들어온 돈을 수입으로 착각하고 대책 없이 다 써버리는 실수를 방지한다. 퇴직자들 사이에서 경조사비를 피해 해외로 도피한다는 우스갯소리가 있을 정도로 이는 중요한 문제다. 받은 것은 언젠가는 갚아야 한다는 원칙 아래 별도 통장을 마련해 관리하는 것이 현명하다.

한스 로슬링Hans Rosling은 《팩트풀니스》에서 사람의 삶에 영향을 미치는 주된 요소는 종교나 문화, 국가가 아니라 소득이라는 점을 강조했다. 칫솔의 예를 통해 소득 수준에 따른 삶의 질 차이를 명확히 보여주었다. 1단계에서는 손가락이나 막대로 이를 닦고, 2단계에서는 플라스틱 칫솔 하나를 식구가 함께 사용하며, 3단계에서는 한 사람당 칫솔이 하나씩 있고, 4단계에서는 전동 특수 칫솔을 사용한다.

노후자금 운용의 궁극적인 목표는 돈을 불리는 것이 아니라 삶의 품격을 유지하는 것이다. 자산이 주는 안정감 속에서 자신이 진짜 하고 싶었던 일을 할 수 있다면, 그게 바로 스마트한 노후다. 손가락으로 이를 닦는 1단계가 아닌, 전동 칫솔을 사용하는 4단계의 노후를 준비해야 한다. 그것이 바로 지금 우리가 해야 할 일이다.

2

건물 하나 지었어요

부동산은 여전히 노후자금 운용의 중요한 축이다. 《부자 아빠 가난한 아빠》에서 로버트 기요사키Robert T. Kiyosaki가 강조했듯이, 부동산은 '돈이 나를 위해 일하게 하는' 대표적인 수단이다. 그러나 최근 부동산 규제 강화와 사회적 분위기 변화로 인해 은퇴 후 부동산 활용 전략은 과거와는 다른 신중한 접근을 해야 한다.

부동산 자산 활용 측면에서 주택연금 제도가 있다. 1989년도 미국에서 공적보증 역모기지를 도입한 이후 미국, 한국 등 여러 나라의 주택연금 모델이 되었다. 우리나라는 2007년부터 주택금융공사가 공적 보증기관으로 출시하며 시작되었다.

주택연금은 본인 소유의 주택을 담보로 매월 일정 금액을 연금 형태로 받는 제도다. 집에 계속 거주하면서도 노후생활 자금을 마련할 수 있다는 장점이 있다. 한국주택금융공사에서 운영하는 공적 주택연금은 정부가 보증하므로 안전성이 높다. 다양한 수령 방식을 선택할 수 있다. 하지만 주택연금에는 현실적인 한계가 있다는 점을 이해해야 한다.

주택연금의 수령액이 노후생활비를 충당하기에 충분하지 않은 경우가 많다. 예를 들어, 시세 5억 원 수준의 주택을 보유한 65세 부부가 주택연금에 가입할 경우, 월 수령액은 약 150만 원 내외에 불과하다. 기본적인 생활비로도 빠듯한 금액이며, 의료비나 여가비 등을 고려하면 더욱 부족하다. 따라서 주택연금은 주된 노후 자금원이 아닌, 보조적인 수단으로 고려하는 것이 현실적이다.

또한 집값 하락 시 위험 부담이 있으며, 상속 문제도 신중히 고려해야 한다. 주택연금 가입 시 해당 주택은 사실상 상속 재산에서 제외되므로, 자녀들과 충분한 논의 없이 결정하면 추후 가족 간 갈등의 원인이 될 수 있다. 특히 한국 사회에서는 여전히 부모 세대의 부동산이 자녀 세대의 자산 형성 수단으로 인식되는 경우가 많기 때문에 신중하게 해야 한다.

주택연금은 가입 연령, 주택 가격, 월 수령액, 부부의 예상 수명, 자녀 상속 문제 등을 꼼꼼히 따져봐야 한다. 특히 주택연금은 한번 가입하면 해지가 어렵고 상속 재산이 줄어들 수 있으므로, 가족과 충분한 상의를 거쳐 결정하는 것이 바람직하다. 주택연금은 다른 노후 자금원과 함께 활용할 때 그 효용이 극대화될 수 있다.

다음으로는 상가나 주택을 활용하여 안정적인 수입원을 확보하는 방법인 임대수입 만들기가 있다. 정년퇴직 1년 차 S 씨61세는 부동산 활용의 모범 사례이다. 현역 때 구입했던 단독 주택을 재건축하여 살면서 돈 버는 구조로 만들었다.

"저는 건물을 하나 지었어요. 대전에 5층 건물인데, 1층부터 3층까지는 1.5룸 8개, 상가 하나, 4층과 5층은 저희가 생활하고 있습니다. 월세가 나오니까 크게 쪼달리지는 않아요."

과거에는 부동산 임대가 안정적인 노후 수입원으로 각광받았으나, 현재는 상황이 크게 달라졌다. 전월세 상한제, 계약갱신청구권 등 임차인 보호를 위한 법적 규제가 강화되면서, 임대인의 권리가 상당히 제한되고 있다. 계약갱신청구권으로 인해 임차인이 원하면 최대 4년까지 거주할 수 있으며, 이 기간 동안 임대료 인상도 5% 이내로 제한된다.

임대 사업의 경우, 현재 한국의 법적 규제와 임차인 보호 정책으로 인해 개인이 관리하기에는 많은 어려움이 있다. 임차인과의 분쟁 가능성도 상존하며, 공실 위험, 시설 관리 부담, 세금 문제 등 고려해야 할 요소가 많다.

따라서 임대 사업은 전문성과 경험이 없는 은퇴자에게는 위험할 수 있다. 만약 임대 사업을 고려한다면, 시장 조사를 통해 적정 임대료를 파악하고, 관리 비용과 세금 문제를 면밀히 검토해야 한다. 특히 전세나 월세 등 임대 방식의 선택, 임차인 선정, 계약서 작성 등에 있어 전문가의 조언을 구하는 것이 안전하다.

상가 부동산의 경우, 임차인 선정이 무엇보다 핵심이다. P부동산신탁 전문가 출신 이명호 씨는 "장기 임차가 가능한 안정적인 프랜차이즈나 병원, 약국 등을 임차인으로 선정하는 것이 바람직하다"라고 조언했다.

그러나 최근 경기 침체와 온라인 쇼핑 확대로 상가 공실률이 증가하고 있어, 상가 투자 역시 이전보다 훨씬 신중한 접근을 해야 한다. 임대 사업의 성공을 위해서는 임차인을 구하는 것에 그치지 않고 체계적인 관리가 따라야 한다. 정기적인 시설 점검과 보수, 임대료 수납 관리, 임차인과 원활하게 소통해야 한다.

다운사이징 또한 부동산 자산 활용의 한 방법이다. 다운사이징을 고려할 때는 몇 가지 요소를 검토해야 한다. 첫째, 이동할 지역의 선정이다. 병원, 상가, 대중교통 등 생활 인프라가 잘 갖추어진 곳을 선택해야 하며, 특히 도보생활이 가능한 위치인지 확인해야 한다. 둘째, 적정 평수의 산정이다. 부부생활에 필요한 최소 공간을 확보하되, 자녀나 손주 방문까지 고려한 여유 공간도 함께 검토해야 한다.

보유 부동산의 가치를 최대한 활용할 수 있는 현실적인 방안도 모색해야 한다. 예를 들어, 역세권이나 생활 인프라가 잘 갖추어진 소형 주택으로 이전해 여유 자금을 확보하고, 이를 안정적인 금융상품에 투자하는 방식을 고려할 수 있다. 또는 실버타운이나 은퇴자 전용 주거단지로 이동해 보다 편안하고 관리가 용이한 주거 환경을 확보할 수 있다.

부동산 처분 시기와 방법도 중요한 고려 사항이다. 부동산 시장의 변동성이 큰 만큼, 적절한 시기에 적정한 가격에 매각하는 것이 중요하다. 이를 위해서는 지역의 부동산 시장 동향, 개발 계획, 정부 정책 등을 종합적으로 고려해야 한다. 매각 이후의 세금 문제도 사전에 검토해 양도소득세 등의 부담을 최소화할 수 있는 방안을 모색해야 한다.

부동산 자산 활용에 있어 가장 중요한 것은 리스크 관리이다. W은행 부동산 자문위원은 "전체 자산의 70% 이상을 부동산에 배분하는 것은 위험하다"라고 경고했다. 적절한 포트폴리오를 유지해야 한다는 것이다. 모든 자산을 하나의 부동산에 집중하는 것은 위험할 수 있으므로, 부동산 관련 금융상품이나 간접 투자상품을 활용해 위험을 분산시키는 것도 방법이다.

시장 상황에 따른 유연한 대응 또한 요구된다. 부동산 시장의 호황기에는 매각이나 환금성을 고려할 수 있고, 침체기에는 장기 보유나 수익형 활용을 고려할 수 있다. 특히 지역 개발 계획이나 정부의 부동산 정책 변화에 주의를 기울여야 하며, 필요한 경우 전문가의 자문을 구하는 것이 바람직하다.

부동산과 관련된 세금 문제에도 주의를 기울여야 한다. 재산세, 종합부동산세, 양도소득세 등 다양한 세금이 부과될 수 있으며, 이는 실질적인 수익에 큰 영향을 미칠 수 있다.

부동산 활용에 대한 결정은 가족과의 충분한 논의를 통해 이루어져야 한다. 특히 상속 문제, 노후 부양 문제 등에 대해 사전에 충분한 소통을 해야 한다. 이는 추후 발생할 수 있는 가족 간의 갈등을 예방하고, 모두가 만족할 수 있는 해결책을 찾는 데 도움이 된다. 부동산 자산의 현명한 활용은 변화된 규제 환경과 사회적 분위기를 충분히 고려하면서 안정성과 수익성의 균형을 맞추는 전략적 접근을 해야 한다.

정부 혜택 100% 챙기자

한국의 65세 이상 고용률이 37.3%로 OECD 국가 중 최고라는 것은 앞서 언급되었다. 이는 월평균 80만 원의 부족한 연금 소득을 보완하기 위한 '생계형 취업'이다. 더구나 일자리의 대부분은 비정규직이고 단순 노무직으로 일자리 질은 매우 열악하다. 이러한 현실 속에서 정부가 제공하는 다양한 혜택을 빠짐없이 찾아 활용하는 것은 부지런한 자만 하는 것이 아니라 모두 해야 한다. 여기서 정부 혜택이 어떤 것이 있는지 알아보자.

먼저 기초연금이다. 만 65세 이상 소득 하위 70%에게 지급되는 제도로, 2025년 기준 월 최대 40만 원 이상을 받을 수 있다. 많은 어르신이 재산이 있어서 못 받을 것이라고 생각한다. 실제로 일반재산은 공제액을 차감한 후 일정 비율만 소득으로 환산하므로 집 한 채 정도를 보유하고 있어도 받을 수 있는 경우가 많다. 금융재산도 일정 금액까지는 공제되므로, 미리 포기하지 말고 국민연금공단이나 주민센터를 방문하거나 '복지로www.bokjiro.go.kr 사이트'를 통해 반드시 확인해야 한다.

의료비 지원은 만 65세 이상은 건강보험 본인부담률이 낮아지며, 만성질환자는 외래 진료비 본인 부담률이 30%로 경감된다. 중증질환인 암, 뇌혈관질환, 심장질환 등의 경우 건강보험 본인 부담률이 5%까지 낮아지므로, 해당 질환 진단 시 반드시 산정특례를 신청해야 한다. 암진단의 경우 5년간 본인 부담률이 5%, 뇌혈관·심장질환 수술 및 입원 시 30~60일간 본인 부담률 5%가 적용된다.

국가건강검진은 2년마다 무료로 받을 수 있으며, 만 66세 이상은 매년 가능하다. 암 검진도 무료 또는 저렴하게 제공된다. 치매 검진은 만 60세 이상이면 보건소에서 무료로 받을 수 있으며, 치매 환자는 소득 수준에 따라 치료비와 약제비를 지원받는다.

노인 틀니와 임플란트 역시 건강보험 적용으로 본인부담금이 크게 줄었으므로 적극 활용해야 한다. 의료비 부담이 큰 경우에는 재난적 의료비 지원제도를 통해 최대 2,000만 원까지 지원받을 수 있다.

주거급여는 기초생활수급자뿐 아니라 일정 소득 이하 가구에도 임차료나 수선비를 지원한다. 2025년 기준 중위소득 48% 이하 가구가 대상이며, 1인 가구는 월 최대 33만 원까지 받을 수 있다. 자가 주택 거주자도 노후·불량 주택 개보수 지원을 통해 도배, 장판, 난방, 지붕 수리 등을 저렴하게 할 수 있다.

교통 혜택도 크다. 만 65세 이상은 지하철과 전철을 무료로 이용할 수 있으며, KTX 등 기차 이용 시 경로우대 할인으로 최대 30%까지 할인받는다. 전기·가스·수도·통신 등 공과금도 기초생활수급자나 차상위계층에게 할인 혜택이 있다. 에너지 바우처는 저소득 고령층에게 여름철 냉방비와 겨울철 난방비를 지원하는 제도로, 1인 가구는 연간 최대 41

만 원을 지원받을 수 있다.

무료강좌는 은퇴 후 새로운 것을 배우고 사회적 관계를 유지하는 데 매우 중요하다. 전국 노인복지관에서는 건강 관리 프로그램으로 요가, 스트레칭, 실버체조 등이 제공된다. 문화예술 프로그램은 서예, 그림, 노래교실, 악기 연주 등이 있다. IT교육은 스마트폰 활용, 인터넷 사용법, SNS 활용 등과 외국어 교육으로 생활영어, 여행영어 등의 프로그램을 이용할 수 있다. 취미 활동은 바둑, 장기, 탁구 등을 무료 또는 매우 저렴하게 제공한다.

각 구청과 시청의 평생학습관에서도 인문학, 역사, 건강, 예술 강좌를 무료로 제공한다. '50+ 캠퍼스'나 '50+ 센터'는 50세 이상을 대상으로 인생 2막 설계, 창업 교육, 자격증 과정, 디지털 역량 강화 교육 등 실질적 프로그램을 운영한다.

도서관에서도 독서 토론, 글쓰기 교실, 디지털 리터러시 교육, 유튜브 크리에이터 교육 등을 제공한다. 한국산업인력공단의 '내일배움카드'를 활용하면 제과제빵, 바리스타, 한식조리, 요양보호사, 공인중개사 등 자격증 취득 과정을 수강료의 45~85% 지원으로 배울 수 있다.

노인일자리 및 사회 활동 지원사업은 크게 공익 활동, 사회서비스형, 시장형 사업단, 취업알선형으로 나뉜다. 공익 활동은 만 65세 이상 대상으로 월 30시간 활동에 월 27만 원 수준을 지급하며, 노노케어, 취약 계층 지원, 공공시설 봉사 등을 한다.

사회서비스형은 만 65세 이상 대상으로 월 60시간 활동에 월 71만 원 정도를 받는다. 시장형사업단은 만 60세 이상이 참여해 공동작업장이나 매장을 운영하고 수익을 분배한다. 취업알선형은 민간 일자리에 취업하면서 시장 임금을 받을 수 있어 소득이 상대적으로 높다. 주민센터, 노인복지관, 시니어클럽, 대한노인회에서 신청할 수 있으며, 매년 1월경 모집하므로 시기를 놓치지 말아야 한다.

고용노동부의 '생애경력설계서비스'는 40세 이상을 위한 종합 경력 관리 서비스로, 전문 컨설턴트가 1대1로 경력 진단, 직업 탐색, 재취업 또는 창업 계획 수립을 무료로 지원한다. 이력서 작성, 면접 준비, 취업 알선까지 전 과정을 도와주며, 전국 고용센터에서 신청할 수 있다.

'워크넷www.work.go.kr'에서는 '중장년 일자리 희망센터' 메뉴를 통해 50세 이상 맞춤 일자리를 검색할 수 있으며, 시니어 인턴십, 고령자 적합 직종, 시간선택제 일자리 등 다양한 정보를 얻을 수 있다.

중장년 일자리 희망센터는 전국 주요 도시에 설치되어 있으며, 취업 상담, 직업훈련, 취업 알선, 창업 지원을 원스톱으로 제공한다. 시니어 인턴십은 만 60세 이상에게 3개월간 인턴 기회를 제공하고 정규직 전환을 유도하며, 사업주에게 인건비를 지원한다. 재취업이 어려운 경우, 소상공인시장진흥공단의 '창업사관학교'나 중장년 기술창업센터를 통해 창업 교육, 컨설팅, 자금 조달, 멘토링을 받을 수 있다.

가장 큰 문제는 많은 분들이 본인이 받을 수 있는 혜택을 모른다는 것이다. '복지로'에서 '복지서비스 모의계산'을 활용하면 받을 수 있는 모든 복지 혜택을 한 번에 확인할 수 있다.

주민센터 맞춤형 복지팀이나 129보건복지상담센터를 통해 대면 상담과 신청 도움을 받을 수 있다. 월평균 80만 원의 연금으로는 턱없이 부족하지만, 기초연금, 의료비 감면, 주거급여, 교통비 무료, 공과금 할인, 무료 교육 프로그램, 일자리 지원을 모두 활용하면 실질적인 생활비

부담을 크게 줄이고 삶의 질을 향상시킬 수 있다.

정부 혜택을 100% 찾아내는 것은 돈을 아끼면서 노후생활의 안정성과 품격을 지키는 일이다. 정부 혜택은 '받는 것'이 아니라 '찾는 것'이다. 만들어진 제도를 적극적으로 활용하는 것은 부끄러운 일도 특별한 일도 아니다. 받을 수 있는 모든 혜택을 찾아 신청하는 적극적인 자세가 생계형 노동에 내몰리지 않고 건강하고 품위 있는 노후를 보내는 데 큰 힘이 될 것이다.

감리는 지금 4년 차예요

"처음엔 직장생활 할 만큼 했으니 이제는 일을 안 해도 되겠지…, 그런 마음이 있었어요. 그런데 상황이 달라졌어요. 집사람도 내가 집에 있으면 불편해한다는 걸 느꼈고, 그래서 소일거리라도 있어야겠구나 하는 생각을 했죠. 내가 맨날 집에서 빈둥빈둥 이렇게 있어야 하나 싶기도 했고, 결국 일거리를 찾아야겠다고 결심했어요. 퇴직 후에는 발전소에서 2년 일했고요. 기계 전문 건설업체 한 3년 정도 했어요. 감리는 지금 4년 차예요."

뉴 시니어 03 W 씨68세는 대기업 건설사에서 30년 근무한 뒤 정년퇴직한 지 10년 차다. 현장 경험과 기술사 자격증을 갖춘 그는 전문성을 가진 뛰어난 기술자로서의 면모를 두루 갖췄다. 기술사 자격증 덕분에 그는 감리사로서 여전히 현장을 누비며 활발히 활동하고 있다.

버크 헤지스Burke Hedges는 《당신이라는 1인 기업 YOU, INC.》에서 "재정은 곧 자유다"라고 했다. 돈이 있으면 가고 싶을 때 갈 수 있고, 하고 싶지 않은 일은 다른 사람에게 맡길 수 있으며, 그 시간에 자신이 원하는 일을 할 수 있다. 돈은 배고픔으로부터, 불안정한 직업으로부터, 지루하고 힘든 일로부터의 자유를 준다. 결국 돈은 우리에게 시간을 자유롭게 활용할 수 있는 선택권을 제공한다.

30여 년간의 직장생활에서 축적된 노하우와 인적 네트워크는 귀중한 자산이다. 자문·컨설팅 활동은 전문직 은퇴자가 자신의 경험과 지식을 수익으로 연결할 수 있는 대표적인 방법이다. 수십 년간 축적된 전문성은 기업이나 개인에게 매우 가치 있는 자산이 될 수 있다. 특히 중소기업이나 스타트업의 경우 풍부한 경험을 가진 전문가의 자문을 받는 경우가 많다.

컨설팅 설계의 첫 단계는 자신의 전문 영역을 명확히 하는 것이다. 당신에게는 분명 직장생활을 하거나 학교에서 공부하며 쌓아온 전문지식과 노하우가 있을 것이다. 그것을 파는 것이다. 퇴직 전 경력에서 축적한 노하우와 경험을 체계화하고, 이를 다른 사람들에게 전달할 수 있는 형태로 재구성해야 한다. 예를 들어, 인사 관리 경력이 있다면 중소기업의 인사제도 설계 컨설팅을, 영업 경력이 있다면 영업전략 수립 자문을, 재무 경력이 있다면 재무 관리 컨설팅을 제공할 수 있다.

차별화된 솔루션 개발이 핵심이다. 실제 문제 해결이 가능한 구체적인 방안을 제시해야 한다. 한 대기업 임원 출신은 기업의 실무 경험을 바탕으로 한 현장 중심의 솔루션이 가장 큰 경쟁력이라고 강조했다. 불이 물을 이길 수 없지만 가마솥이라는 도구가 판을 바꾸듯 컨설팅은 고정관념을 깨는 결정적인 해결책을 제시해야 한다.

《부의 추월차선》의 저자 엠제이 드마코Mj Demarco는 "휠체어 탄 부자는 부럽지 않다"라며 추월차선 진입이 가능한 다섯 가지 사업 시스템을 제시했다. 첫째 임대시스템, 둘째 컴퓨터·소프트웨어 시스템, 셋째 책과 같은 콘텐츠 시스템, 넷째 유통 시스템, 다섯째 인적자원 시스템이다. 이러한 시스템을 갖춰두면 저절로 돈이 들어오는 소극적 소득이 가능하다고 했다.

컨설팅 역시 자신의 지식과 경험을 시스템화해 지속적인 수입원을 만드는 것이 중요하다. 자문·컨설팅 업무의 성공을 위해서는 체계적인 준비가 따라야 한다. 명함, 이력서, 자문 제안서 등의 기본 도구를 전문적으로 준비하고, 온라인 프로필이나 웹사이트 구축도 고려해야 한다.

특히 초기에는 지인이나 이전 직장 관계자들을 통해 네트워크를 확장해 나가는 것이 효과적이다. '돈이 들어오는 시스템을 만들어라'는 조언처럼, 1:1 컨설팅, 그룹 컨설팅, 온라인 강의, 교재 개발 등 다양한 수익원을 확보해야 한다.

멘토링 활동은 후배들에게 경험과 지혜를 전수하면서 수입도 창출할 수 있는 의미 있는 방법이다. 《다시 일어서는 힘》의 저자 존 맥스웰John Maxwell이 강조했듯이, 자신보다 더 많이 아는 사람과 어울리고 배우면서 새로운 기회를 발견하는 것처럼, 멘토링은 상호 성장의 기회를 제공한다.

기업체나 교육기관, 창업 지원 센터 등에서 운영하는 멘토링 프로그램에 참여할 수 있으며, 개인적으로 멘토링 서비스를 제공할 수도 있다. 한 대기업 임원 출신은 "퇴직 후 시작한 청년 멘토링을 통해 제2의 보람을 느끼고 있다"라며 만족감을 표현했다. 실제로 많은 중소기업과 스타트업에서는 경영 전반, 사업 전략, 인사 관리, 마케팅 등 다양한 분야의 멘토를 받아 보는 것이 좋다.

성공적인 멘토링을 위해서는 세대 간 차이를 이해하고 효과적인 소통 방법을 개발하는 것이 중요하다. 일방적인 조언이나 과거의 방식을 강요하기보다는, 현재의 환경과 멘티의 상황을 고려한 맞춤형 지도를 받아볼 만하다. 스펙이 아닌 스토리로, 실제 경험에서 우러나오는 진정성 있는 조언이 멘티에게 가장 큰 도움이 된다.

온라인 플랫폼을 활용한 비대면 멘토링도 효과적이다. 줌이나 구글 미트 같은 화상회의 도구를 활용하면 시간과 장소의 제약 없이 멘토링을 제공할 수 있다. 멘토링 수익은 시간당 5만 원에서 20만 원까지 다양하며, 전문성과 경력에 따라 달라진다.

재능기부로 시작해 수입 창출로 자연스럽게 연결하는 방식은 매우 효과적인 전략이다. 공짜의 힘을 활용한 시장 진입 전략이 중요하다. 처음에는 무료 강의나 세미나를 통해 자신의 전문성을 알리고 신뢰를 구축하는 것이 효과적이다.

재능기부 활동은 지역 사회나 비영리단체를 통해 시작할 수 있다. 자신의 전문성을 요구하는 곳을 찾아 먼저 봉사 활동을 시작하고, 이를 통해 얻은 경험과 네트워크를 바탕으로 수익 모델을 개발할 수 있다. 나를 사 달라고 구걸하지 말고, 사람들이 나를 찾아오게 만들어야 한다는 원칙이 중요하다.

실제로 한 회계사 출신 퇴직자는 사회적 기업에서 6개월간 무료 회계 자문을 제공한 뒤, 그 인연을 통해 여러 중소기업의 유료 고문으로 활동하게 되었다. 초기 재능기부 활동에서 만난 사람들이 나중에 가장 충성도 높은 고객이 되는 경우가 많다. 진정성 있는 나눔이 결국 가장 강력한 마케팅이 되는 것이다.

전문분야 강의와 강연 또한 지식과 경험을 효과적으로 수익화할 수 있는 방법이다. 평생교육원, 직업훈련기관, 기업 연수원 등 다양한 기관에서 강의를 할 수 있으며, 온라인 교육 플랫폼을 통해 강좌를 개설할 수도 있다. 《퇴근 후 2시간》의 저자 정기룡 씨처럼 은퇴설계와 행복한 노후를 주제로 한 강연과 자문 활동은 시니어의 경험을 가치 있게 활용하는 좋은 예시다.

《어떻게 늙을까》의 저자 다이애너 애실Diana Athill은 글쓰기라는 전문성으로 노후의 수입을 만들어낸 훌륭한 사례다. 그녀는 90세가 넘도록 칼럼과 서평을 꾸준히 썼으며, 98세에는 《살아있어, 오, 살아 있다고》를 출간했다. 전문성은 나이와 상관없이 지속적인 수입원이 될 수 있음을 증명한 것이다.

책은 자신의 전문성을 알리는 강력한 도구다. 온·오프라인 마케팅의 일환으로 책 출간은 하나의 필수 전략이 될 수 있다. 글쓰기가 막연하게 어렵게 느껴진다면 블로그에 글을 올리는 것부터 시작하면 된다. 책 읽기가 단지 살아가기 위한 공부라면, 책 쓰기는 삶의 변화를 꾀하는 공부와 같다는 말처럼 자신의 경험과 지식을 책으로 만드는 것은 최고의 브랜딩 전략이 될 수 있다.

전문성 기반 수익 창출의 성공을 위해서는 지속적인 자기계발이 필수다. 자신의 전문 분야에서 최신 트렌드를 파악하고, 새로운 기술이나 지식을 습득하는 노력을 해야 한다. 신문과 책을 통해 시장의 변화를 읽고, 새로운 기회를 발견하는 안목을 키워야 한다.

네트워크 구축과 협력 관계 형성도 중요하다. 존 맥스웰의 조언처럼

"혹시 주변에 제가 알면 좋은 분이 누가 있을까요?"라고 늘 묻는 태도는 관계를 확장시키고, 새로운 비즈니스 기회 발굴로 이어질 수 있다.

결국 중요한 것은 자기만의 브랜드를 만드는 것이다. 최고의 퍼스널 브랜딩은 남들이 하지 않는 것, 자신이 좋아하고 오래 지속할 수 있는 것에서 출발한다. 베스트보다 온리원이 되기 위해, 자신만의 독특한 가치를 창출하는 것이 핵심이다. 이러한 활동을 통한 수익 창출은 단기간에 이루어지기 어려우므로 장기적인 관점에서 접근해야 한다. 실천 가능한 솔루션을 제시하고 직접 실행에 옮기는 것이 성공으로 가는 길이다.

5

84세 사과 농사를 검토하다

버트런드 러셀은 《행복의 정복》에서 "일하는 사람은 행복하다"라고 말했다. 재미없는 일도 빈둥거림보다 낫다고 했다. 일의 가장 큰 힘은 권태를 쫓아낸다는 것이다. 일은 일상의 활력이 되고, 휴식을 달콤하게 하며, 성취의 문을 열어준다고 했다.

러셀의 이 통찰은 은퇴 후 창업에도 그대로 적용된다. 창업은 단순히 수입을 얻기 위한 수단이 아니다. 일을 통해 삶의 리듬을 되찾고 성취의 기쁨을 경험하는 과정이다. 은퇴 후 창업은 자아실현의 과정이다. 스타트업은 창업가의 꿈과 열정을 실현하는 도구가 된다. 하지만 명심해야 할 것이 있다. 일 하나를 성취하기 위해서는 그보다 열 배는 더 많은 도전적인 과제를 해결해야 한다.

한 달에 한 번씩 만나는 I 선배님84세으로부터 최근 놀라운 이야기를 들었다. 그분은 요즘 사과 농사 프로젝트를 검토하고 있다고 했다. 자주 만나왔지만 상상조차 못 했던 일이다. 집에서는 TV를 거의 보지 않고, 주로 PC를 켜놓고 관련 자료를 찾으며 공부하고 계신다고 했다. 사과나

무는 심어 놓으면 4년째부터 수확은 할 수 있지만, 실제로는 5~6년은 지나야 제대로 정상화된다고 했다.

계획은 구체적이었다. 약 3,000평의 땅을 구입하고, 사과 농원에 적합한 최신 시설을 갖춘 뒤 전문 농업 법인에 운영을 위탁한다는 구상이다. 묘목 심기부터 육성, 생산과 관리, 영업과 판매까지 전 과정을 맡기는 형태다. 설명하는 모습만 봐도 곧 실행으로 옮길 태세였다.

나는 깜짝 놀랐다. 이제 와서 왜 이렇게 어려운 일을 시작하시려는 걸까? 매우 신선한 충격이었다. 그 연세에 PC와 친구가 되어 인터넷 바다에서 정보를 수집하고, 문서를 작성했다. 입지조건을 확인하기 위해 현지의 부동산에 찾아가 현장을 보고 환경조사를 진행했다. 운영을 맡길 전문회사 관계자를 찾아 상황 확인도 했다. 은퇴 후 창업은 경제 활동이면서도 삶을 다시 설계하는 과정임을 보여주는 사례다.

《멋지게 은퇴하는 법》의 데이브 휴즈는 은퇴 후 창업 아이템으로는 컨설팅, 미술품 판매, 교육, 프리랜서, 작가 등을 소개하고 있다. 대부분의 사업은 성장까지 약 2년이 걸린다. 따라서 은퇴 전부터 인맥을 쌓고, 관련 교육이나 자격증을 취득하며 사업을 미리 준비하는 것이 현명하다. 직장을 그만두기 전부터 차근차근 기반을 마련해야 은퇴 후 안정적인 출발이 가능하다.

지방의 한 대학병원 문상을 다녀오는 길에, 대학 안 평생교육원 모집 현수막을 봤다. 병원동행 매니저, 타로카드, 정리수납 전문가 2급, 서양화, 목공예가구반, 사주 명리학, 라인댄스, 옻칠공예까지 다양한 과정이 안내되어 있었다. 이런 분야는 교육 이수나 자격증을 확보하면 창업이나 새로운 일에 참여할 수 있는 가능성이 열린다.

양봉을 시작한 S 씨61세의 이야기도 인상적이다. 그는 벌통을 48개까지 늘렸고, 작년에는 23개로 시작해 90개까지 확대해 본 경험이 있다고 했다. 꿀도 5말 따보고 화분도 5kg 땄지만, 수익은 없고 아직까지는 투자 단계라고 했다.

"퇴직 2년 전부터 준비했어요. 논산에 땅을 구하러 많이 다녔습니다. 970평을 연 80만 원에 임대했는데, 논산이 딸기 생산이 우리나라에 한 70% 정도 되거든요. 딸기 수정벌이 엄청나게 필요해요. 한 2만 개 정도 시장이 있어요. 내년 2월, 벌들이 겨울을 잘 넘겼는지 확인하고 그때 본격적으로 딸기 농장 공급을 결정할 겁니다."

이처럼 은퇴 창업은 단기간에 수익이 나지 않을 수도 있다. 그래서 은퇴자 창업을 시작하기 전, 반드시 지켜야 할 재정 안전 원칙이 있다. 첫째, 남의 돈을 빌리지 말 것. 둘째, 사무실이나 직원 없이 고정지출을 최소화할 것. 이 두 가지 원칙만 지켜도 창업 실패의 위험을 크게 줄일 수 있다. 은퇴 후 창업은 공격적 확장보다 안정적 운영이 핵심이다.

성공을 위해서는 전문성으로 무장해야 한다. 한 분야에 대한 경험과 노하우는 귀중한 자산이지만, 객관적인 전문성은 자격증과 학습이 뒷받침해 준다. 학습은 각종 매체나 책 또는 세미나, 유튜브, 온라인 강좌 등을 통해 트렌드를 읽고 변화에 발 빠르게 대응할 수 있어야 한다.

가끔 만나는 지인 Z 사장70세은 은퇴 후 청소 용역 업체를 창업해 성공적으로 운영하고 있다. 군 고위직 출신인 그는 일찌감치 인적 네트워크를 최대한 활용했다. 사업이 정착하기까지 처음 3년은 힘들었다고 했다. 그러던 그가 인생의 인연을 만나면서 사업은 탄력을 받아 급성장하고 있다. 나름 사회생활 잘했다고 은근 자랑했다.

《소심한 정대리는 어떻게 1년만에 10년치 연봉을 벌었을까》의 저자 정상헌은 1인 콘텐츠 브랜딩의 가능성을 보여준다. 외국계 제약회사에서 7년간 일하며 내성적인 성격으로 어려움을 겪던 그는 틈틈이 써온 판타지 소설이 온라인 플랫폼에서 유료 연재에 성공하자 과감히 퇴사했다. 그는 기술혁신이 마련해 준 다양한 플랫폼 덕분에 누구나 1인 콘텐츠 창업이 가능하다고 강조했다.

창업 성공은 얼마나 빠르고 정확한 정보를 확보하느냐에 달려 있다. 신준모의 《어떤 하루》는 페이스북을 통해 매주 250만 명 이상이 읽는 콘텐츠를 만들어냈다. 이처럼 페이스북, 카카오스토리 등 다양한 SNS 플랫폼을 통해 콘텐츠를 발행하고 팔로워를 확보한 사례가 많다. 소셜 미디어를 활용한 콘텐츠 마케팅이 성공의 열쇠가 될 수 있다.

창작은 은퇴자 창업의 새로운 가능성을 보여준다. 말 그대로 자신이 일자리를 만드는 것이다. 기존에 없는 직업을 창출하거나, 기존 직업들을 융합하여 새로운 형태의 직업을 만들 수 있다.

'화분 임대업'은 운전기사와 화원 운영자가 협업해 새로운 일자리를 창출한 사례다. 공공기관이나 사업장에서 미화 목적으로 배치하는 화분을 관리 및 교체해 주면서 정기 수입을 얻는다. 자신이 직업을 만들 수 있다는 점이 흥미롭지 않은가? 이 역시 생각의 전환이 필요하다.

그러나 성공 사례만큼 중요한 것은 실패 사례에서 배우는 교훈이다. 은퇴자 창업에서 흔히 범하는 실수들을 미리 알고 피해야 한다. 첫째, 과도한 초기 투자다. 한 은퇴자는 30년 일한 후 받은 퇴직금 전액을 투입해 고급 레스토랑을 열었다가 1년 만에 문을 닫았다. 높은 임대료와 인건비를 감당하지 못했기 때문이다.

둘째, 경험 없는 분야에 뛰어드는 것이다. 커피숍은 누구나 할 수 있다는 생각으로 시작했다가 원두 관리, 고객 응대, 마케팅 등 예상치 못한 어려움에 부딪히는 경우가 많다. 자신의 전문 분야나 관심사와 연결된 사업을 선택해야 한다.

셋째, 혼자 모든 것을 해결하려는 자세다. 젊었을 때의 체력과 판단력을 과신하면 안 된다. 디지털 마케팅, 회계, 법률 등 제반 사항을 전문가의 도움을 받거나 협력 네트워크를 활용해야 한다.

미래의 일자리는 각자의 전문성에 기초하되, 더러는 협업을 통해 유연성을 갖는 다양한 형태가 될 것이다. 크게 생각하고 작게 시작하되, 한 걸음 한 걸음 실천해 나가는 것이 성공의 유일한 길이다. 시행착오를 두려워하지 말고, 자신만의 차별화된 가치를 찾아 구축해 나가야 한다.

오랜 직장생활로 쌓은 전문성과 경험은 당신만의 소중한 자산이다. 이를 바탕으로 새로운 일을 창출하고, 협력 네트워크를 구축하며, 끊임없이 연구하고 현장을 찾아가라. 그 한 걸음이 제2의 인생에서 행복으로 보답할 것이다.

취미, 돈이 되는 자산으로 키워라

취미 중에서도 돈이 되는 취미는 '창조적 취미'를 중심으로 한다. 일반적으로 취미란 개인이 여가시간에 즐기는 모든 활동을 말한다. 낚시, 등산, 음악 감상, 독서, 원예처럼 스트레스 해소나 휴식, 즐거움을 얻기 위한 활동들이 이에 해당한다. 반면 창조적 취미는 개인의 창의력을 발휘해 무언가를 만들어 내는 활동이다. 그림 그리기, 글쓰기, 음악 작곡, 공예, 요리 등이 대표적이다. 이러한 창조적 취미는 결과물을 판매하거나 콘텐츠로 활용할 수 있어 수익 창출 가능성이 높다.

창조적 취미는 즐기는 것으로 그치는 것이 아니라 비경제적 가치와 경제적 가치 모두로 확장될 수 있다. 싸이의 말춤과 함께 세계적인 현상이 된 '강남스타일'의 확장성을 생각해 보자. 음원판매, 유튜브 광고수익, 콘서트, 상품광고, 글로벌 현상으로서의 파급력, 문화적 영향력 등을 알 수 있다. 하나의 창작물이 다양한 플랫폼과 시장으로 확장되면서 지속적인 수익을 창출하는 것이다.

정선용 작가는 《아들아, 돈 공부해야 한다》에서 자본 소득과 근로 소득을 설명하면서 가수 나훈아와 남진을 예로 들었다. 나훈아는 직접 작사 작곡을 통해 저작권료라는 지속적인 수익을 가만히 있어도 만들어냈다. 반면 남진은 자신이 작사 작곡한 곡이 많지 않아 방송과 공연 등 노동을 통해 소득을 얻는 경우로 소개했다. 돈이 되는 취미는 지속 가능한 자본 소득의 원천이다. 한번 만든 창작물이 시간이 지나도 계속해서 수익을 가져다주는 자산이 되는 것이다.

대기업 임원에서 베스트셀러 작가가 된 정선용 씨는 글쓰기로 성공한 대표적 사례다. 책이라는 매개체를 발판 삼아, 그는 출판 수익은 물론이고 강연과 세미나, 유튜브와 SNS 활동, 나아가 스폰서십과 컨설팅에 이르기까지 국내외를 넘나드는 무한한 기회를 거머쥐게 된다. 한 권의 책이 저자의 브랜드가 되고, 그 브랜드를 기반으로 다양한 수익 모델이 만들어지는 것이다.

글쓰기는 특별한 장비나 초기 투자 없이도 시작할 수 있는 창조적 취미다. 블로그, SNS, 브런치 등 온라인 플랫폼을 통해 자신의 글을 공유하고, 독자층을 형성하며, 이를 바탕으로 전자책 출간, 종이책 출판, 원고료 수입 등으로 연결할 수 있다. 특히 자신의 전문 분야나 경험을 글로 풀어내면 차별화된 콘텐츠가 되어 더 큰 가치를 만들어낸다.

글쓰기와 더불어 시각적 창작 활동도 훌륭한 수익원이 된다. 노후 취미로 많은 사람이 좋아하고 도전하는 것이 그림 그리기다. 패션 잡지 엘르ELLE, 2022.5.12일자는 할머니 작가 일곱 명의 그림을 소개했다. 그중 김두엽 할머니는 83세 때 달력 뒷면에 그림을 그리기 시작했다. 이후 2016년부터 열 번이 넘는 전시에 참여했고, 전남 광양에 갤러리를 열었으며, 그림 에세이도 냈다. 또한 나태주 시인과 함께 시화집을 펴내기도 했다. 달력 뒷면에서 출발해 시화집까지 확장시킨 것이다.

해외 사례로는 1934년생으로 현재 생존해 있는 영국의 로즈 와일리 Rose Wylies가 있다. 와일리는 76세 최고령 신진작가에서 86세에 슈퍼스타 작가로 등극했다. 2020년 12월 4일부터 2021년 3월 28일까지 예술의 전당 한가람 미술관에서 원화 150여 점의 전시회가 열렸다. 전시회에는 영국의 테이트 모던Tate Modern VIP룸에 전시했던 작품들과 일반인이 볼 수 없던 작품들도 볼 수 있었다.

벽면 하나만큼이나 큰 대형 그림에서부터 작은 메모지나 찢어진 포장지에 그린 그림들도 볼 수 있어서 매우 생생한 감동을 주었다. 축구를 좋아하는 팬으로서 토트넘의 손흥민 선수에 대한 그림도 여러 점이 함께 전시되었다. 이 사례들은 나이와 상관없이 창조적 취미를 시작할 수 있다는 것을 보여주었다.

그림은 개인전, 단체전, 온라인 판매, 굿즈 제작, 일러스트레이션 의뢰, 그림책 출판, 미술 교육 등 다양한 방향으로 발전할 수 있다. 특히 디지털 시대에는 인스타그램, 핀터레스트 같은 SNS를 통해 전 세계에 작품을 알릴 수 있어 기회가 더욱 확대되었다.

음악도 그림 못지않게 자본소득을 만드는 강력한 창조적 취미다. 작곡은 대표적인 자본소득형 창작 활동이다. 앞서 언급한 가수 나훈아가 좋은 예다. 그는 가수로 시작했지만 많은 곡을 직접 작사 작곡하면서 지속적으로 저작권료를 발생시키는 자본소득 시스템을 구축했다. 엠제이 드마코가 주장한 '부의 추월차선'을 달리고 있는 것이다.

한번 만든 곡은 음원 스트리밍, 다운로드, 공연, 광고 사용, 영화나 드라마 삽입 등 다양한 경로를 통해 지속적으로 저작권료를 발생시킨다.

최근에는 유튜브, 사운드클라우드 등을 통해 아마추어 작곡가도 쉽게 자신의 음악을 세상에 공개할 수 있다.

실제로 많은 인디 뮤지션이 유튜브에 자작곡을 올리면서 음원 차트에 진입하거나 CF 음악으로 선정되는 사례가 늘고 있다. 특히 배경음악시장은 유튜버, 기업, 광고 제작사 등에서 지속적으로 수요가 있어 안정적인 수입원이 될 수 있다. 작곡 프로그램도 무료나 저렴한 가격에 이용할 수 있어 진입장벽이 낮아졌다.

손으로 직접 만드는 공예 취미 역시 수익화 가능성이 높다. 도예, 목공예, 가죽공예, 비즈공예 등 손으로 만드는 공예 취미는 독특한 수제품 시장을 형성한다. 온라인 플랫폼 아이디어스, 크몽, 에이블리 등에서는 수많은 공예 작가가 자신만의 제품을 판매하며 수익을 올리고 있다. 특히 맞춤 제작이나 한정판 제품은 높은 가격에도 판매되는 경우가 많다. 공예는 단순히 제품 판매뿐만 아니라 클래스 운영, 키트 판매, 유튜브 튜토리얼 등으로 확장할 수 있다.

일상에서 가장 가까운 요리 또한 훌륭한 창조적 취미가 될 수 있다. 요리는 가장 실용적이면서도 수익성 높은 창조적 취미 중 하나다. 홈베이킹으로 시작해 케이크 주문 제작을 하거나, 특별한 레시피를 개발해 쿠킹클래스를 운영하는 경우가 많다. 한 주부는 아이들 간식을 만들던 것에서 시작해 건강한 수제 간식 브랜드를 만들었고, 현재는 온라인몰과 백화점에 입점해 안정적인 매출을 올리고 있다.

요리 취미의 확장 가능성은 매우 넓다. 유튜브 요리 채널 운영, 레시피 전자책 판매, 쿠킹클래스, 케이터링, 밀키트 제작과 판매, 맛집 컨설팅, 식품 개발 자문 등으로 발전할 수 있다. 특히 비건, 키토, 글루텐프리 등 특화된 분야를 선택하면 틈새시장을 공략할 수 있다. 인스타그램이나 블로그에 레시피를 꾸준히 올려 팔로워를 확보하면 협찬, 광고 수익도 얻을 수 있다.

창조적 취미를 수익으로 연결하려면 몇 가지 전략이 필요하다. 첫째, 꾸준함이다. 처음부터 큰 수익을 기대하기보다 자신의 작품이나 콘텐츠를 꾸준히 만들어 쌓아가는 과정이 요구된다. 둘째, 온라인 플랫폼 활용이다. SNS, 유튜브, 온라인 마켓 등을 통해 자신의 창작물을 알리고 판매 채널을 확보해야 한다.

셋째, 자신만의 스타일과 브랜드를 만드는 것이다. 차별화된 콘텐츠나 제품은 더 높은 가치를 인정받는다. 넷째, 다양한 수익 모델을 실험하는 것이다. 제품 판매만이 아니라 클래스, 전자책, 컨설팅, 광고 등 여러 방식을 시도해 보자. 다섯째, 커뮤니티를 형성하는 것이다. 자신의 창작 활동에 관심 있는 사람들과 소통하며 팬층을 만들면 장기적으로 안정적인 수익 기반이 된다.

창조적 취미는 즐거움과 경제적 가치가 분리되지 않고 하나로 통합되는 지점에서 진정한 자유가 시작된다. 특히 디지털 시대는 누구에게나 자신의 창작물을 세상에 알리고 수익화할 수 있는 무한한 가능성을 열어두었다. 중요한 것은 시작하는 용기와 지속하는 인내 그리고 내면에서 솟아나는 창조의 욕구를 믿는 것이다. 당신의 취미가 내일의 자산이 될 수 있다.

디지털 시대는 나이를 묻지 않는다

　기술은 중립적이다. 그것을 도구로 삼을지, 장벽으로 여길지는 우리의 선택에 달려 있다. 디지털 시대는 나이를 묻지 않는다. 오히려 오랜 세월 쌓아온 경험과 지혜야말로 디지털 공간에서 가장 귀한 자산이 된다. 디지털 플랫폼은 일반적인 기술이 아니라, 자신의 존재 가치를 세상에 증명하는 새로운 무대다.

　디지털 시대는 은퇴자에게 새로운 수입원의 기회를 열어주고 있다. 과거에는 상상할 수 없었던 방식으로, 집에서 컴퓨터나 스마트폰 하나만으로 전국은 물론이고 전 세계를 상대로 사업을 할 수 있는 시대가 되었다. 디지털 플랫폼은 큰 초기 투자 없이도 자신의 전문성과 경험을 수익으로 전환할 수 있는 강력한 도구다. 중요한 것은 두려워하지 않고 시작하는 것이다.

　현재 활용 가능한 디지털 플랫폼은 매우 다양하다. 유튜브는 동영상 콘텐츠를 통해 광고 수익을 올릴 수 있는 대표적인 플랫폼이다. 블로그는 글쓰기를 좋아하는 사람들에게 적합하며, 네이버 블로그, 티스토리,

브런치 등이 있다. 인스타그램, 페이스북 같은 SNS는 시각적 콘텐츠와 짧은 글로 팔로워를 모으고 수익화할 수 있다. 크몽, 숨고, 탈잉 같은 재능 거래 플랫폼에서는 자신의 전문 기술을 서비스로 판매할 수 있다.

온라인 강의 플랫폼인 클래스101, 탈잉, 유데미는 자신의 지식을 체계적인 강의로 만들어 판매할 수 있게 해준다. 아이디어스, 스마트스토어, 쿠팡 파트너스는 제품 판매나 제휴 마케팅을 통한 수익 창출이 가능하다. 전자책 플랫폼인 리디북스, 교보문고 등에서는 자신의 저서를 출판해 인세 수익을 올릴 수 있다. 팟캐스트나 오디오 플랫폼도 음성 콘텐츠를 선호하는 이들에게 좋은 선택지다.

각 플랫폼마다 수익 구조는 다르다. 유튜브는 광고 수익, 슈퍼챗, 멤버십, 협찬 등 다양한 수익 모델을 제공한다. 구독자 1,000명과 시청시간 4,000시간을 달성하면 본격적인 수익 창출이 가능하다. 블로그는 애드센스 광고, 제휴 마케팅, 협찬 포스팅 등으로 수익을 올릴 수 있다. 재능 거래 플랫폼은 서비스 판매 수수료 방식이며, 온라인 강의는 수강료의 일정 비율을 플랫폼과 나눈다. 전자책은 판매가의 50~70%를 저자가 가져가는 구조다.

은퇴자가 디지털 플랫폼에서 성공하기 위해서는 먼저 자신의 강점을 파악하는 것이 중요하다. 오랜 직장생활에서 쌓은 전문성, 취미로 발전시킨 기술, 인생 경험에서 얻은 지혜 등 무엇이든 콘텐츠가 될 수 있다. 예를 들어 30년간 회계사로 일한 사람은 세금 절약 노하우를 유튜브로 공유할 수 있고, 요리를 좋아하는 사람은 레시피를 블로그로 정리할 수 있다. 외국어에 능통한 사람은 온라인 강의로 자신의 재능을 펼칠 수도 있다.

처음에는 하나의 플랫폼에 집중하는 것이 좋다. 여러 플랫폼을 동시에 운영하려다 보면 모두 중도에 멈추기 쉽다. 자신에게 가장 편한 방식을 선택하라. 글쓰기가 편하면 블로그, 말하기가 편하면 유튜브나 팟캐스트, 가르치는 것을 좋아하면 온라인 강의 플랫폼이 적합하다. 하나의 플랫폼에서 어느 정도 자리를 잡은 후에 다른 플랫폼으로 확장하는 것이 효율적이다.

콘텐츠의 질과 일관성이 성공의 핵심이다. 처음에는 조회수나 구독자 수가 적어도 좌절하지 말고 꾸준히 콘텐츠를 생산해야 한다. 최소 3개월에서 6개월은 꾸준히 업로드하며 자신만의 스타일을 찾아가는 시간이 필요하다. 일주일에 최소 1~2회 정기적으로 콘텐츠를 올리는 것이 팔로워나 구독자 유지에 도움이 된다.

60대 유튜버 박막례 할머니는 손녀와 함께 일상 브이로그를 시작해 구독자 150만 명을 달성했다. 특별한 기술이나 장비 없이도 진정성 있는 콘텐츠로 성공한 사례다. 50대 블로거 김미경은 자신의 인생 경험과 자기계발 노하우를 블로그에 담아 베스트셀러 작가가 되었고, 이를 바탕으로 강연과 온라인 강의로 사업을 확장했다. 이처럼 디지털 플랫폼은 나이와 상관없이 누구에게나 열려 있다.

기술적 장벽을 두려워할 필요는 없다. 요즘은 스마트폰 하나로도 충분히 고품질 콘텐츠를 만들 수 있다. 유튜브 영상 편집은 무료 앱인 캡컷이나 비바비디오로 가능하고, 블로그는 글만 쓸 수 있으면 시작할 수 있다. 처음부터 완벽하지 않아도 된다. 시작하면서 배우고, 조금씩 개선해 나가면 된다. 지역 도서관이나 평생교육원에서 제공하는 무료 디지털 교육 프로그램을 활용할 수 있다.

수익이 바로 발생하지 않더라도 초기에는 브랜딩과 팬층 구축에 집중해야 한다. 자신만의 독특한 콘셉트와 일관된 메시지를 전달하며 신뢰를 쌓아가는 것이 중요하다. 댓글에 성실히 답변하고, 구독자나 팔로워와 소통하며 관계를 형성해야 한다. 이렇게 형성된 커뮤니티는 장기적으로 안정적인 수익 기반이 된다.

여러 플랫폼을 연계하는 전략도 효과적이다. 예를 들어 유튜브로 시작해서 인스타그램으로 짧은 클립을 공유하고, 블로그에 더 자세한 정보를 올리며, 이를 바탕으로 전자책이나 온라인 강의를 만들 수 있다. 하나의 콘텐츠를 다양한 형태로 재가공해 여러 플랫폼에서 수익을 창출하는 것이다. 이를 '원소스 멀티유즈'라고 한다.

주의해야 할 점도 있다. 저작권을 침해하지 않도록 조심해야 하며, 사실 확인이 되지 않은 정보는 올리지 말아야 한다. 과장 광고나 허위 정보는 신뢰를 무너뜨린다. 또한 수익에만 집중하다 보면 콘텐츠의 질이 떨어질 수 있으니, 항상 독자나 시청자에게 가치를 제공한다는 마음가짐을 유지해야 한다.

디지털 세상에서 나이는 숫자에 불과하다. 중요한 것은 배우려는 의지와 나누려는 마음이다. 당신이 살아온 시간은 콘텐츠가 되고, 경험은 가치가 되며, 지혜는 수익이 된다. 디지털 플랫폼은 두려운 곳이 아니라 인생 2막을 빛낼 무대다. 지금 시작의 버튼을 눌러보자. 당신의 이야기를 기다리는 누군가가 있다.

이제는
폼나게
살아보자

제6장

배움과 성장의 즐거움

1

배움에는 끝이 없다

린다 그래튼과 앤드루 스콧은《100세 인생》에서 중요한 통찰을 제시했다. 수명이 짧고 노동시장이 안정적이던 과거에는 20대에 습득한 지식으로 평생 직업 활동을 유지하는 것이 가능했다. 하지만 급변하는 사회에서는 70대, 80대까지 의미 있는 활동을 지속하기 위해 지식과 기술에 대한 근본적 재투자가 필요하다고 강조했다.

현대사회는 그 어느 때보다 빠르게 변화하고 있다. 인공지능, 빅데이터, 메타버스 등 신기술의 등장은 산업 구조뿐 아니라 일상생활의 패턴까지 격변시키고 있다. 세계경제포럼WEF의《직업의 미래 2025 보고서》는 AI 기술의 확산, 재교육의 중요성, 인간고유 역량의 가치를 주요 주제로 담았다.

재교육과 관련해 2023년도 보고서는 2027년까지 전 세계 직장인의 44%가 새로운 직무 역량을 재습득해야 할 것으로 전망했다. 2025년 보고서는 더욱 놀라운 결과를 발표했다. 2030년까지 근로자의 59%가 재교육을 받아야 한다고 주장했다. 그래튼이 강조했듯이 지식과 기술에 대한 근본적 재투자는 이제 피할 수 없게 되었다.

더 나아가 인공지능과 자동화 기술의 발전으로 인해 전통적인 직무의 75%가 향후 10년 내 상당한 변화를 겪을 것으로 2023년도 보고서는 예측했다. 2025년 보고서에서도 가장 큰 변화의 중심에는 AI와 로봇이 있다고 강조했다. 특히 최근 초고속으로 발전하는 생성형 AI 기술은 앞으로 어디까지 확장될지 가늠하기조차 어렵다.

이러한 대규모의 직무 변화와 디지털 기술 비즈니스 혁명의 흐름은 현역 직장인뿐 아니라, 인생 후반의 미래 가능성을 모색하는 은퇴자에게도 똑같이 적용된다. 배움을 멈추면 곧 사회 시스템에서 소외될 수 있다는 경고이기도 하다. 이런 환경에서 평생교육은 더 이상 선택이 아닌 필수가 되었다.

OECD의 최신 교육 동향 보고서에 따르면 평생학습에 참여하는 성인의 비율이 높은 국가일수록 노동 생산성과 혁신 지수가 높게 나타났다. 실제로 평생교육 참여율이 60%를 넘는 덴마크, 스웨덴, 핀란드 등 북유럽 국가는 글로벌 혁신 지수에서도 상위권을 차지했다. 학습이 개인의 문제뿐 아니라 국가 경쟁력으로 이어진다는 점을 시사한다.

대한민국 1호 인지과학박사 박경숙은 《진짜 공부》에서 사람은 나이에 관계없이 계속 성장한다고 강조하며, 당신을 변화시킬 진짜 공부를 하라고 했다. 공부하지 않으면 생명으로서 죽어가는 속도를 높이는 것이며, 어디에 있든 몇 살이든 당장 시작해야 한다고 목소리를 높였다.

평생 학습이 주는 가치는 정보의 축적과 삶의 풍요로움 전반에 영향을 미친다. 뇌과학 연구에 따르면, 새로운 영역을 학습하는 과정은 뇌의 신경가소성을 지속적으로 자극하고 활성화하는 효과적인 방법이다. 이러한 신경가소성의 자극은 인지 기능의 저하를 예방하는 직접적인 효과를 가져온다. 더 나아가 알츠하이머나 치매 위험을 낮추는 의학적 이점까지 제공한다.

100세 시대를 맞아, 전통적인 '학교 교육-취업-은퇴'의 선형적 모델은 이제 '평생학습-성장-새로운 도전'이라는 순환적 모델로 전환되고 있다. 이러한 순환적 모델을 성공적으로 이어가기 위해서는 체계적인 접근과 지속적인 실천이 중요하다. 평생 학습은 실천적 적용이 중요하다. 학습한 내용을 일상생활에 능동적으로 적용하는 것이 그 가치를 완성하는 핵심이다.

능동적으로 적용한 사례가 한 '인생2막 큐레이트'라는 블로그에 소개되었다. 78세 시어머니에게 며느리가 스마트폰에 설치된 챗GPT 앱 사용에 대해 알려줬다. "어머니, 요즘 말만 하면 AI가 다 해 줘요." 시어머니는 장미꽃을 그려달라고 했고, 친구들과 모임장소도 물어보며 활용하기 시작했다. 친구들을 만나 자랑까지 하며 스타가 된 기분이었다. "애야, 이런 걸 왜 이제야 알려줬니?"

평생학습 체계를 구축하기 위해서는 균형 잡힌 학습과 네트워크 형성이라는 두 축이 중요하며, 이 두 가지는 학습의 동기를 유지하는 기반이된다. 한국노년학 연구2024 결과 역시 다양한 분야의 학습이 뇌를 자극하고 인지 기능을 향상한다고 강조한다.

《IQ 최고들의 일머리 법칙》의 저자 김무귀가 역설했듯이, 전문 분야에만 매몰되는 전문가 바보가 되지 않기 위해 인문학, 예술, 디지털 기술, 건강 관리 등 여러 영역을 고루 학습해야 한다. 또한, 학습 커뮤니티 참여나 멘토링 프로그램 활용 같은 네트워크 형성은 학습 동기를 지속적으로 유지하고 실질적인 정보를 교환하는 데 도움이 된다.

이는 학습을 개인적인 노력에만 국한시키지 않고, 사회적 유대 속에서 시너지를 창출하는 전략이다. 평생학습 체계의 구축은 지식 축적을 위한 기술적인 시스템이 아니다. 끊임없는 성장과 발전을 추구하는 삶의 철학이자 미래를 준비하는 전략적 접근이다.

평생학습을 시작하려면 먼저 자신의 관심 분야 2~3개를 선택하고 주 2~3시간 학습 시간을 확보한다. 동네 평생교육원, 온라인 플랫폼, 스터디 모임 등 학습 커뮤니티에 가입하고, 배운 내용을 즉시 일상에 적용하며 주변과 공유한다. 디지털 기술, 인문·예술, 건강 관리, 전문 분야를 고루 학습해 균형을 유지한다. 연간 목표를 세워 매월 점검하며 조정한다. 학습 파트너와 서로 격려하면서 지속한다. 완벽한 계획보다 중요한 것은 오늘 당장 시작하는 것이다.

개인의 성장이 조직과 사회의 발전으로 이어지는 선순환 구조를 만들어내는 것, 이것이 평생 학습 체계 구축의 궁극적인 목표이다. 교육철학자 존 듀이의 "교육은 삶이며, 삶 자체가 곧 교육"이라는 말은 현대 평생교육의 철학적 근간이 되는 명제다.

UNESCO의 평생교육 보고서2022 역시 학습을 노후 만족도를 향상시키는 핵심 도구이자 사회 변화에 대응하는 효과적인 방법이라고 정의했다. 이러한 관점에서 배움은 지식 습득과 더불어 삶의 의미를 적극적으로 찾고 자아를 실현하는 과정이 된다.

지속적인 학습과 성장은 미래 사회를 대비하는 핵심 전략임을 보여준다. 평생교육은 급변하는 세상에 적응은 물론이고, 도전의 발판을 마련하는 주도적인 삶의 태도인 것이다.

평생교육은 지식의 양적 축적을 통하여 삶의 질을 높이고, 길어진 노년의 시간 속에서 새로운 의미와 가치를 찾아가는 능동적인 여정이다. 배움의 즐거움을 통해 얻는 성취감과 내면의 자신감은 노년의 삶을 더욱 풍요롭고 의미 있게 만드는 중요한 가치다.

이제 평생교육은 의무이자 기회다. 피터 드러커Perter F. Drucker처럼 평생공부를 위한 구체적인 목표를 세우고 이를 실행해 나가는 자세야말로 급변하는 시대에 적응하고 새로운 기회를 창출하는 행복한 백 년의 든든한 기반이 될 것이다. "배움에는 끝이 없다"라는 말처럼, 우리 각자의 성장 가능성 역시 나이와 관계없이 무한하다.

2
미친 듯이 책을 읽었다

　100세 시대의 도래는 은퇴 후의 삶을 제2의 성장기로 전환하게 만든다. 이러한 시대적 과제 앞에서 독서를 통한 지적 성장은 핵심적이고 지속 가능한 동력이 된다. 독서는 시간과 장소에 구애받지 않고 자신의 페이스대로 학습할 수 있다. 독서는 기본적이면서도 접근하기 쉬운 자기계발 방법이다.

　세계적인 성공을 거둔 인물들은 하나같이 독서를 지적 성장의 근본적인 출발점으로 꼽았다. 빌 게이츠는 "오늘의 나를 있게 만든 것은 하버드대 졸업장이 아니다. 내가 자란 시골마을의 작은 도서관이 나를 있게 했다"라고 했다. 미래학의 대가 앨빈 토플러Alvin Toffler 또한 "책 읽는 기계로 불릴 만큼 미친 듯이 책을 읽었다"라고 고백했다. 세계적인 투자자 워렌 버핏이 하루 평균 5~6시간을 독서에 투자하며 "지식은 복리로 쌓인다"라고 강조했다. 꾸준한 독서는 통찰력과 창의성 향상에 크게 기여한다는 것을 보여준다.

　나는 한때 독서를 고상한 사람들이 폼 잡는 일로 생각했다. 그런데 그룹 임원 교육 중에 한 임원이 "작년에 책을 200권 읽었다"라는 말에 충격을 받았다. 그 강렬한 자극은 곧 "내년에 책 100권을 읽겠다"라는 구체적인 목표 설정으로 이어졌다. 1년 동안 적극적인 도전의 결과, 목표를 달성할 수 있었다. 독서는 또 다른 곳으로 나를 인도했다.

독서는 지적 성장뿐 아니라 심리적 안정까지 가져다준다. 영국 서섹스대학교 연구에 따르면, 가장 효과적인 스트레스 해소법 1위는 독서였으며, 음악 감상이나 산책보다도 스트레스 감소 효과가 뛰어난 것으로 나타났다.

독서 습관 만들기는 성공적인 평생 학습의 중요한 과제다. 뇌과학 연구에 따르면, 기상 후 2~3시간 이내가 집중력과 기억력이 가장 활성화되는 최적의 시간대다. 이러한 연구 결과를 바탕으로, 아침 활동 시작 전 30분 독서는 하루를 시작하는 최적의 루틴으로 제시된다. 시간 관리 전문가들은 하루 중 특정 시간을 독서에 할애하는 '시간 블로킹' 기법을 추천한다. 일본의 저명한 경영자 구리하라 케이스케는 "매일 30분의 독서 시간만 확보해도 연간 30권 이상의 책을 읽을 수 있다"라고 조언했다.

디지털 시대는 독서의 방식도 다양해졌다. 종이책의 촉감을 선호하는 사람도 있지만, 전자책과 오디오북은 시공간 제약을 극복하는 효과적인 대안이다. 특히 시력이 약해진 경우 글자 크기를 자유롭게 조절할 수 있는 전자책 리더기나 태블릿이 유용하다. 밀리의 서재, 리디북스 등 국내 플랫폼은 월정액으로 수천 권을 읽을 수 있어 경제적이다.

오디오북은 산책이나 운동 중에도 독서를 가능하게 한다. 윌라, 밀리의 서재 오디오북 등을 활용하면 하루 1시간 걷기 운동과 독서를 동시에 할 수 있다. 중요한 것은 매체가 아니라 '읽는다'는 행위의 지속이다.

자신에게 맞는 방식을 찾아 독서 습관을 유지하는 것이 관건이다.

독서를 통한 자기계발은 적극적인 학습과 성장의 과정이어야 한다. 독서의 진정한 가치는 읽은 내용을 내면화하고 실천으로 옮기는 데 있다. 하버드 대학의 독서 연구팀은 '적극적 독서 방법론'을 제시했다. 이는 기억력 향상과 이해도를 높이는 데 큰 도움이 되는 독서노트 작성을 권장했다. 코넬 노트 테이킹 방식이나 마인드맵을 활용하는 것도 좋은 방법이다. 책의 주요 내용을 정리하고 자신의 생각을 더해 재구성하는 과정은 창조적 사고로 이어진다.

읽은 내용을 실생활과 연결 짓는 습관 또한 중요하다. 스탠퍼드대학의 연구에 따르면, 읽은 내용을 실제 경험과 연결 지어 생각한 그룹이 그렇지 않은 그룹보다 내용 이해도가 42% 더 높았다. 또한 독서 토론 그룹 참여는 다양한 관점을 접하고 자신의 생각을 검증하는 좋은 기회가 된다.

실제로 독서 토론에 참여하는 사람들은 독서의 깊이와 이해도가 평균 35% 더 높은 것으로 나타났다. 월간 독서 리뷰 작성은 메타인지 능력을 향상시키고 독서를 통한 자기 성장을 객관적으로 평가할 수 있게 한다.

개그맨 고명환은 《고전이 답했다》에서 책 속에 새로운 길이 무수히 많다는 것을 알고 깜짝 놀랐다고 했다. 300일 하루 10쪽이라도 책을 읽는다고 했다. 그는 스스로를 이렇게 소개한다. "개그맨, 탤런트, 영화배우, 강사, 저자, 요식업CEO 고명환입니다." 완전한 멀티 페르소나다. 그는 독서를 통하여 개그맨이라는 좁은 세계에서 완전히 탈피하여 확장된 삶을 영위하고 있다.

독서는 더 큰 목적과 가치를 향해 나아가야 한다. 관심 분야를 중심으로 한 목적 지향적 독서가 중요하다. 오랜 세월 축적된 경험과 전문성을 독서를 통해 새롭게 발전시킨다. 그리고 이를 사회에 환원하는 것이 뉴 시니어의 독서가 지향해야 할 방향이다.

목적 지향적 독서는 첫째, 자신의 전문 분야 경험을 다음 세대와 공유하기 위한 독서를 해야 한다. 이를 위해 관련 분야의 최신 트렌드를 파악하고 교육 방법론을 학습하고, 강의나 멘토링 등 다양한 형태로 지식을 활용할 수 있다. 둘째, 평생의 경험과 지혜를 책이나 온라인 콘텐츠로 정리하는 개인 콘텐츠 창작을 위한 독서가 있다. 이를 위해 글쓰기 방법론을 학습하고 자신만의 독특한 관점을 발굴하는 노력이 수반되어야 한다.

셋째, 사회문제나 공익 관련 서적을 통해 이론적 기반을 다지고 실제 성공 사례를 연구함으로써 지역사회 발전과 사회공헌에 기여하는 독서가 가능하다. 넷째, 시장 트렌드, 비즈니스 모델, 성공과 실패 사례를 분석해 제2의 인생 창업이나 사업 준비를 위한 실천적 독서가 필요하다. 마지막으로 건강, 운동, 영양 등 풍요로운 노후생활을 위한 실용적 지식을 습득하는 독서 역시 중요하다.

이러한 목적 지향적 독서를 효과적으로 수행하기 위해서는 명확한 목표 설정, 체계적인 독서 계획 수립, 독서 내용의 실천적 적용, 같은 관심사를 가진 사람들과의 네트워크 형성이 반드시 병행되어야 한다.

책을 선택할 때는 난이도와 분량을 고려해야 한다. 처음부터 너무 어렵거나 두꺼운 책 대신 입문서부터 시작해 점차 전문서적으로 확장해 나가는 것이 바람직하다. 독서를 통한 지적 성장은 자신의 삶을 더욱 풍요롭고 의미 있게 만드는 평생의 동반자가 되어줄 것이다.

《어떻게 늙을까》의 저자 다이애너 애실은 노년에 자신이 한 최고의 일은 "내가 글을 쓸 수 있다는 걸 발견한 것"이라고 했다. 그녀는 75세 은퇴까지 50년 가까이 편집자로 일했으며 자신의 장·단편소설과 회고록을 남겼다.

그녀는 원래 책 쓰는 것에 큰 관심이 없었지만, 책이 출간되자 생의 어느 때보다 큰 행복을 느꼈고 글쓰기가 가장 하고 싶은 일임을 확신했다. 87세에도 백 살까지 칼럼을 쓰는 영국 최고령 칼럼니스트 로즈 해커 Rose Hacker를 부러워하며, 자신도 90세 생일까지 글을 쓸 수 있기를 기대했다. 그리고 이것이 얼마나 고마운 일인지 표현할 길이 없다고 했다.

어디서 왔습니까?

새로운 언어를 습득하는 일은 뇌의 가소성을 높이고 인지 능력을 향상시키는 가장 효과적인 방법 중 하나다. 은퇴 이후의 외국어 학습은 새로운 문화에 대한 이해를 넓히고 글로벌 소통 능력을 키우는 의미 있는 활동이다. 이는 노년기 뇌 건강을 위한 능동적인 투자이기도 하다.

언어 학습의 가치는 과학적 근거로 뒷받침된다. 하버드의과대학 연구진은 제2외국어 학습이 치매 발병 시점을 평균 4년에서 5년 지연시키며, 다중언어 사용자의 뇌가 단일언어 사용자에 비해 더 오랫동안 건강하게 유지된다는 사실을 밝혀냈다.

독일 철학자 비트겐슈타인은 "나의 언어의 한계는 곧 나의 세계의 한계"라고 말했다. 실제로 다중언어 사용자들은 문제를 바라보는 시각이 더 유연하고 창의적인 해결책을 제시하는 능력이 뛰어난 것으로 나타났다.

언어 학습의 성공은 체계적인 접근에서 시작된다. 뇌과학 연구에 따르면, 코티솔 호르몬 분비가 활발한 아침 시간대의 학습 효율이 저녁보다 평균 27% 높은 것으로 나타났다. 이러한 과학적 근거는 학습 시간을 최적화하는 데 활용되어야 한다.

저자가 직장의 본부장일 때는 매일 저녁 술자리로 인해 시간을 효율적으로 활용하기 어려웠다. 그래서 아침 시간을 활용하기로 결심했다. 비상경영으로 인한 7시 출근 체제가 시행되던 시기에도 본사와 협의해 출근 시간을 조정하고, 아침 영어 학습 시간을 확보했다. 이어 저녁 시간에는 중국어 학습을 배치해 하루 두 개 언어를 학습하는 체계를 만들었다.

지인 E 씨77세는 퇴직한 지 20여 년이 지났음에도 외국어 공부를 계속하고 있다. 중국어는 코로나 시기부터 줌 수업으로 시작해 지금까지 이어지고 있다. 일본어는 주 2회 복지회관에서 배우고 있다. 목적은 건강유지, 즉 치매 예방 차원이라고 했다. 부수적으로는 사람들을 만나고 움직이게 되면서 몸도 마음도 더 건강해졌다는 효과를 얻고 있다.

기회가 된다면 어설프고 다소 틀리더라도 외국어를 한마디씩 실전으로 해보면 많은 도움이 된다. 언제부턴가 해외여행을 가면 현지인이 한국말을 건네는 상황을 많이 접하게 된다. 그들의 발음이나 표현이 다소 어색하지만 듣기에 나쁘지 않았다. 물론 대부분은 장사하는 사람이었지만 그렇지 않은 사람들도 많았다.

얼마 전 여행 중 뷔페식 레스토랑에서 일본인 여성 두 분과 같은 테이블에 앉게 되었다. 한 분은 나이가 지긋했고, 한 분은 딸인지 며느리인지 구분이 되지 않았다. 어색하게 앉아 식사 중에 나이 든 여성이 조심스레 말을 걸어왔다. "어디서 오셨습니까?" 이 한마디가 트리거가 되어 자연스럽게 대화로 이어졌다. 그냥 자기 식사만 하는 것보다 훨씬 풍성한 밥상을 경험했다.

　은퇴 이후의 외국어 학습은 도전적이지만 충분히 체계적으로 접근할 수 있는 영역이다. 언어 학습을 시작하기 전에는 자신의 목적과 상황에 맞는 언어를 신중히 선택해야 한다. 영어는 학습 자료가 풍부하고 글로벌 소통에 가장 보편적인 선택이 될 수 있다. 일본어나 중국어는 한자 문화권이라는 유사성으로 인해 접근이 쉬울 수 있다. 유럽 언어들은 여행이나 문화 체험을 목적으로 할 때 유용하다.

　외국어 학습은 반드시 쉬운 회화부터 시작하는 것이 좋다. 문법이나 복잡한 이론에 매몰되기보다는 일상생활에서 실제로 사용할 수 있는 표현을 중심으로 학습을 진행하는 것이 효과적이다. 기본 인사말과 자기 소개부터 시작해 숫자와 시간 표현, 길 묻기, 음식 주문하기 같은 실용 표현을 단계적으로 익혀나가는 것이 좋다. 이러한 기초적인 의사소통 능력이 갖춰진 후 더 복잡한 표현이나 문법적인 요소들을 학습하는 것이 바람직하다.

　또한, 자신만의 몰입 환경을 구축하는 것도 중요하다. 외국어 영화를 자막 없이 시청하거나, 팝송 가사를 이해하며 따라 부르는 쉐도잉 Shadowing 연습을 통해 언어를 자연스럽게 흡수할 수 있다. 학습 초기에는 문법적 오류에 대한 두려움을 버리고, 적극적으로 말하는 자세가 필요하다. 오류는 성장의 필수 과정이며, 끊임없이 수정과 반복 속에서 언어는 습득된다.

　스마트폰 앱과 온라인 학습 플랫폼은 외국어 학습을 더욱 효과적이고 즐겁게 만들어준다. 유튜브나 팟캐스트와 같은 미디어는 실제 언어 사용을 접할 수 있는 좋은 기회를 제공한다. 특히 AI 기반 학습 도구들은 학습자에게 혁신적인 지원을 제공한다. AI는 개인의 취약점을 정확하게 분석해 맞춤형 복습 주기를 설계해 주며, 음성 인식 기술로 원어민에 가까운 발음 교정을 실시간으로 받을 수 있다. 이는 전통적인 교실 환경에서 얻기 어려웠던 즉각적이고 섬세한 피드백을 가능하게 한다. AI 튜터와의 대화를 통해 심리적 부담 없이 실전 회화를 지속적으로 훈련할 수 있다는 점도 큰 장점이다.

다만 디지털 도구들과 함께 전통적인 학습 방법도 병행하는 것이 중요하다. 회화 교재와 워크북을 통한 체계적인 학습, 단어장 작성을 통한 어휘 습득, 거울을 보며 하는 발음 연습 등은 여전히 효과적인 학습 방법이다. 특히 시니어 학습자의 경우, 디지털 기기에만 의존하기보다는 이러한 전통 학습 방법과 균형을 맞추는 것이 더욱 효과적일 수 있다.

언어 습득에서 가장 핵심은 결국 꾸준함이다. 매일 일정한 시간을 정해 학습하는 습관을 들이는 것이 중요한데, 하루 1~2시간 정도를 아침·점심·저녁으로 나누어 짧게 여러 번 학습하는 방식이 효과적이다. 아침에는 전날 배운 내용을 복습하고, 점심에는 새로운 표현을 학습하며, 저녁에는 회화 연습이나 듣기 훈련을 하는 식의 루틴을 만들어볼 수 있다.

시간적 제약이 있을 때는 5분에서 10분 단위로 학습 목표를 쪼개는 마이크로 러닝Micro Learning 기법이 효과적이다. 짧은 시간 동안 특정 단어 5개를 외우거나 짧은 문장 하나를 통째로 외우는 방식으로 집중도를 높인다. 또한, 학습일지나 어학 앱의 통계 기능을 활용해 자신이 투자한 시간과 이룬 성취를 시각적으로 확인하는 것이 좋다. 이러한 정량적인 피드백은 장기간의 도전을 지속할 수 있는 강력한 동기부여가 된다.

실전 연습도 매우 중요하다. 혼자서도 할 수 있는 다양한 방법이 있다.

거울을 보며 발음을 연습하거나, 상황을 가정해 혼자 말하기 연습을 하는 것, 외국어로 일기를 쓰는 것 등이 효과적인 방법이다. 여기에 더해 언어 교환 모임이나 시니어 어학 동아리에 참여하면 함께 학습하는 즐거움과 동기부여를 얻을 수 있다.

시니어 학습자들은 특히 자신의 체력과 건강을 고려한 학습 계획을 세워야 한다. 눈의 피로도를 감안해 학습 시간을 적절히 배분하고, 청력에 맞는 청취 훈련 강도를 조절하며, 충분한 휴식과 스트레칭을 병행해야 한다.

새로운 언어의 습득은 세계를 보는 새로운 창을 여는 것과 같다. 이는 커뮤니케이션 능력의 향상과 인지 능력의 발달, 문화적 이해의 확장, 그리고 궁극적으로는 자아의 성장으로 이어진다. 외국어 학습은 끊임없는 도전과 성장의 기회를 제공하는 가장 효과적인 도구 중 하나임이 분명하다.

4

자격증에 계속 도전할 겁니다

"자격증 시험에 도전 중이라는데 무슨 자격증이죠?"

"산업안전지도사 자격증 시험은 봤는데 떨어졌죠. 한 4~5년 됐는데요. 세 번 봤어요. 한 번은 필기시험 합격해서 면접까지 갔는데 면접에서 떨어졌고, 또 한 번은 필기시험에서 떨어졌어요. 자격증을 따고 학교 강의도 하려고 했는데 못 했죠. 시작했으니까 하나 따야죠. 계속 도전할 겁니다. 자격증은 전기안전기술사, 전기공사기사, 산업안전기사 있고요. 전기공학 박사 학위 있어요."

자격증 취득은 전문성 향상과 경력 개발을 위한 가장 중요하고 객관적인 수단이다. 자격증은 특정 분야의 지식과 기술을 공인하는 도구가 되며, 취업, 승진, 이직 등 경력 관리에 있어 핵심 자산이 된다. 특히 산업 구조가 급변하는 시대에 새로운 분야에 도전하거나, 은퇴 후 제2의 직업을 준비하는 이들에게 자격증은 자신감과 재취업 시장에서의 경쟁력을 확보할 수 있는 든든한 발판이 된다.

2025년 9월 18일 고용노동부와 노사발전재단이 개최한 '제20회 장년고용강조주간' 기념행사에서는 자격증을 통해 인생 2막을 연 중장년들의 성공 사례가 소개되었다. 30여 년간 전자부품 회사 영업 분야에서 근무하던 모현서 씨51세는 조기퇴직으로 생계 위기를 겪었다. 그러나 국민취업지원제도와 폴리텍 신중년 특화 과정 등을 활용해 산업안전기사를 비롯한 국가기술자격을 취득했고, 2025년 4월 한국산업기술시험원 시설관리직으로 재취업에 성공했다.

건설회사에서 34년간 경영 관리 사무직으로 근무하다 정년퇴직한 이건주 씨61세는 약 1년간의 준비 기간을 거쳐 내일배움카드를 활용해 소방안전관리자 1급과 전기기능사 등 국가기술자격증을 취득했다. 현재 그는 경기 성남시 소재 오피스텔 방재실에서 소방안전관리자로 근무하고 있다. 이러한 사례들은 자격증이 중장년층의 재취업과 경력 전환 과정에서 실질적인 경쟁력을 제공함을 분명히 보여준다.

관심 분야의 자격증을 찾는 것은 전략적이어야 한다. 자격증의 실질적인 가치와 활용 방안을 판단해야 한다. 자신의 현재 직무 경험을 확장하거나, 미래 희망 진로와 관련된 유망 분야의 자격증을 탐색하는 것이 중요하다. 국가공인자격증, 민간자격증, 국제자격증 등 다양한 선택지 가운데 자신의 경력 목표와 취득 목적에 가장 부합하는 자격을 선택해야 한다.

시장 동향을 파악하는 일도 중요하다. AI, 빅데이터, ESG 등 미래 성장성이 높은 분야의 자격증은 장기적으로 높은 활용 가치를 지닌다. 시니어의 강점인 공감 능력과 경험을 활용할 수 있는 심리상담사, 사회복지사, 직업상담사 등 전문 서비스직 자격증의 수요도 높다. 고령화 사회에서 중요성이 커지고 있는 치매 예방 교육이나 건강 코칭 관련 자격증도 장기적인 활용 가치가 크다.

이 과정에서 해당 분야의 전문가나 선배들의 조언을 구하는 것이 바람직하다. 자격증의 인지도와 활용도, 취득 난이도, 준비 기간 등을 종합적으로 고려해야 한다. 취득이 쉬운 자격증보다는, 장기적으로 전문성을 뒷받침할 수 있는 깊이 있는 자격증을 선택해야 투자 가치가 높아진다.

자격증 취득을 위한 학습 계획을 세우는 것은 성공의 첫걸음이다. 시험 일정을 확인하고, 최종 목표일로부터 역산해 학습 기간을 설정하는 '역산 스케줄링' 기법을 활용해야 한다. 직장생활과 기타 일정을 고려해 하루에 할애 가능한 시간을 현실적으로 산정하고, 주간 단위의 달성 목표를 구체적으로 설정한다.

시험 과목별로 학습 시간을 배분할 때는 자신의 강점과 약점을 파악하는 메타인지 학습 전략이 중요하다. 이미 잘 이해하는 과목보다는 취약한 부분에 더 많은 시간을 집중 투자함으로써 효율적인 학습 구조를 만들어야 한다. 독학할 것인지, 학원이나 온라인 강의를 활용할 것인지도 신중히 결정해야 한다.

최근에는 짧은 시간 동안 핵심 내용을 반복 학습하는 마이크로 러닝 콘텐츠나, AI 기반 맞춤형 문제 풀이 앱이 시니어 학습자에게 특히 유용하다. 특히 AI 기반의 어댑티브 러닝Adaptive Learning 시스템은 개인의 오답 패턴을 분석해 최적의 복습 시점과 난이도를 제시한다.

단계별 학습 전략도 중요하다. 한 번에 너무 많은 정보를 습득하려 욕심내기보다는, 기초부터 차근차근 준비하는 것이 바람직하다. 먼저 기본서로 전체적인 개념을 파악하고 용어에 익숙해진 뒤, 심화 이론을 학습하며 이론이 실제 어떻게 적용되는지 사례를 통해 이해를 확장해야 한다.

가능하다면 작은 프로젝트나 실습을 통해 지식을 실무와 연계하는 것이 효과적이다. 예를 들어 웹디자인 자격증을 공부한다면 결과물을 실제 웹사이트 형태로 만들어 저장하고, 상담자격증이라면 가상 사례 연구 보고서를 작성하는 등 '증명 가능한 실질적인 결과물'을 남기는 것이 도움이 된다.

과목별 모의고사와 기출문제 분석을 통해 시험 유형에 익숙해지는 과정도 필수적이다. 취약한 부분은 반복 학습으로 보완하고, 기출문제를 풀어보며 시험 시간 관리 능력을 함께 키워야 한다. 오답 노트는 단순한 실수 기록이 아니다. 자신이 어떤 개념을 정확히 이해하지 못했는지를 분석하는 '메타인지 피드백 도구'로 활용되어야 한다.

시니어 학습자는 방대한 내용을 한꺼번에 외우려 하기보다는, 연상 기법Mnemonic Device이나 도표를 활용해 구조화된 정보를 습득하는 것이 효과적이다. 이는 기억 효율을 높이는 데 도움이 된다. 중간중간 작은 목표 달성에 대한 보상을 설정해 동기부여를 하고, 지나친 압박감이 오히려 학습 효율을 떨어뜨릴 수 있음을 인식해야 한다.

자격증 취득 후의 활용 계획도 미리 세워두는 것이 바람직하다. 취득한 자격을 실무에 어떻게 적용할지, 경력 개발에 어떻게 활용할지 계획을 세운다. 뉴 시니어 03 W 씨68세가 실패를 했음에도 계속 도전 의지를 나타내는 것은 명확한 목적이 있기 때문이다.

나아가 관련 분야의 심화 자격증이나 상호 보완적 자격증을 추가로 취득하는 것도 고려할 수 있다. 자격증 취득이 목적이 아닌 전문성 향상의 과정이라는 점을 인식하고, 실질적인 능력 향상을 위해 지속적인 학습과 발전을 이어가야 한다.

취득한 자격증을 바탕으로 실무 경험을 쌓고 전문 네트워크를 구축해 나가는 것이 진정한 전문가로 성장하는 길이다. 스터디 그룹이나 온라인 커뮤니티에서 만난 동료들과의 관계를 전문 네트워크로 발전시켜야 한다. 이를 통해 취업 정보와 프로젝트 기회를 얻는 통로로 활용하며, 지속적인 경력 개발을 이어가야 한다.

5
뉴 시니어의 공부법은 남다르다

디지털 기술의 발전은 평생교육의 새로운 지평을 열었다. 한국교육개발원의 2023년 통계에 따르면, 온라인 교육 플랫폼 이용 성인학습자 수가 전년 대비 35% 증가했다. 특히 코로나19 이후 원격교육이 일상화되면서, 전 세계적으로 약 2억 명이 온라인 강좌를 수강했으며 이들 중 68%가 직장인이었다.

오늘날의 뉴 시니어는 은퇴 이후에도 온라인 강의와 교육앱으로 새로운 지식과 기술을 습득하며 삶의 질 향상을 추구한다. 유튜브 같은 동영상 플랫폼에서 다양한 교육콘텐츠, DIY영상, TED강연 등을 접하며 자기계발을 이어간다. 여수에서 근무하던 나는 지역적 한계를 극복하고자 경희대학교 사이버대학원 관광경영학과 석사 과정을 선택했고, 버킷리스트였던 학업을 성공적으로 마칠 수 있었다.

국내 대표 온라인 플랫폼인 K-MOOC는 2023년 기준 누적 회원 수 150만 명을 돌파했다. 서울대, KAIST 등 주요 대학이 제공하는 1,000개 이상의 강좌를 무료로 수강할 수 있다. S전자의 한 과장은 K-MOOC

에서 인공지능 관련 강좌를 이수하며 업무 역량을 강화했고, 이는 부서의 디지털 혁신 프로젝트 성공으로 이어졌다.

글로벌 플랫폼도 주요한 학습 수단이다. Coursera와 edX는 하버드, MIT 등 세계 유수 대학의 강의를 제공한다. H금융그룹의 디지털전환팀은 팀원들에게 Coursera의 데이터 사이언스 과정 수강을 권장했다. 그 결과 고객 데이터 분석 능력이 향상되어 신규 금융 상품 개발에 성공했고, 연간 매출 15% 증가라는 성과를 거두었다.

퇴직자를 위한 맞춤형 플랫폼도 다양하게 운영된다. 고용노동부의 국민내일배움카드는 5년간 300만~500만 원의 학습비를 지원하며, 다양한 직업훈련 과정을 HRD-Net에서 제공한다. 서울디지털대학교 시니어학부는 50세 이상 중장년층을 대상으로 학위 취득 및 자격증 과정을 운영하며, 실버산업과 노인상담 등 제2의 인생 설계에 실질적으로 도움이 되는 교육을 제공한다.

중장년 행복캠퍼스는 퇴직자 맞춤형 직업훈련과 창업교육을 실시간 강의와 자기주도학습 방식으로 병행한다. 교육부 지원 평생교육바우처는 연간 35만 원 한도로 학습비를 지원하며, 국가평생학습포털 '늘배움'에서 수강할 수 있다. 농림축산식품부의 귀농귀촌종합센터는 영농기술과 농촌생활 적응 등 실용적인 강좌를 무료로 제공한다.

성공적인 온라인 수강을 위해서는 체계적인 접근이 필요하다. 한국생산성본부의 연구에 따르면, 명확한 목표를 가진 학습자의 과정 완료율이 그렇지 않은 경우보다 2.8배 높았다. N사의 한 부장은 매일 아침 6시부터 7시까지를 학습 시간으로 고정해 지속성을 크게 높였다.

커뮤니티 활용도 효과적인 방법이다. 네이버 카페나 오픈카톡방 같은 온라인 스터디 그룹은 동기 유지에 큰 역할을 한다.

최신 기술을 활용한 학습 방식도 등장하고 있다. 삼성의 사내 플랫폼은 AI가 직원의 학습 패턴과 성과를 분석해 최적화된 학습 경로를 추천한다. 이러한 맞춤형 시스템 도입 후 학습 효율이 35% 향상되었다. 개인별 약점을 파악하고 보완하는 데 AI 기술이 효과적으로 활용되고 있다.

마이크로러닝은 바쁜 현대인에게 적합한 학습 방식이다. 5~10분 길이의 짧은 콘텐츠로 핵심 내용만 습득하는 이 방식은 큰 호응을 얻고 있다. 포스코의 사내 마이크로러닝 플랫폼 도입 후 직원들의 일평균 참여율이 기존 대비 3배 증가했다. 출퇴근 시간이나 점심시간 같은 자투리 시간을 활용할 수 있다는 점에서 현대인의 생활패턴에 최적화된 방식이라 할 수 있다.

효과적인 수강을 위해서는 강좌 선택부터 신중해야 한다. 자신의 목적과 수준에 맞는 콘텐츠를 찾아야 하며, 리뷰와 커리큘럼을 꼼꼼히 살펴보는 것이 바람직하다. 무료 체험판이 있다면 먼저 들어보며 강의 방식과 자신의 적성을 확인하는 것도 좋은 방법이다.

강좌 선택 시 강사의 전문성과 강의 방식도 고려해야 한다. 같은 주제라도 강사에 따라 설명 방식과 난이도가 크게 다를 수 있다. 수강생 리뷰에서 '설명이 명확하다', '실습 예제가 유용하다'와 같은 평가를 참고하면 도움이 된다. 또한 강의 업데이트 날짜를 확인해 최신 정보를 다루는지 점검해 봐야 한다.

계획 수립은 성공의 핵심이다. 여러 강좌를 동시에 시작하기보다는 우선순위를 정하고 단계적으로 접근하는 것이 효과적이다. 주간 또는 월간 목표를 설정하고, 자신의 생활 패턴을 고려해 가장 집중하기 좋은 시간대를 확보해야 한다. 그 시간만큼은 방해받지 않고 몰입할 수 있는 환경을 조성하는 것이 중요하다.

꾸준함은 온라인 학습에서 가장 큰 도전 과제다. 오프라인 강의와 달리 자기주도적으로 진행해야 하므로 강한 의지가 필요하다. 학습일지로 진도를 체크하고, 작은 목표 달성마다 보상을 설정하면 동기부여에 도움이 된다. 온라인 스터디 그룹에서 다른 수강생과 상호작용하며 지속성을 높일 수 있다.

효과적인 노트 필기 방법도 학습 성과를 좌우한다. 강의를 들으며 핵심 개념과 용어를 정리하고, 이해가 안 되는 부분은 표시해 두었다가 반복 재생해 학습한다. 디지털 노트 앱을 활용하면 강의 화면 캡처, 메모, 북마크 기능 등을 통해 체계적으로 정리할 수 있다. 복습 시에는 자신이 정리한 노트를 먼저 읽고, 이해가 부족한 부분만 강의를 다시 듣는 방식이 시간을 절약하는 데 효율적이다.

학습한 내용을 실제로 적용해 보는 것도 중요하다. 프로그래밍 강의라면 직접 코드를 작성해 보고, 마케팅 강의라면 배운 이론을 자신의 업무나 관심 분야에 대입해 본다. 그냥 듣고 보는 것이 아니라 실습하고 응용하는 과정에서 진정한 이해와 체득이 이루어진다. 일부 플랫폼은 프로젝트 과제를 제공해 실전 경험을 쌓을 수 있도록 지원한다.

학습 환경 조성도 빼놓을 수 없다. 화면이 충분히 큰 노트북이나 태블릿을 사용하고, 이어폰이나 헤드셋으로 집중도를 높이는 것이 좋다. 디지털 필기도구와 노트를 준비해 내용을 정리하면 효과가 배가된다. 조용하고 편안한 공간을 확보하는 것도 학습 효율을 높이는 데 기여한다.

온라인 강의 수료 후에는 이수증이나 수료증을 적극 활용해야 한다.

K-MOOC, Coursera 등 많은 플랫폼이 공식 이수증을 발급하며, 일부는 학점으로 인정되기도 한다. 이러한 인증서는 이력서나 포트폴리오에 포함시켜 자신의 학습 의지와 전문성을 증명하는 자료로 활용할 수 있다. 특히 LinkedIn 같은 전문가 네트워크에 이수 과정을 등록하면 경력 개발에 도움이 된다.

디지털 시대의 평생교육은 이제 불가피해졌다. 시공간 제약 없이 양질의 콘텐츠에 접근할 수 있다는 장점은 직장인과 끊임없이 자기계발을 추구하는 뉴 시니어의 지속적 성장을 가능하게 한다. 체계적인 계획과 꾸준한 실천으로 학습 성과를 거두고, 더 나은 미래를 준비할 수 있을 것이다. 온라인 플랫폼은 개인의 발전과 경력 개발을 위한 가장 현실적이고 효과적인 도구로 자리 잡았다.

6
오늘 날씨 알려줘

　현대 사회는 인공지능AI, 메타버스, 블록체인 등 새로운 기술이 빠르게 발전하고 있다. 이러한 기술 변화를 이해하고 적응하는 것은 더 이상 피할 수 없게 되었다. 특히 시니어 세대에게 디지털 기술을 이해하고 활용하는 능력은 일상생활과 밀접하게 연관되며, 독립적이고 활기찬 생활을 유지하는 핵심 요소가 되고 있다.

　인공지능은 우리 생활 곳곳에 자리 잡고 있다. 스마트폰의 음성비서, 쇼핑몰의 상품 추천, 번역 서비스 등 다양한 형태로 AI 기술을 접하게 된다. 예를 들어 "빅스비, 문자 보내줘", "네이버, 오늘 날씨 알려줘"와 같은 음성 명령어를 익히면 작은 글씨를 보거나 복잡한 조작 없이도 스마트폰을 편리하게 사용할 수 있다.

　메타버스는 현실과 가상세계를 연결하는 새로운 플랫폼이다. 가상 회의, 온라인 공연, 디지털 전시회 등으로 활용되며, 특히 거동이 불편할 때도 집에서 문화생활을 즐기고 멀리 떨어진 가족과 소통할 수 있는 새로운 기회를 제공한다.

키오스크는 카페, 식당, 병원, 관공서 등에서 널리 사용되며 시니어가 어려워하는 기술 중 하나다. 그러나 기본적인 4단계만 익히면 대부분 활용할 수 있다. 먼저 '주문하기', '발권하기' 등의 시작 버튼을 클릭하고, 왼쪽 카테고리에서 메뉴를 선택한 후 오른쪽에서 세부 메뉴를 고른다. 이어서 옵션을 확인하고 카드로 결제하면 되며, 어려울 때는 '도움 요청' 버튼으로 직원을 호출할 수 있다.

스마트폰 활용에서 가장 중요한 것은 와이파이와 데이터 관리, 화면 캡처와 확대 기능이다. 화면 확대 기능을 적극 활용하면 안경 없이도 화면을 편하게 볼 수 있다. 앱은 반드시 플레이스토어 등 공식 스토어에서만 설치하고, 사용하지 않는 앱은 삭제해 속도와 보안을 유지해야 한다.

간편결제 역시 현대생활의 필수 기능이다. 네이버페이, 카카오페이, 삼성페이 중 하나만 익혀두면 현금이나 카드 없이도 편리하게 결제할 수 있다. 지도 앱은 길 찾기, 병원이나 약국 검색에 유용하며, 클라우드 저장을 활용하면 소중한 가족사진을 자동으로 백업할 수 있다.

시니어에게 온라인 뱅킹은 은행 방문 시간과 노력을 절약해 주는 유용한 도구다. 이체, 조회, 자동납부 등을 익혀두면 일상이 훨씬 편리해진다. 자동납부로 공과금을 관리하고, 은행 앱의 지출 분석 기능을 통해 소비 패턴을 확인할 수도 있다. AI 금융 상담 서비스는 예산 관리와 저축 계획을 추천해 노후 자금 관리에 도움을 준다.

금융 서비스 이용 시 보안은 무엇보다 중요하다. 전화나 문자로 받은 링크는 절대 클릭하지 않고, OTPOne Time Password와 인증번호는 타인에게 알려주지 않으며, 금융 앱은 반드시 공식 스토어에서 설치해야 한다. 특히 보이스피싱이 증가하는 만큼 더욱 주의가 필요하다.

의심스러운 전화나 문자를 받으면 즉시 끊고 해당 기관에 직접 전화로 확인하는 습관을 들여야 한다. 후후, 네이버 후드 같은 보이스피싱 차단 앱을 설치하면 사기 전화를 사전에 차단할 수 있다.

AI 기술은 시니어의 일상생활을 더욱 편리하게 만든다. 문서, 처방전, 영수증을 촬영하면 자동으로 인식해 글자를 읽어주는 기능은 시력이 약할 때 특히 유용하다. 구글 번역과 카메라 번역 기능은 여행이나 외국어 설명서 해석에 도움이 된다.

"내일 3시 치과 예약"이라고 말하면 자동으로 캘린더에 등록되고, 알림으로 병원 예약이나 약 복용 시간도 관리할 수 있다. AI 챗봇은 정보 검색, 일정 계획, 여행 동선 만들기 등에 활용할 수 있어, 복잡한 매뉴얼 없이도 궁금한 것을 바로 물어볼 수 있다.

이러한 AI 기술 외에도 일상생활에서 자주 사용하는 정부와 공공기관의 디지털 서비스를 익혀두면 큰 도움이 된다. 정부24 앱을 통해 주민등록등본, 가족관계증명서 등 각종 민원서류를 집에서 발급받을 수 있어 관공서를 직접 방문하는 번거로움을 덜 수 있다. 카카오톡 인증서는 최근 가장 많이 사용되는 본인인증 수단으로, 한번 등록해 두면 각종 온라인 서비스 이용 시 간편하게 본인 확인이 가능하다.

건강 관리를 위한 디지털 서비스도 적극 활용해야 한다. 건강보험 앱에서는 병원 진료 내역과 건강검진 예약을 확인할 수 있으며, 병원 예약 앱을 활용하면 전화 대기 없이 진료 예약을 할 수 있다. 약 복용 알림 앱은 정해진 시간에 알림을 보내 복약 관리에 유용하다.

교통과 생활 편의를 위한 앱도 알아두면 좋다. 카카오T 같은 택시 호출 앱은 전화 없이 앱으로 간편하게 택시를 부를 수 있으며, 대중교통

앱으로 버스와 지하철 도착 시간을 실시간으로 확인할 수 있다. 배달의 민족, 쿠팡이츠 같은 배달 앱은 외출이 어려울 때 음식이나 생필품을 집으로 주문할 수 있어 편리하다.

긴급 상황에 대비한 앱도 반드시 설치해 두어야 한다. 119 안전신고 앱이나 안전디딤돌 앱을 통해 응급 상황 시 신속하게 구조 요청을 할 수 있다. 가족과 위치 공유 기능을 설정해 두면 혹시 모를 상황에 대비할 수 있어 안심이 된다.

고려대학교 고령사회연구원의 《대한민국이 열광할 시니어 트렌드》에서는 시니어를 위한 정부와 기업의 디지털 역량 강화 교육 프로그램을 소개하고 있다. 이는 시니어가 디지털화에 소외되지 않고 적극적 변화에 참여하도록 유도하기 위함이다.

정부는 디지털 역량 교육 사업을 통해 2022년 약 79만 3,000명이 교육을 수료했으며, 전국 911개소에 '디지털 배움터'와 '찾아가는 버스'를 운영 중이다. 서울시는 '어디나 5분 클래스'를 통해 교통, 금융, 행정 등 실생활 콘텐츠를 유튜브에 공개했다. 부산시는 디지털 문제 해결 센터를 구축했으며, 광주시는 스마트폰 기초부터 콘텐츠 제작까지 단계별 교육을 제공한다.

기업들도 맞춤형 지원에 나섰다. SK텔레콤은 전국 공식인증 대리점에서 시니어의 눈높이에 맞춘 스마트폰 활용 교육을 진행하고 있다. 삼성은 65세 이상 취약계층을 대상으로 디지털 아카데미를 운영하며 디지털 격차 해소에 기여하고 있다.

금융권에서도 시니어 특화 서비스를 적극 제공하고 있다. 신한은행은 '신한학이재' 프로그램으로 디지털 금융서비스 교육을 실시하고, 하나

은행은 큰 글씨 안내, 쉬운 말 ATM 등을 갖춘 특화 점포를 운영하며, KB국민은행도 'KB 시니어 라운지'를 통해 편안한 환경에서 디지털 금융을 배울 수 있는 공간을 제공하고 있다.

이러한 지원 프로그램의 효과로 오늘날 시니어는 기술을 배우는 수준을 넘어 소셜 미디어를 통해 문화 활동을 공유하고 있다. 유튜브에서는 크리에이터들이 요리, 여행, 건강, 손주 육아 경험 등 다양한 주제로 콘텐츠를 제작하며 자신의 풍부한 경험을 공유하고 있다. 이들은 디지털 플랫폼을 통해 사회적 관계망을 확장하고 고립감을 해소하며 새로운 정체성을 형성하고 있다.

디지털 기술 적응은 기술 습득과 삶의 질을 향상시키고 사회적 연결을 강화하는 필수 과정이다. 정부와 기업, 지역사회가 제공하는 다양한 프로그램을 적극 활용하자. 가까운 디지털 배움터를 찾아가거나, 은행의 특화 라운지에서 편안하게 배울 수 있다.

디지털 기술을 통해 이제 더는 디지털 약자가 아닌 능동적 디지털 시민으로 거듭날 수 있다. 기술 변화에 적극적으로 학습하고 적응해 나간다면, 더욱 독립적이고 편리하며 풍요로운 삶을 영위할 수 있을 것이다. 지금 바로 가까운 디지털 배움터를 찾아가거나, 스마트폰의 음성비서에게 "안녕"이라고 말을 걸어보는 것은 어떨까. 그 작은 시도가 새로운 디지털 세상으로 가는 첫걸음이 될 것이다.

7

푸른 잎사귀와 흙냄새를 갈망한다

인간은 본능적으로 자연을 그리워한다. 콘크리트 숲에서 살아가는 현대인일수록 푸른 잎사귀와 흙냄새를 더욱 갈망한다. 은퇴 후 많은 이가 자연으로 향하는 것은 하나의 취미 이상의 의미를 지닌다. 그것은 인간 본연의 리듬을 되찾고, 생명의 순환 속에서 자신의 자리를 재발견하는 과정이다.

2,000여 년 전 고대 로마의 현자들도 이미 이 진리를 알고 있었다. 앞서 언급했던 키케로의 저서 《노년에 관하여 우정에 관하여》에서 카토는 노년의 비참함 중 하나로 '감각적 쾌락이 없다'는 점을 들었다. 그러나 그는 이를 반박하며 농경의 즐거움에 대해 상세하게 피력했다. 농사일이야말로 노년에 누릴 수 있는 가장 순수하고 건강한 쾌락이라는 것이다.

곡식 재배, 포도 재배, 정원 가꾸기, 과수 재배, 양봉 등 자연과 함께 하는 모든 일이 현자의 삶에 잘 어울린다고 강조했다. 카토는 《농사에 관하여》라는 저서에서 씨앗 뿌리기부터 접붙이기, 가지치기, 토양 관리까지 농사의 모든 과정을 상세히 다뤘다. 이 저서가 쓰인 것이 지금으로부터 약 2,000여 년 전이라는 점을 생각하면 놀라운 일이다.

텃밭 가꾸기는 넓은 땅이 필요하지 않으며, 베란다나 옥상의 작은 공간에서도 시작할 수 있다. 상추, 토마토, 고추, 가지 같은 채소를 직접 키워 식탁에 올리는 즐거움은 경험해 본 사람만이 안다. 씨앗을 뿌리고, 물을 주고, 잡초를 뽑고, 열매를 수확하는 일련의 과정은 노동이 아니라 생명과 호흡을 함께하는 명상이 된다.

텃밭에서 가장 먼저 배우는 것은 인내다. 씨앗이 싹을 틔우기까지, 꽃이 피기까지, 열매가 익기까지 기다리는 동안 우리는 자연의 시간을 배운다. 직장생활에서 익숙했던 빠른 성과와 즉각적인 피드백 대신, 자연은 느리지만 확실한 보상을 준다. 흙을 만지고 식물을 돌보는 과정에서 자연스럽게 운동이 되고, 햇볕을 쬐며 비타민D도 합성된다. 무엇보다 매일 조금씩 자라는 식물을 관찰하며 생명의 신비를 체감하게 된다.

주말농장이나 도시텃밭을 활용하면 더 넓은 공간에서 다양한 작물을 재배할 수 있다. 감자, 고구마, 옥수수 같은 밭작물은 물론이고 딸기, 블루베리 같은 과일까지 키울 수 있다. 같은 텃밭을 가꾸는 이웃과 자연스럽게 교류하며 씨앗과 모종을 나누고, 재배 노하우를 공유하는 것도 큰 즐거움이다. 수확한 채소로 김치를 담그거나 장아찌를 만들어 이웃과 나누는 일은 공동체 의식을 되살리는 계기가 된다.

우리 부부도 지난 몇 년간 도시텃밭의 매력에 빠져 지냈다. 아파트에서 멀지 않은 곳의 땅 주인에게 연간 사용료를 지불하고 작은 텃밭을 빌려 계절마다 다른 작물을 가꾸었다. 봄에는 상추와 쌈 채소로 시작해서, 여름철에는 고추, 토마토, 오이, 호박, 옥수수가 주력 작물이었고, 가을에는 고구마를 수확하고 김장용 배추와 무를 심었다. 특히 고추는 청양

고추, 일반고추, 맵지 않은 고추를 구분해 심어 여름 내내 풋고추를 수확했다.

텃밭에서 거둔 수확물은 우리 식탁을 완전히 바꾸어 놓았다. 토마토와 상추, 오이로 만든 신선한 샐러드가 매일 식탁에 올랐고, 부추와 풋고추, 호박으로 부침개를 부치면 그 맛이 일품이었다. 무엇보다 풋고추 반찬은 여름철 식탁의 단골 메뉴가 되었다. 넉넉하게 수확한 채소는 이웃과 나누며 자연스럽게 공동체의 일원이 되는 기쁨을 맛보았다.

물론 모든 것이 순탄했던 것은 아니다. 작년 가을 김장용 배추를 심으면서 큰 어려움을 겪었다. 8월 중순, 농협에서 공급받은 배추 모종 70포기를 정성껏 심고 물을 주었는데, 이틀 후 20여 포기만 남고 나머지는 뜨거운 햇살에 모두 말라 죽었다. 다시 50포기를, 또다시 30포기를 구해 심어야 했다. 배추 모종 하나 살리는 일이 이렇게 힘들 줄은 몰랐다. 이런 실패를 통해 자연은 우리 마음대로 되지 않는다는 것을, 그리고 기후와 계절의 흐름에 더 세심하게 귀 기울여야 한다는 것을 배웠다.

정원 가꾸기는 텃밭보다 좀 더 예술적인 접근을 요구한다. 정원은 실용성과 아름다움이 조화를 이루는 공간이다. 꽃과 나무를 선택하고 배치하는 과정에서 미적 감각이 발휘되며, 계절에 따라 변화하는 정원의 모습은 끊임없는 감동을 준다.

정원 가꾸기는 작은 화분 몇 개로 시작할 수 있다. 메리골드, 백일홍, 한련화 같은 꽃들은 키우기 쉬우면서도 화사한 색감으로 공간을 밝혀준다. 조금 더 여유가 생기면 장미, 수국, 라벤더 같은 관목을 심거나, 작은 연못을 만들어 수생식물을 기를 수도 있다. 정원은 단순히 보는 공간이 아니라 그 안에서 차를 마시고, 책을 읽고, 명상을 할 수 있는 생활공간이 된다.

정원 디자인을 공부하면 더 체계적이고 조화로운 방식으로 아름다운 정원을 만들 수 있다. 식물의 높이와 색상, 개화 시기를 고려해 사계절 내내 볼거리가 있는 정원을 설계하거나, 암석정원·허브정원·야생화정원 같은 주제정원을 조성하는 것도 흥미롭다.

정원 가꾸기 동호회에 가입하면 전문가들의 조언을 듣고 정원투어를 통해 새로운 영감을 얻을 수 있다. 일부는 정원 디자이너 자격증을 취득해 이웃의 정원을 설계해 주는 재능기부로 이어가기도 한다. 자연을 가꾸는 일이 공동체적 나눔으로 확장되는 것이다.

숲 체험은 더 적극적으로 자연 속으로 들어가는 활동이다. 카토가 강조했듯이 노인이 계절의 변화를 건강하게 즐기기에 숲만큼 좋은 곳은 없다. 숲길을 걷고, 나무를 관찰하고, 새소리를 듣고, 맑은 공기를 마시는 것만으로도 심신이 치유된다. 숲은 사계절 내내 우리를 품어주는 가장 완벽한 치유의 공간이다.

최근에는 산림치유 프로그램이 활성화되면서 전문 해설가의 안내를 받으며 숲의 생태를 배우고 명상과 요가를 병행하는 프로그램도 많다. 산림청에서 운영하는 국립자연휴양림이나 치유의 숲에서는 체계적인 프로그램을 제공한다. 맨발로 흙을 밟는 어싱earthing, 나무를 안아보는 숲 명상, 피톤치드를 마시며 걷는 힐링 워킹 등 다양한 프로그램이 있다.

숲 해설가나 수목치료사 자격증을 취득하면 더 전문적으로 숲을 이해하고 즐길 수 있다. 나무의 이름과 생태를 배우고, 계절마다 달라지는 숲의 모습을 관찰하며, 야생화와 버섯을 구별하는 지식은 숲 체험을 더욱 풍성하게 만든다. 일부는 자원봉사 숲 해설가로 활동하며 방문객에게 숲의 소중함을 알리기도 한다. 등산과 달리 정상 정복을 목표로 하지 않고, 천천히 걸으며 숲과 대화하는 것이 숲 체험의 핵심이다.

카토가 2,000여 년 전 찬양했던 농경의 즐거움은 오늘날 우리에게도 여전히 유효하다. 텃밭에서는 인내와 자연의 시간을, 정원에서는 계절의 순환과 아름다움을, 숲에서는 치유와 겸손을 배운다. 작은 베란다 화분에서 시작해 텃밭을 가꾸고, 정원을 만들며, 숲을 거니는 과정 속에서 우리는 자연이 가르치는 가장 중요한 진리를 깨닫게 된다.

서두르지 않고 기다릴 줄 아는 여유, 실패를 받아들이는 겸손, 작은 것에서 기쁨을 찾는 지혜. 은퇴 후 자연과 함께하는 삶은 단순한 취미가 아니다. 인간 본연의 리듬을 되찾고 생명의 순환 속에서 자신의 자리를 재발견하는 소중한 배움의 과정이다.

이제는
폼나게
살아보자

연결과 나눔의 일상

창조하는 자, 늙지 않는다

5장에서 창조적 취미가 어떻게 경제적 자산이 되는지를 살펴봤다. 그런데, 취미의 진짜 힘은 수익 그 너머에 있다. 창조하는 행위 자체가 사람을 젊게 만들고 삶을 의미 있게 한다. 여기서는 창조적 취미의 진정한 가치 즉, 새로운 정체성을 만들고 인생 후반을 능동적으로 살아가는 힘으로서의 취미를 이야기하고자 한다.

랜디 코미사Randy Komisar는 《승려와 수수께끼》에서 '미뤄 놓은 인생 설계'를 비판하며 삶의 단계를 두 갈래로 나눴다. 하나는 의지로 떠밀리는 1단계해야 하는 것와, 다른 하나는 열정으로 이끌리는 2단계하고 싶은 것로 구분했다.

그가 말하는 열정이란 저항할 수 없이 자신을 끌어가는 힘이며, 의지는 책임감에 의해 떠밀려가는 것이다. 그의 주장은 퇴직 후에야 비로소 열정의 시기는 오지만, 수명이 짧고 노쇠하여 결국 이룰 수 없다는 것을 전제로 했다.

그러나 지금은 상황이 다르다. 정년 후에도 40년 가까이 시간이 주어지며, 이는 자아실현을 위한 충분한 기회다. 오히려 책임의 시기를 통해 재정적 안정을 이룬다면, 그 이후의 자아실현은 더욱 자유롭고 풍요로 워질 수 있다. 인간이 60~70년을 오직 좋아하는 일만 하며 살 수는 없 다. 책임과 열정, 의지와 창의성이 조화를 이루는 새로운 삶의 설계가 필요한 시대다.

인간은 본래 창조하는 존재다. 무언가를 만들고 표현하는 행위는 우 리 존재의 본질을 드러내는 과정이다. 사람은 일만으로는 완성되지 않 는다. 일은 세상이 우리에게 요구하는 것이고, 취미는 우리가 스스로에 게 허락하는 시간이다. 특히 뉴 시니어에게 창조적 취미는 제2의 인생 을 능동적으로 설계하는 핵심 도구가 된다.

영국 뉴 시티 칼리지 헤이안 마크Hei Wan Mark 외 연구진은 16개국의 65세 이상 노인 대상으로 추적 조사를 실시했다. 그 결과 취미 활동에 참여하는 노인은 우울 증상이 완화되고 행복감이 높아지며 삶의 질이 향상되는 경향을 보였다.

이는 취미 활동이 신체와 정신에 대한 주도권을 느끼게 하고, 삶의 의 미를 재발견하게 하며, 일상의 어려움을 극복할 자신감을 키워주기 때 문이다. 특히 이 연구는 취미 활동이 노년기 삶의 질을 결정하는 중요한 요소임을 과학적으로 입증했다.

뉴 시니어에게 걸맞은 창조적 취미는 5장에서 언급했듯이 개인의 창의 력을 발휘할 수 있고 무엇인가 만들어내는 활동이다. 그림 그리기, 글쓰 기, 요리 등이 대표적이다. 창조적 취미는 새로운 아이디어와 방법을 떠 올리며 사고를 확장시키고 자신만의 방법으로 세상과 소통하게 만든다.

붓을 들고 물감을 섞는 순간, 마음은 색으로 번지고 형태로 피어난다.

사진을 찍을 때 우리는 '보이는 것'을 넘어 '보려는 마음'을 배우게 된다. 글을 쓸 때, 혼자서도 세상과 깊이 대화할 수 있다. 이런 창조적 행위는 수동적인 여가 활동과는 질적으로 다른 경험을 제공한다.

창조적 취미의 가치는 결과보다 과정에 있다. 서툴러도 좋다. 손끝이 엉성하게 떨려도, 그 안엔 나만의 결이 있다. 그 결이 쌓여 어느 날 '나의 언어'가 된다. 무언가를 새로 만들 때, 우리는 스스로를 다시 만든다. 조용한 오후 작은 캔버스 앞에서 세상과 나 사이의 균형이 천천히 맞춰지는 순간, 그게 바로 창조적인 취미가 주는 선물이다.

하버드대학교《행복의 조건》저자 조지 베일런트는 보람 있는 은퇴생활을 위한 네 가지 조건 중 하나로 '창조성을 발휘할 수 있는 활동'을 꼽았다. 이는 생산적이고 창의적인 활동이 노후 삶의 질을 결정하는 핵심 요소임을 의미한다.

취미를 찾는 과정에서 중요한 것은 자신에게 맞는 활동을 발견하는 것이다. 유행하는 방식이나 남들이 좋다는 방법을 무작정 따라하기보다는 자신의 성향과 환경에 맞는 취미를 찾아야 한다. 저자의 창조적 취미의 시작은 책 읽기였다. 책을 읽다 보니 자연스럽게 책을 쓰는 길로 나아갔다.

매일경제 2026년 1월 17일자 〈칠순 넘어서야 나를 위한 시간…〉에 의하면, 최근 '칠십여행'이라는 에세이를 소개했다. 저자 이여진은 은퇴 후 10여 년간 3대륙 12개 나라를 여행했다. 여정의 풍경을 27편의 글로 나이듦과 삶의 성찰을 풀어냈다.

그녀는 33년간 교직생활을 했다. 명예퇴직 후 여행과 수필가로 활동 중이다. 도서관 수필반을 운영하며 문집도 발간하였다. 어릴 때부터 기록하기를 좋아했던 습관이 창작수필 등단 작가로 이어지고 있다. 취미가 삶의 새로운 정체성으로 발전한 살아있는 사례다.

이처럼 창조적 취미는 삶을 바꾸는 실질적인 힘을 가진다. 그 힘을 누리기 위한 세 가지 원칙이 있다. 첫째, 창조적 취미는 자아실현의 수단으로 봐야 한다. 취미를 통해 새로운 자아를 발견하고, 이는 다시 삶의 새로운 의미로 이어진다.

창조적 취미에 몰입할 때 나타나는 변화들이 있다. 불안과 우울을 막아주고, 지속적인 성장과 새로운 정체성이 형성된다. 조직에서 멀어지며 느끼는 허무감과 불평, 불만, 신세타령 같은 잡 생각들이 침투할 틈이 없다. 창조적 활동에 몰입하는 순간, 부정적 감정은 자리를 잃는다. 성장의 경험은 삶 전체에 활력을 불어넣으며, 정체성은 창조자, 작가, 예술가로서의 새로운 자아가 자리 잡는다.

둘째, 창조적 취미를 통한 사회적 관계 형성도 중요하다. 같은 취미를 가진 사람들과의 교류는 취미 활동의 즐거움을 배가시키고, 새로운 인간관계 형성의 기회가 된다. 창조적 취미 활동은 자연스럽게 커뮤니티를 형성하고 사회적 네트워크를 확장시킨다.

나아가 취미를 통해 타인에게 영향을 주고, 그들과 소통하며, 때로는 멘토가 되기도 한다. 창조적 취미를 통해 형성된 네트워크는 서로의 성장을 돕는 학습 공동체가 된다. 이런 관계 속에서 자신의 작품을 공유하고 피드백을 받으며, 더 나은 창작자로 성장해 간다.

셋째, 창조적 취미는 지속성이 핵심이다. 한 가지 취미를 꾸준히 이어가면서 깊이를 더해가는 것이 중요하다. 취미의 깊이가 깊어질수록 얻는 만족감도 커진다. 처음에는 단순한 취미로 시작했더라도, 점차 깊이와 전문성이 더해지면서 새로운 차원으로 발전한다.

취미는 점차 발전해 더 큰 목표로 이어질 수 있다. 독서 취미가 '나의 책 한 권 쓰는 것'이라는 새로운 버킷리스트로 확장하는 것처럼, 좋은 취미는 끊임없이 새로운 도전 과제를 제시한다. 그 과정에서 스스로도 몰랐던 가능성을 발견하게 되고, 삶은 조금씩 더 풍요로워진다.

취미란 '가슴 뛰는 삶'을 만드는 동력이 되어야 한다. 누군가에게 도움이 되는 인간이 되고 싶다는 바람처럼, 좋은 취미는 개인의 성장뿐 아니라 사회적 가치 창출로까지 이어질 수 있다. 취미를 찾고 발전시키는 것이 바로 의미 있는 노후를 만드는 첫걸음이다.

뉴 시니어로 살아가는 이들에게 창조적 취미는 새로운 자신을 발견하고 제2의 인생을 의미 있게 살아가는 방법이다. 매일 조금씩 새로 배우고, 느끼며, 만들어가는 사람은 세월보다 깊어지고 나이보다 젊어진다. 당신의 창조적 취미가 내일의 당신을 새롭게 만들 것이다.

2

여행은 내 인생의 반경을 넓혀준다

인생의 지도를 펼쳐놓고 보면, 우리는 대부분의 시간을 한곳에 묶어두고 살아왔다. 익숙한 거리, 반복되는 일상, 정해진 관계 속에서 삶은 어느새 좁은 반경 안에 갇혀버렸다. 그러나 우리 앞에는 미지의 세계가 활짝 펼쳐져 있다. 가보지 않은 길, 만나지 못한 사람들, 경험하지 못한 풍경들이 우리를 부른다. 여행은 그냥 장소만 옮기는 것이 아니다. 삶의 지평을 넓히고, 멈춰 있던 시간을 다시 흐르게 하는 마법이다.

통계청 2024년 자료에 따르면 지난 1년간 국내관광 여행 경험률은 66.7%, 해외여행 경험률은 15.1%로 2년 전보다 각각 26.9%p, 14.0%p 증가했다. 이는 많은 뉴 시니어가 여행을 통해 삶의 활력을 되찾고 있음을 보여주는 증거다. 여행은 일상에서 벗어나 새로운 경험과 시각을 얻는 최고의 방법이며, 은퇴 후 찾아오기 쉬운 무기력과 공허함을 극복하는 강력한 처방전이 된다.

2023년 1월 터키 여행에서 만난 한 분은 건장한 체구에 얼굴은 밝고 미소를 띤 도시 어르신 모습이었다. 단체 투어팀에 섞인 그분을 처음 봤을 때 뒷모습과 걸음걸이로는 전혀 나이를 가늠할 수 없었다. 건강한 60대쯤으로 보였다.

"나 87세요. 1936년생!"

점심시간에 같은 테이블에 앉게 되어 이야기를 나누다가 깜짝 놀랐다. 50대 막내아들과 함께 여행 중이라고 했다. 그분은 매년 두세 차례 해외여행을 다니며 국내 여행과 수영도 즐긴다고 했다. 여행이 자신을 젊게 만드는 비결이라며 환하게 웃었다.

2년 전 미국 동부와 캐나다 여행에서 만난 안동에 사신다는 84세 어르신도 잊을 수 없다. 몇 년 전 아내를 여의고 따님과 함께 온 그분을 뒤에서 보면 시골에서의 고된 삶이 느껴졌다. 등이 좌우로 휘었고 허리도 약간 구부정했다. 얼굴은 마르고 햇볕에 검게 탔다.

하지만 그분의 여행에 대한 열정과 활력은 놀라웠다. 나이아가라 상공 헬기투어에 도전하고, 호수에서 보트 체험까지 즐겼다. 젊은 사람들도 두려워하는 것들을 거침없이 체험하는 모습에서 진정한 뉴 시니어를 보았다. 몸은 좀 나이 들어 보였지만 걷는 것, 말하는 것, 도전하는 정신에는 전혀 손색이 없었다.

뉴욕의 번화가 타임스퀘어에서는 딸과 잠시 떨어져 서로를 찾느라 일행의 집결지에 늦게 도착하기도 했다. 서로 잘못을 탓하며 따님과 티격태격 싸우는 모습이 정겨웠다. 고향에서는 파크골프를 즐기며 활기찬 노년을 보내고 있다고 했다.

두 분을 보며 깨달았다. 중요한 것은 나이가 아니라 마음가짐이다. 그분들은 꾸준한 운동으로 건강을 유지했고, 여행을 통해 도전정신과 활력을 잃지 않았다. 여행은 새로운 것에 대한 호기심과 도전을 잃지 않는 마음이다. 그 순간 나도 저렇게 늙고 싶어졌다.

여행은 누구에게나 로망이다. 은퇴하면 세계 곳곳을 다니며 행복한 노후를 즐겨야지. 세계 일주를 해봐야지. 산티아고 순례길도 걷고, 페루 마추픽추도 가보고, 지중해 크루즈도 타봐야지. 갈 곳도 많고 보고 싶은 풍경도 끝이 없다.

그러나 여행에도 전략이 필요하다. 은퇴했다고 일 년 내내 여행만 다닐 수는 없다. 시간과 건강, 예산이 허락해야 한다. 혼자 떠나는 여행도 좋지만, 함께할 동행자가 있으면 더 풍요롭다. 특히 부부가 함께하는 여행은 은퇴 이후 관계를 새롭게 다지는 가장 좋은 기회가 될 수 있다.

여행은 지역과 기간, 거리와 목적에 따라 다양하게 나뉜다. 은퇴 이후 많은 이가 가장 먼저 꿈꾸는 것은 해외여행이다. 여행 기간은 일반적으로 지역에 따라 여행사 패키지 기준이 가장 합리적인 것 같다. 거리라는 관점에서는 하루라도 젊을 때 먼 곳부터 다녀오고 이후 가까운 곳으로 잡는 것이 현명하다.

여행은 속도보다 삶의 깊이를 더하는 의미 있는 경험에 초점을 맞춰야 한다. 자신의 체력과 관심사에 맞는 여행 스타일을 개발하는 것이 지속 가능한 여행의 비결이다. 거리의 멀고 가까움은 중요하지 않다. 중요한 것은 그 여행을 통해 무엇을 보고, 느끼고, 배우느냐이다.

국내 여행은 우리나라의 아름다운 자연과 문화를 접하며 상대적으로 부담 없이 활력을 얻을 수 있는 장점이 있다. 산, 바다, 강, 섬 등 각기 다른 매력을 지닌 자연환경을 한반도 곳곳에서 만날 수 있다.

봄의 벚꽃길, 여름의 해수욕장, 가을의 단풍 명소, 겨울의 스키장 등 계절별로 특색 있는 여행지가 우리를 기다린다. 역사 탐방, 문화 체험,

맛집 탐방, 트레킹 등 자신의 관심사에 맞는 테마를 정해 여행을 계획하면 더욱 즐겁다.

해외여행은 더 큰 활력을 선사한다. 독일 출신 저널리스트 마이케 빈네무트Meike Winnemuth는 50세가 넘어 TV 퀴즈쇼에서 받은 상금으로 2011년부터 1년간 시드니, 부에노스아이레스, 뭄바이, 런던 등 12개 도시를 여행했다.

빈네무트는 여행의 경험을 《나는 떠났다 그리고 자유를 배웠다》에 생생하게 기록했다. 뭄바이에서 그녀는 "인생의 눈부신 날들은 저절로 오지 않는다"라고 했고, 런던에서는 "여행은 '생각도 못했다'고 깨닫는 순간들의 합"이라고 표현했다. 코펜하겐에서는 "삶은 용기에 비례해 넓어지거나 줄어든다"라는 진리를 발견했다. 그녀는 "여행이 지속되는 한 인생은 결코 따분하지 않다"라며 여행의 가치를 강조했다.

저자는 퇴직 후 남미여행 가는 길에 그랜드캐니언에 들렀다. 2018년 12월 31일 밤, 그랜드캐니언 입구 투사얀호텔에 묵었다. 태평양의 날짜변경선을 넘어오니 한국에서는 이미 새해를 맞이했지만, 여기서는 아직 2018년의 마지막 순간이 흐르고 있었다.

2019년 새해 첫 해돋이를 그랜드캐니언에서 맞이한다는 생각에 가슴이 부풀어 올랐다. 과거 여수 향일암에서, 부산 광안리 해변에서, 당진 왜목마을에서 새해 해돋이를 맞이하며 가족의 건강과 행복을 빌었던 일들이 떠올랐다.

퇴직 후 처음 맞는 새해 태양은 과연 어떤 모습일까? 네모일까 세모일까, 붉을까 푸를까. 그러나 태양은 세모도 아니고 푸른색도 아닌, 어디서나 같은 모습이었다. 다만 그것을 바라보는 마음가짐이 특별하게 만들었다. 해가 떠오르자 협곡의 붉은 암벽은 황금빛으로 물들었다. 수억 년의 세월이 켜켜이 쌓인 지층 위로 빛이 번지는 광경 앞에서 나는 한동안 말을 잃었다.

퇴직이라는 삶의 커다란 전환점도, 앞날에 대한 막연한 불안도 그 광대한 풍경 속에서 잠시 작아지는 느낌이었다. 협곡을 가득 채운 새벽 공기를 깊이 들이쉬며, 이 순간이 오래도록 기억에 남을 것임을 직감했다. 마치 인생의 새로운 장을 시작하기 위한 특별한 여유를 선물 받은 것 같았다. 이것이 바로 여행이 주는 활력이었다.

알랭 드 보통Alain de Botton은《여행의 기술》에서 행복을 찾는 일이 우리의 삶을 지배한다면, 여행은 그 일의 역동성을 그 어떤 활동보다 풍부하게 드러내 준다고 말했다. 여행지에서 우리는 일상의 제약에서 벗어나 새로운 눈으로 세상을 바라보게 된다. 낯선 환경에서의 도전, 예상치 못한 상황을 해결하는 과정, 새로운 사람들과의 만남이 우리를 생동감 있게 만든다.

퇴직 후의 삶도 마찬가지다. 내가 어떤 의미를 부여하느냐에 따라 달라진다. 100세 시대를 살아가는 오늘 여행은 새로운 의미와 가치를 찾아가는 여정이다. 새로운 환경과 문화를 접하면서 시야가 넓어지고, 다양한 사람들과의 교류를 통해 삶의 지혜를 얻는다.

여행은 나에게 고정관념을 깨고 새로운 가능성을 발견하게 해준다. 그것은 새로운 삶의 장을 여는 문이며, 앞으로의 삶을 더욱 풍요롭게 만드는 열쇠가 된다. 결국 여행이란 목적지에 도착하는 것이 아니라, 그 과정에서 자신을 발견하는 일이다. 낯선 거리를 걸으며 내가 찾아 헤매던 것은 먼 곳의 풍경이 아니라, 여전히 살아 숨 쉬는 나 자신이었다는 것을 문득 깨닫는다.

여행은 내게 묻는다. "당신은 어떻게 늙어가고 싶은가?" 그 질문 앞에서 나는 "활력 있게, 호기심 가득하게, 도전하는 마음으로"라고 말하고 싶다.

최근 3주간의 여행을 마치고 돌아왔다. 이번에는 아내의 건강이 좋지 않아 다소 힘든 여정이었지만, 시차 적응이 끝나면 또다시 지도를 펼칠 것이다. 87세, 84세 어르신들처럼 오래 여행할 수 있을지는 알 수 없다. 다만 가슴이 뛰는 한, 호기심이 살아있는 한, 나는 계속 여행할 것이다.

3

여가 활동, 삶에 활력을 불어넣는다

은퇴자에게 여가는 단순히 쉬는 시간이 아니다. 오랫동안 미뤄왔던 자신을 재발견하는 행위다. 삶을 능동적으로 설계하는 창조적 과정이기도 하다. 직장이라는 틀에서 벗어난 지금, 무엇을 하며 살 것인가를 스스로 선택할 수 있다는 것 자체가 특권이다.

직장생활 동안 미뤄왔던 꿈과 관심사를 실현할 기회가 바로 지금이다. 자신이 진정으로 원하는 것이 무엇인지 깊이 성찰해야 한다. 하고 싶었지만 바빠서 못 했던 것, 언젠가 해보리라 생각만 했던 것들을 하나씩 꺼내볼 때다. 그에 맞는 활동을 선택하는 것, 그것이 뉴 시니어 여가의 출발점이다.

2024 통계청 자료에 따르면, 19세 이상 국민이 현재 하고 있는 여가 활동으로는 주중·주말 모두 '동영상 콘텐츠 시청', '휴식' 순이다. 향후 하고 싶은 여가 활동은 관광 활동이 67.0%, 취미·자기 개발 활동 41.8% 순으로 나타났다. 평소 여가생활에 만족하는 사람은 34.3%, 불만족하는 사람은 50.2%로 만족하지 못하는 이유로 경제적 부담이라고 응답했다.

19세 이상 인구의 노후를 보내고 싶은 방법은 취미 활동 42.9%, 여행·관광 활동 29.7% 순이다. 반면 60세 이상의 현재 노후생활 방법은 취미 활동 33.2%, 소득창출 활동 32.2% 순으로 나타났다. 원하는 노후와 실제 노후 사이에 분명한 간극이 존재한다.

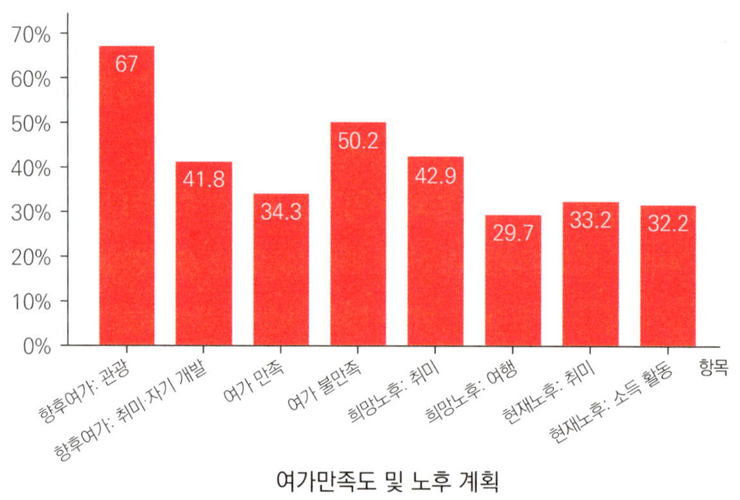

여가만족도 및 노후 계획

지난 1년 동안 실제 활동 참여율을 보면 국내관광 여행 경험은 66.7%, 해외여행 경험은 15.1%였다. 문화예술·스포츠 현장관람은 55.3%, 레저시설 이용은 69.1%였다. 독서 인구는 48.5%로 10년 전 62.4%에 비해 크게 줄었다. 1인당 평균 독서 권수도 14.8권으로 2013년의 17.9권보다 감소했다.

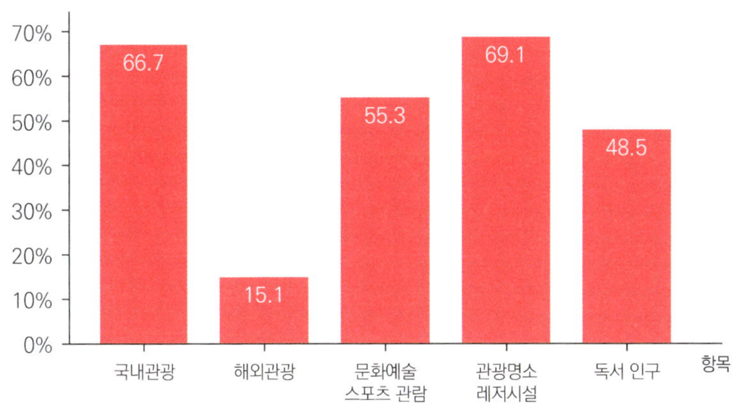

1년간 실제 활동 참여율

　사람들은 더 풍요로운 여가를 원하지만 현실에서는 소극적 활동에 머물고 있다. 원하는 것과 실제 하는 것 사이의 간극, 그 안에 방향을 잃은 여가의 현주소가 있다. 통계에서 나타난 여가 불만족의 주된 이유는 경제적 부담이지만, 실제로는 큰 비용 없이도 일상에서 충분히 의미 있는 여가를 즐길 수 있다. 중요한 것은 돈이 아니라 방향이다.

　여가생활은 신체적·정신적·사회적 균형을 고려해 설계되어야 한다. 어느 한 영역에 치우치지 않고 다양한 활동을 조화롭게 배치할 때 진정한 만족감을 얻는다. 평범한 일상 속에서 의도적으로 의미 있는 순간을 만드는 것이 삶의 질을 높이는 핵심이다. 뉴 시니어의 맞춤형 여가는 세 가지 축으로 설계할 때 비로소 완성된다.

　첫 번째 축은 몸을 움직이는 여가다. 뉴 시니어에게 신체 활동은 건강 유지와 세상과 연결되는 통로다. 계절과 생활 리듬에 맞춘 유연한 계획이 장기적인 만족감을 가져온다. 봄에는 벚꽃축제나 야생화 탐방으로 자연의 생동감을 느낄 수 있다. 여름에는 시원한 카페 브런치나 물가 나들이, 가을에는 단풍 산책과 문화예술 활동, 겨울에는 온천여행이나 박물관·미술관 관람으로 계절을 충실히 채운다.

일상의 작은 이벤트도 삶에 활력을 불어넣는다. 일출을 보러 이른 아침 산이나 바다로 향하거나, 저녁노을을 감상하며 하루를 마무리하는 것만으로도 충분하다. 공원에서 피크닉을 즐기거나 새벽 산책으로 아침 이슬을 만나는 것도 좋다. 좋아하는 음악과 함께하는 저녁 시간, 베란다에 작은 정원을 가꾸며 식물의 성장을 지켜보는 소소한 즐거움도 빼놓을 수 없다.

자연과 함께하는 시간은 신체적·정신적 건강 모두에 기여한다. 연구에 따르면 주 2~3회 자연 속에서 시간을 보내는 것만으로도 스트레스 호르몬이 감소하고 행복감이 증가한다. 규칙적인 자연 활동은 면역력 강화에도 도움이 된다. 자신의 건강 상태와 에너지 수준에 맞춰 활동 강도를 조절하는 것이 이 축을 오래 지속하는 비결이다.

두 번째 축은 감성을 채우는 여가다. 뉴 시니어는 젊은 세대보다 더 깊이 있는 감상과 성찰이 가능한 세대다. 오랜 삶의 경험이 예술과 문화를 만날 때 전혀 다른 울림을 만들어낸다. 클래식 음악을 들으며 독서를 하거나, 영화를 감상하며 와인 한잔을 즐기는 것도 좋다. 집에서 그림을 그리거나 악기를 연주하며 창의적인 시간을 보낼 수도 있다. 문화예술 활동은 뇌 건강에 긍정적인 영향을 미치며 인지 기능 유지에도 도움이 된다.

여기에 기록을 더하면 여가의 깊이가 달라진다. 사진이나 영상으로 순간을 남기거나, 일기나 편지로 그날의 감정을 기록해 두면 값진 추억이 된다. 블로그나 SNS에 일상을 올리는 것도 좋은 방법이다. 은퇴 후의 삶을 기록하는 행위는 자신의 정체성을 재확립하고 삶의 의미를 발견하는 과정이 된다. 이런 기록 활동은 자신의 삶을 성찰하고 의미를 부여하는 작업이 되며, 때로는 가족과 후손에게 전하는 소중한 유산이 되기도 한다.

세 번째 축은 관계를 만드는 여가다. 아무리 충실한 개인 활동도 나눌 사람이 없으면 빛이 바랜다. 가족과 친구들과의 관계를 풍요롭게 하는 활동이 여가생활 전체에 온기를 더한다. 부부만의 기념일을 챙기는 것은 관계를 돈독하게 만드는 좋은 방법이다. 결혼기념일이나 생일은 물론이고, 첫 만남의 날이나 프러포즈 날짜 같은 둘만의 날을 기억하고 기념하면 서로에 대한 애정과 감사를 재확인하는 시간이 된다. 앞으로의 삶을 함께 설계하는 기회로 삼을 수도 있다.

작은 홈파티는 사회적 교류를 활성화하는 효과적인 방법이다. 이웃을 초대해 함께 식사를 나누거나, 취미가 같은 친구들과 모여 즐거운 시간을 보낼 수 있다. 계절별로 피크닉 파티, 옥상 바비큐, 수확 파티, 티 파티 등을 기획하면 정서적 건강 증진과 고립감 예방에 도움이 된다. 간단한 핑거푸드나 직접 만든 요리로도 충분하며, 준비 과정 자체도 의미 있는 활동이 된다. 관계를 만드는 여가는 만남을 통한 서로의 삶에 존재감을 남기는 일이다.

맞춤형 여가생활의 핵심은 의도성과 균형이다. 세 가지 축을 골고루 채우되, 계절과 생활 리듬에 맞춰 유연하게 조정해 나가야 한다. 자신이 무엇을 좋아하는지, 지금 몸이 어느 정도 움직일 수 있는지를 먼저 솔직하게 파악해야 한다. 통계가 보여주는 여가 불만족은 결국 방향 없이 흘려보낸 일상의 결과다. 자신의 가치와 취향을 반영한 여가를 능동적으로 설계할 때 은퇴 후의 삶은 마침내 가장 나다운 계절을 맞이하게 된다.

4
소중한 인연, 장수를 꿈꾼다

인간은 태어나면서부터 관계에서 벗어날 수 없다. 태어나면서 엄마 아빠에서 시작해 성장하면서 점차 범위를 넓혀 가게 된다. 가장 절정을 이루는 시기는 직장생활 하는 동안이다. 회사 내 사람들뿐만 아니라 밖으로는 업무상 관계의 기회는 계속적으로 확대되어 간다.

관계는 직장을 떠나 비업무적인 분야에서 기존의 동기 모임이나 친구 모임 외에도 확장을 거듭해 왔다. SNS친구, 사회적인 각종 모임, 배움터, 취미, 여행지 등에서 만난 사람까지 하면 무궁무진하다.

앞에서의 여러 장과 글에서 관계에 대해 언급한 곳이 많았다. 관계는 건강한 노후, 장수, 스트레스 감소 등 여러 가지의 효과가 있다고 여러 책과 연구 논문도 언급했다. 이제 우리는 관계에 대하여 종합적으로 생각해 봐야 할 때다.

뉴 시니어로서 건강한 삶을 이어가기 위해서 관계를 정리해 볼 때가 되었다. 무조건 많은 관계가 중요한 것이 아니다. 꼭 필요한 관계, 나에게 좋은 관계를 골라 유지·발전시켜야 한다. 아울러 새로운 관계도 만들어 가야 한다. 이것이 지금부터의 과제다.

젊은 시절에는 많은 사람들과 폭넓은 교류에 집중했다면, 이제는 진정으로 의미 있는 유대에 시간과 에너지를 투자하게 된다. 직장생활의 의무적 만남에서 벗어나 자신이 원하는 사람들과 원하는 방식으로 교류할 수 있는 자유가 생겼다. 이는 인연의 양을 줄이되 질을 높일 수 있는 소중한 기회다.

"사회적 관계는 지금 새롭게 하고 있는 것보다는, 군대 동기들과의 모임에 참여하고 싶습니다. 저는 학사장교 출신인데, 그 모임은 지역이나 학교 인연이 공통적인 게 별로 없어요. 학사장교라는 카테고리로 모인 사람들이거든요. 직업도 다양해서 거기에 좀 적극적으로 참여해 보려고 하고요.

많은 사람들이 모임을 줄이라고 하더라고요. 너무 많으면 경제적으로나 시간적으로 많이 소비되니까요. 초중고, 대학 여러 모임이 있는데, 소소하게 만났던 모임들은 참여를 안 하려고 하고 있습니다.

퇴직을 하니까 경조사비로 나가는 게 만만치가 않더라고요. 현역에 있을 때는 다 냈는데, 지금은 경제적으로 무리가 있어서요. 인사 관계로 만났던 그런 모임들을 좀 줄여 보려고 하고 있습니다. 큰 틀에서 초중고대, 군대 이런 모임에 집중하고 작은 모임들은 좀 줄여야겠다 싶어요."

P 씨61세의 목소리는 매우 현실적이다. 이처럼 은퇴 이후의 인간관계는 '정리'와 '집중'이라는 현실적 선택을 동반한다. 중요한 것은 관계를 무조건 줄이는 것이 아니라, 삶을 지탱해 주는 핵심 인연에 더 깊이 다

가가는 일이다.

오랜 친구와의 재회는 특별한 의미를 지닌다. 학창시절 친구, 군 동기, 첫 직장 동료처럼 세월 속에서 멀어진 인연이 있다. 이들과 다시 연락을 취하고 만나는 일은 추억과 함께 삶의 뿌리를 재확인하는 과정이다. 함께 젊은 시절을 보낸 이들과의 만남은 현재의 자신을 돌아보고 지나온 길을 되짚는 귀중한 시간이 된다.

소셜 미디어의 발달로 옛 친구를 찾기가 한결 쉬워졌다. 페이스북이나 카카오톡 같은 플랫폼을 통해 수십 년 만에 친구를 찾는 일이 가능해졌다. 동창회나 동문회도 온라인에서 활발하게 운영되며 과거의 인연을 되살리는 창구가 되고 있다.

재회의 과정에서 옛 추억을 나누며 현재의 삶을 솔직하게 공유하고, 서로의 변화를 존중하는 자세가 필요하다. 수십 년의 시간이 흐른 만큼 서로 많이 달라졌을 것이다. 과거의 모습을 기대하기보다는 지금의 모습을 있는 그대로 받아들이는 열린 마음이 중요하다.

가족관계도 다시 돌아봐야 한다. 바쁜 직장생활로 소홀했던 형제자매, 사촌, 친척들과의 유대를 회복하는 것은 정서적 안정감을 준다. 명절이나 특별한 날이 아니더라도 자주 연락하고 만나면서 유대를 돈독히 할 수 있다. 혈연은 세상에서 가장 오래가는 인연이며, 어려울 때 서로 의지할 수 있는 든든한 버팀목이다.

오랜 인연을 돌아보는 것만큼 새로운 만남도 중요하다. 신선한 사람들과의 교류는 삶에 자극을 주고, 다른 관점과 경험을 접하게 한다. 동년배들과의 만남은 공감대를 형성하기 쉽고, 다양한 세대와의 교류는 시야를 넓혀준다.

취미 활동은 인연을 만드는 가장 자연스러운 방법이다. 등산, 사진, 요리, 독서, 음악 등 공통의 관심사를 가진 사람들이 모이는 동호회에 참여하면 자연스럽게 친구를 사귄다. 함께 활동하면서 유대감이 형성되고, 취미를 통한 만남은 즐거움과 의미를 동시에 제공한다.

평생교육 프로그램도 좋은 기회다. 대학 평생교육원, 문화센터, 도서관 등에서 제공하는 다양한 강좌에 참여하면 배움의 기쁨과 함께 동료 학습자들을 만나게 된다. 함께 공부하고 토론하면서 친분이 쌓이고, 수업 후 차를 마시며 이야기를 나누는 것만으로도 즐거운 시간이 된다.

자원봉사 활동도 또 하나의 값진 인연을 만드는 장이다. 같은 목적을 가지고 봉사하는 사람들과는 쉽게 친해진다. 함께 땀 흘리고, 보람을 나누면서 형성된 우정은 깊고 진실하다. 봉사 현장에서 만난 사람들은 대개 따뜻한 마음을 가진 이들이어서 좋은 친구가 될 가능성이 크다.

여행도 인연을 만드는 훌륭한 방법이다. 혼자 떠난 여행에서 만난 동행자, 여행 모임을 통해 알게 된 사람들과 특별한 우정을 쌓기도 한다. 함께 여행하며 겪는 경험은 짧은 시간 안에 깊은 유대감을 형성한다. 여행에서 만난 친구들과는 여행이 끝난 후에도 지속적으로 교류하며 또 다른 여행을 계획하기도 한다.

온라인 커뮤니티도 활용할 만하다. 관심사나 지역을 기반으로 한 온라인 모임에 참여하면 같은 관심사를 가진 사람들과 쉽게 연결된다. 온라인에서 시작된 교류가 오프라인 모임으로 이어지면서 실제 친구가 되는 경우가 많다. 네이버 카페, 밴드 같은 플랫폼에는 시니어를 위한 다양한 모임이 운영되고 있다.

세대를 넘나드는 교류도 시도해 볼 만하다. 손주 세대, 자녀 세대와의 소통은 신선한 관점을 제공하고 젊은 에너지를 느끼게 해준다. 멘토링 활동을 통해 젊은 세대와 교류하거나, 다세대가 함께하는 프로그램에 참여하면 세대 간 이해가 깊어지고 활력을 받게 된다.

새로운 만남을 위해 가장 필요한 것은 열린 마음이다. 나이, 직업, 배경이 다르더라도 편견 없이 사람을 대하는 자세가 중요하다. 처음부터 깊은 우정을 기대하기보다는 가벼운 인사와 대화로 시작해 점차 친분을 쌓아가는 것이 좋다.

관계를 유지하는 것도 중요하다. 연락을 자주 하고, 만날 기회를 만들며, 상대방의 일에 관심을 보이는 것이 인연을 지속시키는 비결이다. 생일이나 기념일을 기억하고, 어려울 때 도움을 주고받으며, 기쁨과 슬픔을 함께 나누는 것이 우정을 깊게 한다.

경청하는 능력도 필수적이다. 자신의 이야기만 하기보다 상대방의 이야기에 귀 기울이고, 공감하고, 적절한 반응을 보이는 것이 관계를 풍요롭게 한다. 나이가 들수록 자신의 경험을 이야기하고 싶은 욕구가 강해지지만, 상대방도 마찬가지임을 기억해야 한다. 서로의 독립성을 존중하고, 적절한 거리를 유지하면서도 따뜻한 교류를 이어가는 균형 감각이 중요하다.

인간관계는 삶의 질을 결정하는 핵심 요소다. 연구에 따르면 좋은 인간관계를 가진 사람들이 더 행복하고 건강하며 오래 산다고 한다. 오랜 인연을 소중히 가꾸고, 새로운 만남에 열린 자세를 가질 때 우리의 삶은 더욱 풍요로워진다.

뉴 시니어로서 인간관계는 가능성의 장이다. 과거의 관계를 다시 만나고, 동시에 색다른 관계를 만들어 가는 것이 바로 제2의 인생을 풍요롭게 살아가는 방법이다. 관심 있는 모임에 참여해 보는 작은 용기가 당신의 삶을 더욱 의미 있고 행복하게 만들 것이다.

삶의 뿌리는 결국 사람이다. 직함도 재산도 세월 앞에서는 빛이 바래지만, 진심으로 이어진 인연은 나이가 들수록 오히려 깊어진다. 장수 시대의 진짜 자산은 통장 잔고가 아니라 마음을 나눌 수 있는 사람의 수다. 뉴 시니어로서 새로운 인연을 향해 문을 열고, 오래된 인연을 향해 다시 손을 내밀 때, 제2의 인생은 비로소 완성되어 간다.

디지털 소통, 어렵지 않아요

　디지털 기술의 발전은 뉴 시니어에게 새로운 소통의 세계를 열어주고 있다. 소셜 미디어와 온라인 플랫폼이 과거에는 젊은 세대의 전유물로 여겨졌다. 지금은 일상적인 연결 수단으로 자리 잡으면서, 삶에 활력을 불어넣고 있다. 디지털 도구는 가족, 친구를 거리에 상관없이 이어주는 강력한 매개이며, 화상통화와 SNS 등의 소통 방식은 고립감을 줄이고 정서적 안정감을 높이는 데 중요한 역할을 한다.

　한국에서 가장 보편적으로 활용되는 플랫폼은 단연 카카오톡이다. 직관적인 인터페이스와 다양한 기능은 디지털 환경에 익숙하지 않은 이들도 쉽게 적응할 수 있도록 돕는다. 특히 자녀나 손주들과 떨어져 사는 시니어에게 가족과의 소중한 연결 고리가 되어준다. 간단한 텍스트 메시지부터 사진·동영상 공유, 화상통화까지 다양한 방식으로 실시간 교류가 가능해 일상에 활력을 불어넣고 있다.

　카카오톡은 사용자 편의를 위해 지속적으로 기능을 개선하고 있다. 글자 크기 조절로 시력이 약해진 이들도 메시지를 손쉽게 읽을 수 있으며, 음성 메시지는 긴 텍스트 입력이 어려운 경우 유용한 대안이 된다. 특히 그룹 채팅은 동창회, 취미 모임, 종교 모임 등을 통해 공통의 관심사를 가진 사람들과 관계를 유지할 수 있게 해준다. 한편, 2025년 9월 개편은 사생활 노출과 원치 않는 게시물, 과다 광고 등으로 사용자들의 불만을 샀다.

네이버의 밴드는 두 번째로 인기 있는 플랫폼이다. 강점은 폐쇄형 그룹 커뮤니티 기능에 있다. 동호회, 동창회, 봉사 모임 등 다양한 소모임 운영에 적합하다. 밴드는 사진 앨범, 일정 관리, 투표 기능 등을 갖춰 보다 체계적인 모임 관리가 가능하다. 게시판을 통해 여행 후기, 건강 정보, 맛집 추천 등을 정리할 수 있어 많은 모임에서 필수 도구로 자리 잡았다. 비공개 설정 덕분에 안심하고 개인적인 이야기를 나눌 수 있다는 점도 장점이다.

페이스북은 과거의 인연을 되살리고 새로운 관계를 만들 기회를 제공한다. 많은 뉴 시니어가 오랜 친구들과 재회하고, 학창시절 동창들과 다시 연락을 이어가고 있다. 그룹 기능도 취미, 관심사, 지역 기반의 다양한 모임에서 정보 교환과 의견 공유에 유용하다. 해외 거주자들에게는 한국 소식을 접하고 같은 지역 한인들과 교류하는 중요한 창구가 되고 있다.

인스타그램은 시각적 콘텐츠 중심 플랫폼으로서 새로운 형태의 자기표현 기회를 제공한다. 자신의 일상, 취미 활동, 여행 경험 등을 공유하며 활동적인 라이프스타일을 보여주는 동시에 젊은 세대와의 소통 창구로 삼고 있다.

특히 주목할 만한 것은 '뉴 시니어 인플루언서'의 등장이다. 패션, 뷰

티, 여행, 요리 등 다양한 분야에서 활약하는 이들의 적극적이고 활력 넘치는 모습은 동년배에게 새로운 영감을 준다. 24시간 후 사라지는 스토리 기능은 부담 없이 일상을 공유할 수 있어 인기가 있으며, 짧은 동영상 형식의 릴스는 손주들과 연결되는 새로운 방식으로 자리 잡고 있다.

유튜브는 가장 인기 있는 동영상 플랫폼이다. 건강 정보, 요리 레시피, 운동 방법, 여행 정보 등을 얻으며, 시청뿐 아니라 직접 크리에이터가 되어 자신의 경험과 지식을 나누고 있다. 은퇴 후 삶, 건강 관리, 재테크, 취미 활동 등 동년배가 공감할 수 있는 콘텐츠를 제작하며 새로운 경제 활동의 기회를 만들어가고 있다.

2023년 3월 조선일보 기사에 소개된 전직 회사원 이상호 씨72세의 사례는 주목할 만하다. 그는 퇴직 후 70세에 채널을 시작해 '할아버지의 일상'을 주제로 요리, 여행, 일상 이야기 등을 나누며 2만 명이 넘는 구독자를 모았다. 그는 "디지털 시대에 뒤처지지 않으려고 시작했는데, 오히려 젊은 세대와 소통하는 즐거움을 얻었다"라고 전했다.

네이버 블로그와 티스토리 같은 플랫폼은 생각과 경험을 깊이 있게 기록하고 공유하는 공간이다. SNS의 짧고 빠른 교류와 달리, 블로그는 긴 글과 사진을 체계적으로 정리할 수 있어 여행기, 인생 회고록, 취미 활동 기록 등을 남기기에 적합하다. 많은 시니어가 자서전을 쓰듯 자신의 삶을 기록하고, 이를 가족과 후세에 남기는 의미 있는 작업을 하고 있다.

콘텐츠를 시작하기 전에 자신만의 고유한 주제를 정하는 것이 중요하다. 평생 쌓아온 전문 지식일 수도 있고, 취미로 즐기는 활동일 수도 있으며, 일상의 소소한 행복일 수도 있다. 어떤 주제든 진정성 있게 풀어낸다면 공감하는 독자를 만날 수 있다. 정기적으로 포스팅할 수 있는 계획을 세우되, 부담스럽지 않은 범위에서 자신의 속도를 유지하는 것이 핵심이다.

온라인 카페에서는 다양한 주제의 커뮤니티가 운영되고 있다. 건강, 취미, 여행, 재테크 등 다양한 주제에 대해 정보를 교환하고 경험을 나눈다. 언제 어디서나 원하는 시간에 참여할 수 있다는 장점이 있다.

'유랑'이라는 유럽여행 카페는 회원 150만 명을, '유빙'은 10만 명을 보유하고 있다. 블로그는 불특정 다수가 방문하는 공간이지만, 카페는 회원들과 지속적인 관계를 형성할 수 있는 플랫폼이다.

틱톡과 같은 짧은 동영상 플랫폼도 일부 시니어 사이에서 관심을 받고 있다. 비록 아직 대중적이지는 않지만, 춤, 요리, 일상 브이로그 등을 통해 젊은 세대와 교류하려는 시도는 점차 늘어나고 있다.

쓰레드는 텍스트 기반 소통을 선호하는 일부에게 깊이 있는 대화와 의견 교환이 가능한 새로운 선택지가 되고 있다. 줌, 구글 미트 같은 화상회의 도구는 코로나19 이후 온라인 강의, 원격 진료, 화상 모임 등에 쓰이며 디지털 능력을 한 단계 높이는 계기가 되었다.

디지털 소통이 낯설게 느껴진다면 작은 것부터 시작하라. 먼저 카카오톡으로 자녀에게 사진 한 장을 보내보자. 익숙해지면 밴드에서 관심 있는 모임 하나를 찾아 가입해 보라. 댓글 한 줄을 남기는 것도 훌륭한 시작이다. 처음에는 실수해도 괜찮다. 잘못 보낸 메시지는 삭제할 수 있고, 이해가 안 되면 자녀나 손주에게 물어보면 된다. 중요한 것은 두려움보다 호기심을 가지고 시도하는 것이다. 디지털 세계는 생각보다 친절하고, 당신을 기다리는 수많은 연결이 있다.

소셜 미디어와 온라인 커뮤니티 활동은 사회적 고립감을 줄이고 삶의 질을 높여준다. 연구 결과에 따르면 이러한 도구를 적극적으로 사용하는 사람들은 그렇지 않은 경우보다 우울감이 낮고 삶의 만족도가 높은 것으로 나타났다. 이는 디지털 소통이 정신적·정서적 건강에도 긍정적인 영향을 미치고 있음을 보여준다.

디지털 리터러시를 키우는 것은 활발한 참여자로 남기 위한 필수 역량이다. 앞으로 소셜 미디어와 온라인 커뮤니티는 삶에서 더욱 중요한 역할을 할 것으로 예상된다. 이는 사회 참여, 평생학습 그리고 새로운 경제 활동의 장으로 더욱 확장될 것이다.

디지털 소통의 장점을 누리되, 주의할 점도 있다. 개인정보는 함부로 공개하지 말고, 의심스러운 링크는 클릭하지 않아야 한다. 모르는 사람의 친구 요청은 신중하게 판단하고, 금전 요구나 이상한 메시지를 받으면 먼저 가족에게 확인하자. 비밀번호는 주기적으로 바꾸고, 공공장소에서는 개인적인 내용을 올리지 않는 것이 좋다. 안전하게 사용하면 디지털 소통은 삶을 풍요롭게 만드는 훌륭한 도구가 된다.

이들 플랫폼을 통해 자신의 경험과 지식을 나누고 사회적 이슈에 대한 의견을 표현할 수 있다. 디지털 기술은 더 이상 젊은 세대만의 것이 아니다. 뉴 시니어에게 디지털은 그렇게 어렵지 않다. 그들은 이제 디지털 세계에서도 당당한 주역으로 자리매김하고 있다.

나눔, 사회에 건네는 값진 선물이다

한국의 시니어는 산업화와 민주화를 이끈 세대다. 전쟁의 폐허 속에서 경제를 일으키고, 격변하는 시대를 헤쳐 나온 이들의 통찰과 노하우는 그 자체로 살아있는 역사이자 교육 자료다. 이러한 소중한 지식이 사장되는 것은 개인의 손실을 넘어 사회적 낭비다.

이들이 평생 쌓아온 전문지식과 경험을 사회와 나누는 것은 개인과 사회 모두에게 큰 가치를 창출한다. 멘토링, 강연, 교육 등을 통해 사회에 기여하며 자신의 존재 가치를 재확인할 수 있다. 지혜를 나누는 과정에서 자신도 새로운 배움과 성장을 경험하게 된다.

멘토링은 지혜를 나누는 가장 직접적이고 효과적인 방법이다. 일대일 또는 소그룹 형태로 이루어지는 멘토링은 깊이 있는 관계 형성과 맞춤형 조언이 가능하다. 실제로 많은 기업과 기관에서는 은퇴한 임원이나 전문가를 멘토로 초청해 후배들에게 노하우를 전수하는 프로그램을 운영하고 있다.

예를 들어 중소기업진흥공단의 '명예의 전당' 프로그램은 은퇴한 대기업 임원들이 중소기업의 멘토가 되어 경영 노하우를 전수하는 제도다. 30년 이상 기업을 경영한 실전 역량은 중소기업 CEO들에게 소중한 실질적인 도움이 된다. 멘티들은 시행착오를 줄이고, 멘토들은 자신의 전문성이 여전히 가치 있다는 것을 확인하며 보람을 느낀다.

창업 분야에서도 뉴 시니어 멘토의 역할이 크다. 청년 창업자들은 열정과 아이디어는 있지만 실무 역량이 부족하다. 반면 이들은 오랜 비즈니스 현장에서 시장을 읽는 안목과 위기 대처 능력을 갖추고 있다. 이둘의 만남은 시너지를 창출한다. 서울시의 '5060 청년창업 멘토링' 프로그램은 은퇴한 전문가가 청년 창업자의 멘토가 되어 실질적인 조언과 네트워크를 제공한다.

멘토링은 비즈니스 분야에만 국한되지 않는다. 예술, 학문, 기술, 인문학 등 모든 분야에서 쌓은 선배들의 노하우는 후배들에게 값진 자산이 된다. 은퇴한 예술가가 젊은 작가를 지도하고, 원로 학자가 신진 연구자를 이끌며, 숙련된 장인이 기술을 전수하는 것 모두가 멘토링의 형태다.

강연과 교육은 지식을 나누는 또 다른 효과적인 방법이다. 여러 사람을 대상으로 진행되는 강연은 한 번에 많은 사람들에게 영향을 미칠 수 있다. 대학, 도서관, 문화센터, 기업체 등에서 뉴 시니어 강사를 초청해 특강을 진행하는 경우가 많다.

평생교육원이나 문화센터에서는 뉴 시니어 강사 양성 프로그램을 운영한다. 자신의 전문성을 살려 강의할 수 있도록 교수법을 가르치고, 강의 기회를 연결해 준다. 회계사 출신이 세무 강좌를, 교사 출신이 인문학 강좌를, 기업인 출신이 리더십 강좌를 여는 식이다.

특히 삶의 경험을 진솔하게 나누는 '인생 특강'은 젊은 세대에게 큰 울림을 준다. 성공과 실패, 위기와 극복, 선택과 후회 등 삶의 진솔한 이야기는 교과서에서 배울 수 없는 살아있는 교육이다. 한 중견 기업인은 대학에서 '실패학'을 강의한다. 자신이 겪은 사업 실패와 그로부터 배운 교훈을 나누며 학생들에게 실패를 두려워하지 말고 실패에서 배우라는 메시지를 전한다.

온라인 플랫폼의 발달로 강연과 교육의 범위가 더욱 넓어졌다. 유튜브, 온라인 강의 플랫폼, 웨비나 등을 통해 시간과 공간의 제약 없이 많은 사람들에게 지식을 전달할 수 있다. 은퇴한 의사가 건강 정보를 유튜브로 나누고, 전직 외교관이 국제 정세를 해설하며, 원로 교수가 인문학 강의를 온라인으로 진행한다.

재능기부를 통한 사회 기여도 의미 있는 방법이다. 자신의 전문 지식과 기술을 무료로 제공해 도움이 필요한 곳에 기여하는 것이다. 변호사의 무료 법률 상담, 의사가 무료 진료, 건축가의 저소득층 주거 개선 지원처럼 전문성을 공익에 활용하는 방식이다.

'프로보노Pro Bono' 활동도 확산되고 있다. 이는 전문직 종사자가 자신의 전문 지식을 공익을 위해 무료로 제공하는 것을 말한다. 은퇴한 전문가가 비영리단체의 자문을 맡거나, 사회적 기업을 지원하거나, 소외 계층을 돕는 활동에 참여한다.

지역사회에서도 뉴 시니어의 역할이 핵심적이다. 마을 도서관에서 아이들에게 책을 읽어주고, 문화유산 해설사로 활동하며, 전통 기술을 젊은 세대에게 전수한다. 이러한 활동은 지역사회를 풍요롭게 하고 세대 간 소통을 촉진한다.

멘토링을 통해 자신의 경력을 재정리하고, 강의를 준비하면서 새로운 지식을 습득하며, 젊은 세대와 교류하면서 신선한 자극을 받는다. "가르치는 것이 배우는 것"이라는 말처럼, 지식을 전달하는 과정에서 자신도 배우고 성장한다.

젊은 세대와의 교류는 뉴 시니어에게 활력을 준다. 디지털 기술과 새로운 트렌드를 젊은이들로부터 배우고, 그들의 참신한 사고방식에서 영감을 얻는다. 이러한 상호 학습은 세대 간 이해를 높이고 서로를 풍요롭게 한다.

심리적 만족감도 크다. 자신의 노하우가 누군가에게 도움이 되고, 사회에 기여하고 있다는 느낌은 삶의 보람과 자존감을 높인다. 상실감을 느끼기 쉬운 은퇴 이후 많은 시니어에게 멘토링이나 강연 활동은 새로운 목적의식을 부여한다.

활동을 시작하는 방법은 다양하다. 가장 쉬운 방법은 자신이 몸담았던 분야의 후배들을 돕는 것이다. 전 직장의 후배들에게 조언을 해 주거나, 동문회나 전문가 네트워크를 통해 멘토링 기회를 찾을 수 있다.

지역의 평생교육원, 문화센터, 자원봉사센터에서도 강사나 멘토를 모집한다. 이러한 기관에 등록하면 자신의 전문성에 맞는 활동 기회를 얻을 수 있다. 온라인 플랫폼을 활용하면 더 넓은 범위에서 활동할 수 있다.

처음에는 작은 것부터 시작하는 것이 좋다. 친구나 지인의 자녀에게 진로 상담을 해 주거나, 동네 도서관에서 재능기부를 하거나, 온라인 커뮤니티에서 질문에 답하는 것으로 시작할 수 있다. 이러한 작은 실천이 쌓이면 점차 더 체계적인 활동으로 확장할 수 있다.

무엇보다 중요한 것은 일방적인 가르침이 아니라 상호 존중의 자세다. 자신의 생각을 강요하기보다는 상대방의 상황을 이해하고, 필요한 조언을 적절히 제공하는 것이 바람직하다. 세대 차이를 인정하고, 열린 마음으로 젊은 세대의 생각도 경청하는 자세가 필요하다.

지속 가능성도 고려해야 한다. 너무 무리하게 많은 활동을 하면 부담이 되어 오래 지속하기 어렵다. 자신의 건강과 생활 리듬을 고려해 적절한 수준의 활동을 유지하는 것이 바람직하다.

뉴 시니어로서 우리가 쌓아온 노하우는 누군가에게 길잡이가 될 수 있다. 한 사람의 지혜는 젊은 세대에게 영감을 주고, 한 번의 조언은 누군가의 인생 방향을 바꿀 수 있다. 지혜의 나눔, 그것이야말로 나이 듦의 특권이자 뉴 시니어가 사회에 건네는 가장 값진 선물이다.

기부로 대신했어요

마라톤 선수가 일정한 한계를 넘어설 때 경험하는 '러너스 하이'처럼, 봉사 활동을 할 때 느끼는 특별한 행복감을 '헬퍼스 하이'라고 부른다. 이는 즐거움과 삶의 의미를 발견하게 하는 경험이다. 타인을 돕는 순간 뇌에서 도파민, 세로토닌, 옥시토신이 분비되어 스트레스가 줄어들고 면역력이 높아지며 건강한 장수에도 도움이 된다는 것이 과학적으로 입증되었다.

'봉사는 자신을 위한 최고의 이기심'이라는 역설이 담겨 있다. 남을 행복하게 할수록 자신이 더 큰 행복을 얻게 된다는 뜻이다. 실제로 해외봉사 현장에서 만난 사람들은 실제 나이보다 십 년쯤 젊어 보였고, 얼굴에는 환한 미소가 깃들어 있었다. 헬퍼스 하이는 개인의 행복을 넘어 사회 전체에 선순환을 만들며, 한 사람의 선한 행동이 물결처럼 퍼져 나가 더 많은 봉사로 이어지는 아름다운 현상이다.

통계청 2024년 자료에 따르면, 지난 1년 동안 친목·사교, 취미 활동, 종교단체 등의 단체 활동에 참여한 사람은 64.2%이다. 기부를 한 적이 있는 사람의 비중은 23.7%로 10년 전인 2013년의 34.6%보다 10% 이상 감소했다. 다행히 향후 기부 의사가 있는 사람은 38.8%로 나타났으며, 유산기부 의사가 있다고 응답한 비율도 23.2%에 달했다. 또한 자원봉사 활동 경험이 있는 사람은 10.6%, 향후 자원봉사 참여 의사가 있는 사람은 25.0%로 조사되었다.

이처럼 우리 사회는 아직 사회참여와 기부문화가 선진국에 비해 낮은 편이다. 이는 개인의 의식뿐 아니라 사회적인 성숙도나 시스템 문제를 함께 개선해 나가야 할 과제라는 것을 보여준다. 봉사 활동이나 기부 행위는 어릴 때부터 교육이나 체험을 통해서 자연스럽게 행해지도록 유도해야 한다.

한국여성정책연구원의 연구보고서에서도 이러한 현실이 확인된다. 면접에 참여한 남성들은 은퇴 후 봉사 활동을 하고 싶다고 말했지만, 경제적 부담이나 준비되지 못한 마음가짐 때문에 적극적인 계획을 세우지 못한 경우가 많았다. 이는 봉사가 은퇴 이후 갑자기 시작되는 것이 아니라 현역 시절부터 준비하고 경험을 쌓아가는 과정이 중요하다는 점을 보여준다.

"서울시 50플러스라는 데가 있어요. 거기 등록해서 봉사 활동이라든지 이런 프로그램에 참여하려고 준비하고 있습니다. 지금까지는 봉사 활동은 못 했고, 기부로 대신했어요. 퇴직 전까지 매월 한 50만 원 정도 기부금을 냈습니다. 에이즈 퇴치를 위한 국제구호나 국내 자선단체에 한 달 전까지 꾸준히 냈습니다. 소득이 좀 줄어서 절반 정도는 줄였지만, 실제로는 몸으로 하는 봉사가 더 낫더라고요. 그래서 어떤 봉사가 좋은지 한번 찾아보려고 합니다.

집사람 전공이 상담 쪽이라 청소년 상담을 봉사로 하고 있습니다. 또 독서 모임을 주관하면서 아이들에게 그림책을 읽어주는 활동도 합니다. 주로 정신지체 아동을 대상으로 봉사 활동을 많이 합니다. 그 애들은 언어 습득이 어려우니까 그림책을 해석해서 읽어주는 거죠. 일주일에 두세 번은 나갑니다."

본인의 상황이 그리 넉넉지 않음에도 불구하고 기부금을 꾸준히 내고 있었다는 P 씨61세의 사례다. 또한 부인은 다른 방법으로 봉사 활동을 생활화한 사례로 귀감이 된다.

김진아 외는 〈은퇴 이후 문화관광해설사의 자원봉사 경험에 대한 현상학적 연구〉에서 은퇴 이후 자원봉사 활동을 통해 얻게 되는 변화와 경험을 심층적으로 탐색했다. 연구에 따르면 은퇴 당시에는 '새로운 세상을 맞이할 수 있는 기회'와 '변화에 대한 불안감'이라는 상반된 감정이 공존했다.

봉사 활동 이후 나타난 변화로는 '지식을 연마하는 즐거운 노력', '다양한 경험으로 가득한 풍요로운 삶', '자긍심은 돈으로는 살 수 없는 보물', '존경받는 삶' 등이 도출되었다. 특히 '자긍심은 돈으로는 살 수 없는 보물'이라는 표현은 봉사의 본질을 정확하게 보여준다. 물질적 보상이 없어도 누군가에게 도움이 되고 사회에 기여한다는 사실 자체가 큰 만족감을 준다.

봉사 활동 경험의 의미로는 '이타심, 세상을 변화시키는 빛', '역사의 진실을 전하는 것은 우리의 의무', '나는 대한민국을 대표하는 민간 외교관이자 무형유산’과 같은 정체성의 확장이 나타났다. 이는 봉사 활동이 개인의 정체성과 사회적 역할에 깊은 의미를 부여하고 있음을 보여 주었다.

한 지인이 활동하고 있는 특별한 행사에 참석한 적이 있다. 2025년 6월, 호국정신이 깃든 롯데콘서트홀에서 71명의 백발 합창단이 선사한 감동의 하모니가 울려 퍼졌다. 예비역 장성부터 기업인까지, 각기 다른 삶의 궤적을 걸어온 이들이 군가라는 공통분모로 하나가 되어 무대에 섰다. 처음엔 지루할 것이라던 편견이 첫 음표와 함께 사라졌고, 그들의 진정성 있는 노래는 관객의 마음을 깊이 울렸다.

공연 후 로비에서 가족들과 기념사진을 찍는 합창단원들의 얼굴엔 뿌듯함이 가득했다. 은퇴라는 새로운 인생의 장에서 이들이 찾은 것은 단순한 취미가 아닌, 나라사랑을 실천하는 숭고한 봉사였다. 6·25 참전국 순방 공연과 장병 위로공연까지 이어지는 그들의 발걸음 속에는 아직도 뜨거운 열정이 살아 숨 쉬고 있었다.

은퇴 후 봉사 활동은 다양한 형태로 이루어질 수 있다. 문화관광해설사처럼 전문성을 살려 우리 문화를 알리는 일, 백발 합창단처럼 예술을 통해 감동을 전하는 일, 그리고 지역사회의 취약계층을 돕는 복지 봉사까지 선택의 폭은 넓다. 핵심은 자신의 관심사와 능력에 맞는 활동을 찾는 것이다.

봉사 활동을 시작하는 가장 좋은 방법은 자원봉사센터를 활용하는 것이다. 전국 각 지역에 설치된 자원봉사센터에서는 다양한 프로그램을 운영하고 있으며, 개인의 특성과 관심사에 맞는 활동을 연결해 준다. 1365 자원봉사포털이나 VMS를 통해서도 쉽게 정보를 찾고 참여할 수 있다.

봉사 활동을 통해 얻는 것은 시간을 보내는 것 이상이다. 새로운 사람들과의 만남, 지속적인 학습과 성장, 사회에 기여하고 있다는 보람, 그리고 무엇보다 삶의 목적을 발견하는 것이다. 은퇴 후 무료함과 상실감을 느끼는 많은 이에게 봉사 활동은 새로운 활력소가 될 수 있다.

봉사는 건강에도 긍정적인 영향을 미친다. 규칙적인 활동은 신체 활동을 증가시키고, 사회적 관계를 유지하게 하며, 정신적으로 활력을 준다. 연구에 따르면 봉사 활동을 하는 노인은 그렇지 않은 노인에 비해 우울증 발생률이 낮고 전반적인 삶의 만족도가 높다고 한다.

은퇴 후 봉사 활동은 인생의 제2막을 풍요롭게 살아가는 방법이다. 오랜 세월 쌓아온 경험과 지혜를 사회에 환원하고, 후세대에게 전수하며, 동시에 자신도 성장하고 행복을 느끼는 것. 이것이 바로 봉사가 주는 진정한 선물이다.

헬퍼스 하이를 경험하는 것은 특별한 사람들만의 특권이 아니다. 누구나 작은 봉사부터 시작할 수 있고, 그 과정에서 예상치 못한 행복과 보람을 발견하게 된다. 봉사는 주는 것 같지만 실은 받는 것이 더 많은, 가장 이기적인 이타심의 실천이다. 당신의 따뜻한 손길을 기다리는 누군가가 있다. 당신의 경험과 지혜를 필요로 하는 곳이 있다.

　프롤로그에서 "100세 시대, 은퇴 후 40년을 어떻게 살 것인가?"라는 질문을 던졌다. 키케로의 《노년에 관하여》에 107세의 나이로 세상을 떠날 때까지 학구열이 식지 않았다는 고르기아스BC 485~380 이야기가 나온다. 왜 그토록 오래 살려고 하느냐고 누가 묻자, "나는 노년에 관해 불평할 이유가 없다네"라고 대답했다.

　고르기아스의 이야기로 미루어 볼 때 살아가는 이유를 아는 사람은 나이에 관계없이 불평할 시간이 없다는 것을 확인할 수 있다. 《이제는 폼나게 살아보자》에서 주장하고자 하는 바도 마찬가지다. 퇴직 후 바로 뉴 시니어 세계로 소프트 랜딩하자는 것이다. 은퇴했다고 스스로에게 나는 '여기까지'라는 한계를 긋지 말자.

　직장생활 30여 년 동안 얼마나 많은 사건이 있었던가. 얼마나 길게 느껴졌던 것인가. 한 매듭이 지어지고 다음 세계로 진입했다. 앞으로 남은 기간이 직장생활을 한 것보다 더 많이 남았다. 결코 짧지 않다. 무엇을 하며 어떻게 긴 세월을 보낼 것인가?

　답은 하나다. 지금까지 《이제는 폼나게 살아보자》에서 주장해 온 것, 바로 뉴 시니어 세계로 들어가는 것이다. 여기에 답이 많이 있다. 맘에 드는 것으로 골라서 하면 된다. 독자들에게 나도 하면 된다는 희망을 드리고 싶다. 시간은 많으니까 서두를 필요는 없다. 지금부터 준비해서 10년 뒤에 빛을 봐도 전혀 문제없다. 지금부터라도 하나 시작할 용기만 있으면 된다. 제2인생의 출발이라는 것을 명심하고 남은 40년 인생 로드맵을 짜자.

이 책이 세상에 나오기까지 많은 분들의 도움을 받았다. 먼저 귀한 시간을 내어가며 기꺼이 내면을 열어주신 8명의 인터뷰이님들께 진심으로 감사 인사를 전한다. 저의 첫 번째 저서 《닥치고 버텨라》에 이어 두 번째 저서 《이제는 폼나게 살아보자》 출간을 도와주신 글로벌콘텐츠 출판그룹 홍정표 대표님, 교정과 디자인을 꼼꼼하게 챙겨주신 김미미 이사님과 백찬미 에디터께 감사드린다. 윤문을 도와주신 김연욱 작가님, 디지털책쓰기코칭협회 가재산 회장님과 김영희 본부장님께도 고마움을 전한다.

디지털책글쓰기 6대학을 지원해 주시는 e클럽 이상철 회장님, 열정으로 지도해 주시는 신광철 작가님과 동기 여러분께도 감사한 마음을 전한다. 늘 격려와 힘이 되어주시는 선배님, 후배님들과 동료 및 친구들에게도 감사 인사를 전한다. 저를 키워주신 경희대학교 이승곤 교수님을 비롯한 교수님들과 교우님들께 깊이 고개 숙여 고마움을 전한다. 특히 밀어주고 함께해 주는 아내와 아들, 외손주 뒷바라지에 바쁜 딸과 맡은 일에 열심인 사위, 항상 희망이 되어주는 외손주 강태현의 응원도 큰 힘이 되었다.

| 참고 도서 |

- 강헌구, 《골든 그레이》, ㈜쌤앤파커스, 2016.
- 고려대학교 고령사회연구원, 《대한민국이 열광할 시니어 트렌드》, (주)비즈니스북스, 2025.
- 고명환, 《고전이 답했다》, 라곰, 2024.
- 김무귀, 장은주 옮김, 《IQ 최고들의 일머리 법칙》, 리더스북, 2017.
- 김웅철, 《초고령사회 일본 은퇴자가 사는 법》, 부키㈜, 2024.
- 김진형, 《10년차 직장인 은퇴 공부법》, 위닝북스, 2016.
- 다이애너 애실Diana Athill, 노상미 옮김, 《어떻게 늙을까》, (주)류진트리, 2016.
- 데이브 휴즈Dave Hughes, 이길태 옮김, 《은퇴 멋지게 하는 법》, 탐나는책, 2022.
- 데이비드 이글먼David Eagleman, 전대호 역, 《더 브레인》, 해나무, 2017.
- 랜디 코미사Randy Komisar, 신철호 옮김, 《승려와 수수께끼》, 이콘출판(주), 2013.
- 로랑스 드빌레르Laurence de Villers, 이주영 역, 《모든 삶은 흐른다》, 피카, 2023.
- 로버트 기요사키Robert T. Kiyosaki, 샤론 레흐트Sharon L. Lechter, 형선호 옮김, 《부자 아빠 가난한 아빠》, 황금가지, 2000.
- 리처드 J. 라이더Richard J. Leider, 데이비드 A. 샤피로David A. Shapiro, 김정홍 옮김, 《무엇이 나를 행복하게 만드는가》, 책 읽어주는 남자, 2024.
- 린다 그래튼Lynda Gratton, 앤드루 스콧Andrew Scott, 안세민 옮김, 《100세 인생》, ㈜출판사클, 2020.
- 마르쿠스 아우렐리우스Marcus Aurelius Antonius, 이현우, 이현준, 《아우렐리우스의 명상록》, 주)원앤원콘텐츠그룹, 번역메이트북스, 2020.
- 마사 클레어 모리스Martha Clare Morris, 《Diet for the MIND》, Little, Brown and Company, 2018.
- 마이케 빈네무트Meike Winnemuth, 배명자 옮김, 《나는 떠났다 그리고 자유를 배웠다》, 북라이프, 2015.
- 매튜 워커Matthew Walker, 이한음 번역, 《우리는 왜 잠을 자야 할까》, 열린책들, 2019.
- 박경숙, 《진짜 공부》, 와이즈베리, 2019.
- 박지현, 《1일1독》, 깊은나무, 2016.
- 밥 버포드Bob Buford, 이창신 옮김, 《하프타임 쇼크》, 도서출판 국제제자훈련원, 2010.
- 버크 헤지스Burke Hedges, 박옥 옮김, 《당신이라는 1인 기업 YOU, INC.》, 도서출판 나라, 2017.
- 버트런드 러셀Bertrand Russell, 이순희 옮김, 《행복의 정복》, 주)사회평론, 2005.
- 볼프강 프로징거Wolfgang Prosinger, 김희상 옮김, 《은퇴》, 청미출판사, 2021.
- 브라이언 트레이시Brian Tracy, 최린 옮김, 《당신의 무기는 무엇인가》, 와이즈맵, 2018.
- 서원진, 《슬기로운 수면생활》, 도서출판북산, 2020.

- 세계경제포럼WEF, 《직업의 미래 2025 보고서 Future of Jobs Report 2025》, JANUARY 2025.
- 셰릴 샌드버그Sheryl Sandberg, 애덤 그랜트Adam Grant, 안기순 역, 《옵션 B》, 와이즈베리, 2017.
- 신준모, 《어떤 하루》, 프롬북스, 2017.
- 아보 도오루Toru Abo, 윤혜림 옮김, 《생활 속 면역 강화법》, 전나무숲, 2017.
- 안주석, 《닥치고 버텨라》, 글로벌콘텐츠, 2025.
- 알랭 드 보통Alain de Botton, 정영목 옮김, 《여행의 기술》, 도서출판 청미래, 2011.
- 에이미 모린Amy Morin, 유혜인 역, 《나는 상처받지 않기로 했다》, 비즈니스북, 2015.
- 엠제이 드마코Mj Demarco, 신소영 역, 《부의 추월차선》, 토트출판사, 2013.
- 웨인 다이어Wayne W. Dyer, 오현정 옮김, 《행복한 이기주의자》, 21세기북스, 2013.
- 이나가키 에미코Emiko Inagaki, 김미형 역, 《퇴사하겠습니다》, 엘리, 2017.
- 이시형, 《100퍼센트 인생》, 청아출판사, 2017.
- 자청, 《역행자》, 주)웅진 씽크빅, 2022.
- 정기룡, 김동선, 《퇴근 후 2시간》, 나무생각, 2015.
- 정상헌, 《소심한 정대리는 어떻게 1년만에 10년치 연봉을 벌었을까》, 다른상상, 2018.
- 정선용, 《아들아, 돈 공부해야 한다》, 알에이치코리아, 2021.
- 정양호, 《때로는 길이 아닌 길을 가라》, 매일경제신문사, 2016.
- 제나 마치오키Jenna Macciochi, 오수원역, 《면역의 힘》, 월북, 2021.
- 조지 베일런트George E. Vaillant, 이덕남 옮김, 《행복의 조건》, 프런티어, 2010.
- 존 맥스웰John Maxwell, 김고명 역, 《다시 일어서는 힘》, 비즈니스북스, 2017.
- 찰스 두히그Charles Duhigg, 강주헌 역, 《습관의 힘》, 갤리온출판, 2012.
- 칙센트 미하이Mihaly Csikszentmihalyi, 최인수 번역, 《몰입》, 한울림, 2005.
- 키케로Marcus Tullius Cicero, BC 106~43, 천병희 옮김, 《노년에 관하여 우정에 관하여》, 도서출판 숲, 2011.
- 피터 레슬릿Peter Laslett, 《A Fresh Map of Life》, Harvard University Press, 1991.
- 한스 로슬링Hans Rosling 외, 이창신 옮김, 《팩트풀니스Fact Fullness》, 김영사, 2019.
- 헤르만 헤세Hermann Hesse, 유혜자 옮김, 《어쩌면 괜찮은 나이》, 프시케의 숲, 2017.
- 황인철, 《은퇴의 기술》, 가림출판사, 2017.
- 히가키 야스키 외, 《인생100년 시대의 헬스 프로모션의 추천》, (주)아즈사원, 2024.

| 참고 논문 |

- Catherine Haslam et.al., 〈Adjusting to life in retirement〉, 'the protective role of new group memberships and identification as a retiree', *European Journal of Work and Organizational Psychology, 05 Nov* 2018.
- Hei Wan Mark, et al.,〈Hobby engagement and mental wellbeing among people aged 65 years and older in 16 countries〉, Nat Med. 2023.
- John W. Osborne, 〈Psychological Effects of the Transition to Retirement〉, *Canadian Journal of Counselling and Psychotherapy, Vol. 46 No. 1, Pages 45–58*, 2012
- UNESCO의 평생교육 보고서, 2022.
- 구자복 외, 〈한국 대기업 중년 남성 임원들의 비자발적 퇴직 이후 적응과정 연구〉, 한국심리학회지, 문화 및 사회문제 26, No. 4, 379~407, 2020.
- 김명자 외, 〈남성퇴직자의 적응에 영향을 미치는 변인에 관한 연구〉, 대한가정학회지 제43권 2호, 2005.
- 김병태, 〈베이비부머 은퇴자의 은퇴적응유형과 은퇴자산인출전략 연구〉, 박사학위논문, 2018.
- 김진아 외, 〈은퇴 이후 문화관광해설사의 자원봉사 경험에 대한 현상학적 연구: 서울시 문화관광해설사 중심으로〉 관광진흥연구 학술저널, p41~72(32page), 2024.
- 박경례 외, 〈베이비붐 세대의 퇴직 및 퇴직 후 적응 경험에 관한 현상학적 연구〉, 노인복지연구, 2024.
- 변화순 외, 〈중년기 퇴직남성 부부의 갈등과 적응〉, 한국여성정책연구원 연구보고서 2007. 12 (2007): 2–260.
- 안봉금, 〈베이비부머의 사회관계 배제에 대한 경제적 노후준비와 건강요인의 영향〉, 한국사회정책, 제31권 제3호, 2024, pp.61~92.
- 조지용, 〈퇴직자의 사회적 관계유형 분류 및 결정요인 분석에 관한 종단연구〉, 박사학위, 2013.
- 지역정보화 2024. WINTER Vol. 144, 〈AI를 활용한 노인 돌봄 서비스〉 경기도 사례를 중심으로, http://www.klidwz.or.kr/webzine/vol144/sub_1_2.html.
- 최인희 외, 〈중장년 및 노년기 남성의 가족생활 현황과 지원방안 연구〉, 연구보고서-3, 한국여성정책연구원, 2014.
- 한국직업능력연구원, 〈중년 직장인의 위기 실태와 지원방안〉 연구 보고서, 2023.

| 참고 뉴스와 기타 |

- 경향신문, 2023. 1. 20일자, 〈퇴직 교사, 68세에 어린이 동화작가 데뷔〉.
- 매경포커스, 2021. 4. 20일자, 〈퇴직 증후군 앓고 있나요〉.
- 머니투데이, 2025. 1. 7일자, 〈퇴직해도 "처자식 먹여 살려야"〉.
- 블로그-인생 2막 큐레이터, 2025. 5. 9일자, 〈78세 할머니도 쓰실 수 있는 음성인식 AI 비서〉.
- 서울신문, 2025. 3. 12일자, 〈아내가 늙어서도 생활비 벌어오라네요〉 60대男 이혼 상담 급증한 이유.
- 수잔 핑커Susan Pinker, 〈장수에 미치는 요인〉, 2017년 TED 강연.
- 아시아 경제, 2025. 8. 23일자, 〈음식도 운동도 아니었다…세계 최고령 116세 할머니 장수 비결은〉.
- 연합뉴스, 2025. 4. 11일자, 〈서울시민 5명중 1명 '손목닥터9988' 쓴다…참여자 200만돌파〉.
- 오마이뉴스, 2025. 2. 8일자, 〈은퇴 후 살림하는 남자〉.
- 전성기 리서치, 2019, 〈퇴직한 다음날〉, 서울대 '소비트렌드분석센터'와 '라이나전성기재단'의 합동 조사.
- 전자신문, 2023. 2. 15일자, 〈KT AI케어 서비스〉, 정서적 긍정효과 입증.
- 조선일보 오피니언, 2025. 3. 11일자, 〈김철중의 생로병사〉.
- 조선일보, 2023. 4. 11일자, 〈사토신이치 교수 인터뷰 1편〉, '대기업 부장이었는데'.
- 조선일보, 2023. 4. 13일자, 〈사토신이치 교수 인터뷰 2편〉, '40년 일하고 돌아왔는데…'.
- 통계청, 2024년 자료, 국내 해외 관광, 여가 휴가.
- 패션잡지 ELLE, 2022. 5.12일자.
- 한경닷컴, 2025. 3. 2일자, 〈연봉 2억 받았는데 알바 자리도 없어…30년 삼성맨의 눈물〉.
- 한국건강증진개발원, 〈AI.IoT기반 어르신 건강관리사업〉.
- 한국경제TV, 2022. 6. 11일자, 〈"지니야, 살려줘" 하자 119 출동. 사람 살린 AI〉.
- 한국고용정보원, 〈신중년(50·60) 경력설계 안내서〉.

이제는 폼나게 살아보자

© 안주석, 2026

1판 1쇄 인쇄_2026년 4월 10일
1판 1쇄 발행_2026년 4월 15일

지은이_안주석

펴낸이_홍정표

펴낸곳_글로벌콘텐츠
    등록_제25100-2008-000024호

공급처_(주)글로벌콘텐츠출판그룹
    대표_홍정표 이사_김미미 편집_백찬미 남혜인 권군오 디자인_가보경 기획·마케팅_홍민지
    주소_서울특별시 강동구 풍성로 87-6 전화_02-488-3280 팩스_02-488-3281
    홈페이지_www.gcbook.co.kr 메일_edit@gcbook.co.kr

값 19,000원
ISBN 979-11-5852-634-4 03320